BRUNO BAUMANN
GOBI

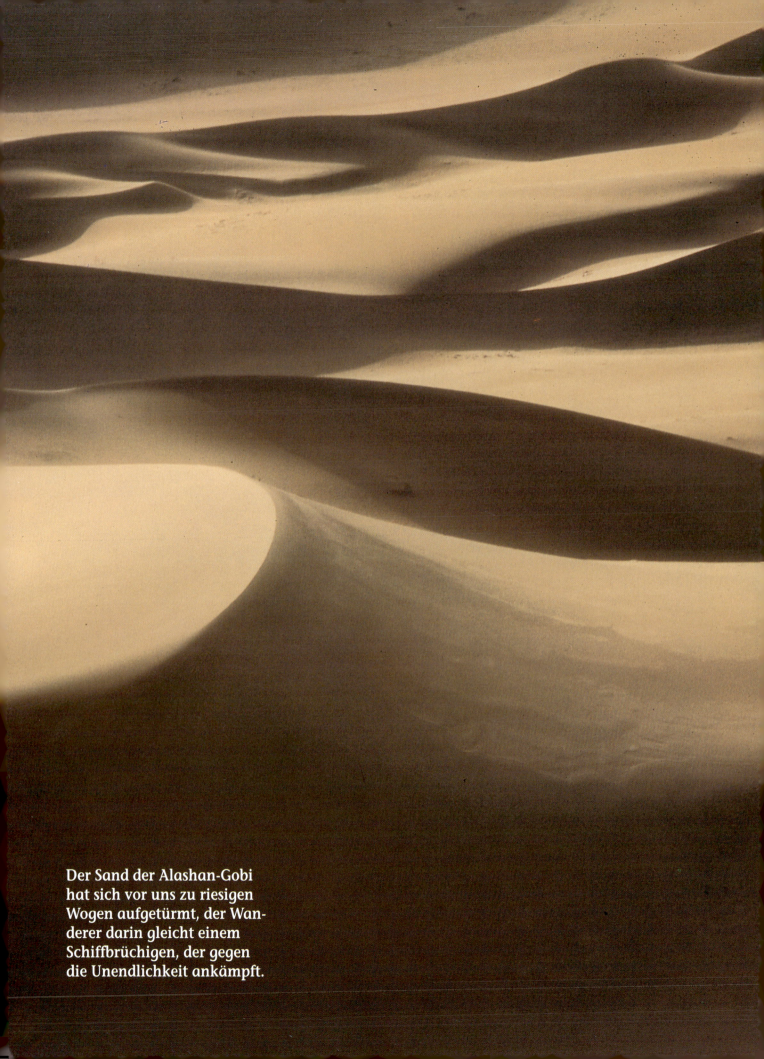

Der Sand der Alashan-Gobi hat sich vor uns zu riesigen Wogen aufgetürmt, der Wanderer darin gleicht einem Schiffbrüchigen, der gegen die Unendlichkeit ankämpft.

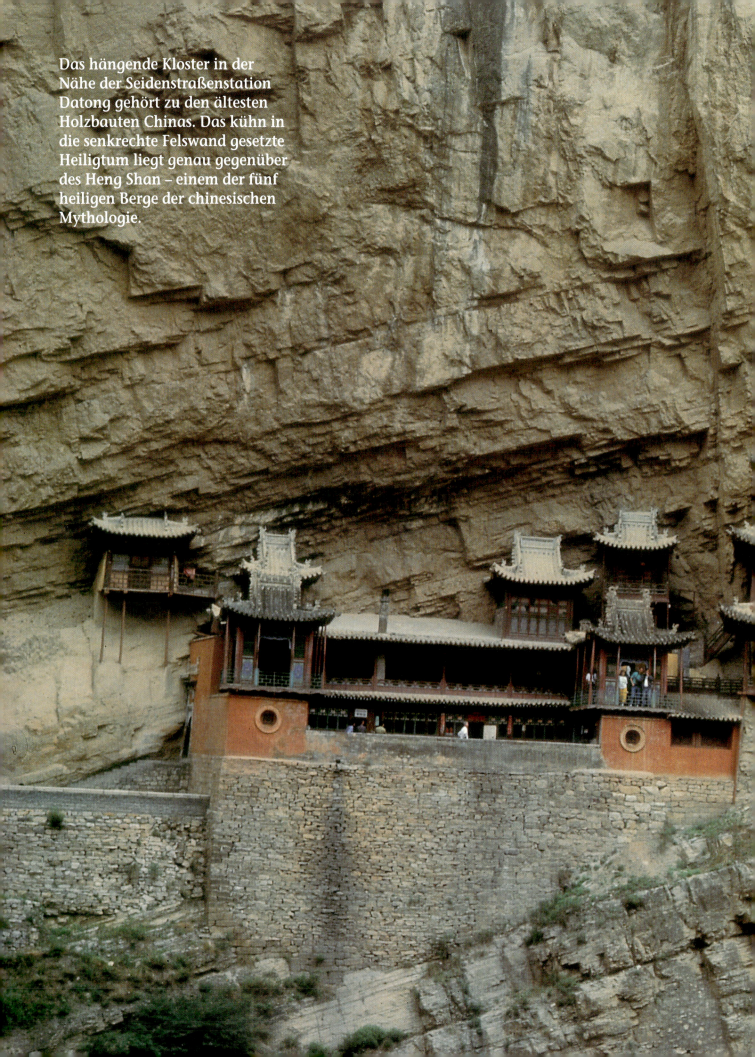

Das hängende Kloster in der Nähe der Seidenstraßenstation Datong gehört zu den ältesten Holzbauten Chinas. Das kühn in die senkrechte Felswand gesetzte Heiligtum liegt genau gegenüber des Heng Shan – einem der fünf heiligen Berge der chinesischen Mythologie.

Gigantische Dünenberge von noch nie gesehener Dimension stürzen in den kleinen Salzsee, an dessen schmalem Ufersaum unsere Karawane entlangzieht.

Immer flacher fällt das Licht der untergehenden Sonne in die Dünen, immer länger werden die Schatten der Karawane, die ihrem Nachtlager zustrebt, verfolgt vom trügerischen Bild einer Oase.

Eine Reihe weißgetünchter Chörten, umgeben von einem Wald zerschlissener Gebetsfahnen, markieren den Eingang zu Odontala – dem Sternenmeer. Hierher pilgern Tibeter, in früheren Zeiten taten dies auch Chinesen, um dem Geist des Gelben Flusses zu opfern.

Mongolen aus Erji Naqui.
Die traditionelle Tracht wird
nur noch bei festlichen
Anlässen getragen.

Es gibt viele Wege, die zu essentiellen Erfahrungen im Leben führen. Der Weg über das Medium Natur ist einer davon. Aber keine andere Naturlandschaft übt eine stärkere Wirkung auf den Menschen aus als die Wüste. Von ihr geht eine zwingende Kraft aus, die jeden, der sie betritt, unweigerlich mit dem konfrontiert, was er noch zu lernen hat.
Der Wüste verdanke ich die schönsten, aber auch die lehrreichsten Tage meines Lebens. Dafür bin ich dankbar.

BRUNO BAUMANN

BRUNO BAUMANN
GOBI

Durch das Land ohne Wasser

Mit 137 Abbildungen und 5 Karten

Herbig

Bildnachweis:

Archiv Autor 20/21 (unten), 21, 52, 136 (rechts), 148 (oben), 176
Ruth Barensteiner 69 (rechts)
Helmut Burisch 18, 20 (oben), 20/21 (oben), 24, 36/37, 116, 171, 201 (oben)
Staatliches Museum Eremitage, St. Petersburg 81, 85, 86, 88, 89, 141
Etnografiska Museum, Stockholm 66, 91, 93, 94
Erna Greussing 64
Cathleen Naundorf 70, 108, 109
Toni Siller 20 (unten), 42, 202
Alle übrigen Aufnahmen stammen vom Autor.

*Besonderer Dank gilt folgenden Firmen,
die die Expedition unterstützt haben:*

BIG PACK: Zelte, Schlafsäcke, Rucksäcke, Bekleidung
CARRERA: Brillen
HOECHST: Trevira Finesse Microfaser Bekleidung
KODAK: Filme
LEICA: Kamera
LEKI: Stöcke
SALOMON: Trekkingschuhe
TEEKANNE: Getränke

© 1995 F. A. Herbig Verlagsbuchhandlung GmbH, München
Alle Rechte vorbehalten
Umschlaggestaltung, Layout und Herstellung:
Wolfgang Heinzel
Karten: Christel Hartmann
Satz: Typographischer Betrieb Hans Numberger, München
Reproduktionen: Czech & Partner, München
Druck und Binden: Grafos S.A., Barcelona
Printed in Spain 1995
ISBN 3-7766-1918-X

Inhalt

KAPITEL 1
Vom Traum zur Wirklichkeit   19
Der lange Weg in die Gobi

KAPITEL 2
Durch Tibet in die Mongolei   29
Labrang Tashi Kyil – Kumbum Chamba Ling – Quer durch Amdo –
Zu den Quellen des Gelben Flusses

KAPITEL 3
Dem Rätsel der Gobi auf der Spur   67
Die Reise des Marco Polo – Meister Wilhelms Reise zu den Mongolen –
Auf der Suche nach Cathay – Durch die Mongolei nach Tibet –
Eine wundersame Reise – Als Kundschafter des Zaren ins Herz von Asien –
Zur toten Stadt in der Wüste – Durch Asiens Wüsten

KAPITEL 4
Durch die Innere Mongolei   101
Die Blaue Stadt in der Steppe – Chinggis Khan darf nicht sterben –
Die Trabantenstadt – Auf alten Karawanenwegen zum Edsin Gol –
Seen ohne Wasser

KAPITEL 5
Die Stadt in der Wüste   131
Leuchttürme des Glaubens – In den Ruinen von Khara Khoto –
Die »Grüne Stadt« im Sand

KAPITEL 6
Durch das Sandmeer der Gobi   157
Der Aufbruch – Wasser ist Leben – Gefangene in der Wüste der Wüsten –
Dem Ziel entgegen

ANHANG   203
Die aus der Steppe kamen: Aufstieg und Fall des mongolischen Weltreichs –
Xixia – Das Reich der Tanguten – Literaturhinweise

Bruno Baumann mit dem Leitkamel »Viktor« vor dem Aufbruch in die Gobi.

KAPITEL 1

Vom Traum zur Wirklichkeit

Es war im Spätherbst des Jahres 1989, als ich durch den Gansu-Korridor in Richtung Osten reiste. Hinter mir lag das Dünenmeer der Wüste Takla Makan, das ich zu Fuß durchwandert hatte. 21 Tage lang bestimmte die als Todeswüste verrufene Sandfläche Denken und Handeln, reduzierte das Leben auf wenige Elemente. Die Welt bestand nur noch aus Sandkörnern, darüber ein Himmel, auf dem die Gestirne die Zeit schrieben. Ich fühlte mich in kosmische Weiten versetzt, und die einzige Verbindung zum Leben auf der Erde bestand im hauchdünnen Band tellergroßer Tritte, das die Karawane hinterließ.

Die Spuren im Sand waren längst verweht, aber unauslöschlich in die Erinnerung eingegraben, wo sie je nachdem als Vergangenheit oder Gegenwart weiterlebten. Mit dem letzten Schritt aus der Wüste heraus war auch die Idee erlöst, die ich – wie festgeklebt auf einer Leimrute – jahrelang verfolgte. Jetzt gab es wieder Raum für neue Visionen, die sich im freien Spiel der Gedanken entwickeln konnten.

Der lange Weg in die Gobi

Weit war auch der Raum, der sich vor mir in alle Richtungen hin aufspannte. Im Süden, hinter dem Nanshan-Gebirge, das sich als dunkle Masse über dem fahlen Dunst erhob, lag Tibet. Nach Norden hin aber erstreckte sich ein gewaltiges Reich von Steppen, Kies- und Sandwüsten, eine halbe Million Quadratkilometer groß, kaum faßbar in seiner Ausdehnung und doch nur mit einem einzigen Begriff überschrieben: die Gobi. Schon der Name war mir Verheißung auf künftige Abenteuer. Denn die Takla Makan hatte meinen Durst nach Wüstenerfahrung längst nicht gestillt, sondern eher neue Sehnsüchte geweckt. Die Gobi versprach sie alle zu erfüllen. Aber abgesehen vom klingenden Namen war mir das »Land ohne Wasser« – wie die Mongolen Asiens größ-

> »Im Widerspiel des Unmöglichen mit dem Möglichen erweitern wir unsere Möglichkeiten.«
> **Ingeborg Bachmann**

te Wüste nennen – ein ziemlich unbeschriebenes Blatt. Ich besaß weder Vorstellungen darüber, wie diese Wüste beschaffen ist, noch konnte ich ihre Grenzen klar abstecken, geschweige denn eine mögliche Route erkennen. Da nützte auch der hilfesuchende Blick auf die Karte wenig. Der breite Schriftzug mit den vier Buchstaben umriß ein Gebiet – beiderseits der chinesisch-mongolischen Grenze – so groß wie halb Europa. Obwohl nirgendwo Orte zu erkennen waren, durchzogen Linien kreuz und quer den weiten Raum. Sie markierten gangbare Routen, alte und neue Wege: vom einfachen Karawanenpfad über Pisten und Straßen bis hin zum Schienenstrang. Nur ein einziger Bereich blieb davon ausgespart: die Alashan! Dieser Teil der Gobi, folgerte ich, mußte so abweisend sein, daß alle Wege und Routen ihn umgingen. Er schien am ehesten jener Idealvorstellung einer Wüste zu entsprechen, auf die ich spätestens seit der Durchquerung der Takla Makan fixiert war: nämlich auf das Bild des Sandmeeres.

Noch etwas zeigte die Karte: Am nördlichen Rand der Alashan lag eine antike Ruinenstadt – Khara Khoto –, die bereits Marco Polo erwähnte. Sie mußte der letzte Überrest einer längst vergessenen Route der Seidenstraßen sein, die einst bei Hami vom Hauptweg abzweigte, die Alashan im Norden umging und auf direktem Weg nach Nordchina führte.

Auf der weiteren Fahrt nach Beijing beschäftigten mich zwei Fragen: War es überhaupt möglich, eine Genehmigung für den Besuch von Khara Khoto zu bekommen? Nach all den Schwierigkeiten in der Takla Makan hatte ich da meine Zweifel. Noch dazu lagen die Ruinen von Khara Khoto in unmittelbarer Grenznähe zur Mongolei, in einer Gegend, in der die Chinesen hochsensible Militärstützpunkte unterhielten. Würde das Militär, dem die gesamte Region unterstand, überhaupt eine Erlaubnis für die Durchquerung der Alashan erteilen? Gab es eine Chance, die Wüstenwanderung mit dem

Bruno Baumann in der Takla Makan 1989...

im Tibesti (Sahara) 1993...

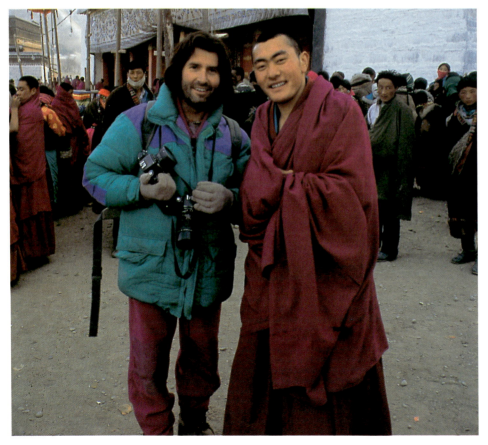

Bruno Baumann im Kloster Labrang Tashi Kyil 1994...

in der Takla Makan 1992...

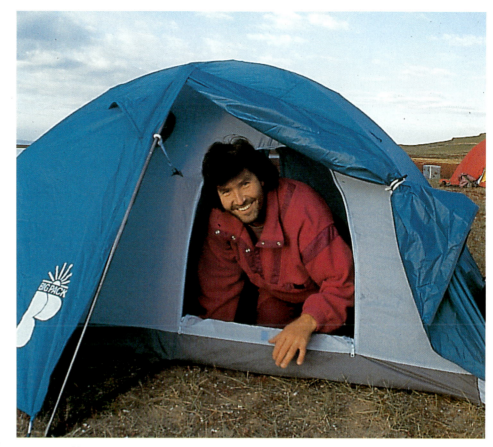

im Quellgebiet des Gelben Flusses 1991.

in der Wüste Gobi 1994.

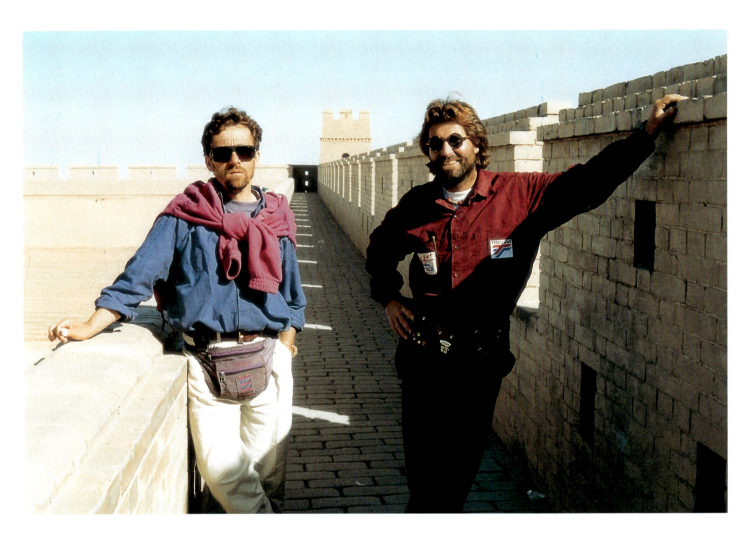

Zusammen mit dem »Spiegel«-Redakteur Jürgen Kremb auf der chinesischen Mauer.

Besuch von Khara Khoto zu verbinden?
Die Antwort war desillusionierend. »Absolut unmöglich«, hieß es, wo immer und bei wem ich es probierte. Auch in den folgenden Jahren wiesen die chinesischen Behörden alle meine Versuche kategorisch ab. In dieser Zeit bereiste ich Teile der Äußeren und Inneren Mongolei. Mehrmals war ich über Land von Beijing nach Ulan Bator gefahren; dabei berührte ich auch die östlichen Ausläufer der Gobi. Nördlich von Hohhot, der Hauptstadt der Inneren Mongolei, konnte ich mir Einblicke in die gegenwärtigen Lebensverhältnisse der Mongolen verschaffen. Vor allem aber interessierte mich das Grenzgebiet zwischen mongolischem und tibetischem Lebensraum, die Gegenden um den Kuku Nor, das Tsaidam Becken und das Quellgebiet des Gelben Flusses. Zu allen Jahreszeiten, bei allen wichtigen Festen hatte ich mich in den Klöstern Kumbum und Labrang aufgehalten, die bei der Verbreitung des Buddhismus in der Mongolei eine wichtige Mittlerrolle spielten. Die Gobi aber blieb trotz der scheinbar unüberwindlichen bürokratischen Hürden mein großes Ziel.

Im Herbst 1992, ich hielt mich nach einer weiteren Tour durch die Takla Makan in Beijing auf, spürte ich eine Veränderung in der Haltung der chinesischen Behörden. Der Zusammenbruch des Sowjet-Imperiums beeinflußte auch die chinesische Sicherheitspolitik. Das politische Gefüge Zentralasiens hatte sich binnen kurzer Zeit gewandelt. Eine ganze Reihe neuer Staaten war aus den Trümmern der Sowjetunion hervorgegangen. Auch die Mongolei hatte sich von der russischen Umklammerung befreit und suchte nun ihren eigenen Weg. Vor allem aber hatten sich die Beziehungen zwischen Moskau und Beijing deutlich verbessert und entkrampft. All das tat seine Wirkung. Jedenfalls erhielt ich die Information, daß in absehbarer Zeit das Militärkommando mir den Zutritt in die Alashan-Wüste und Khara Khoto erlauben würde. Ein halbes Jahr später, als ich auf dem Weg zu den Quellen des Gelben Flusses wieder nach Beijing kam, hatte ich die Genehmigung in der Hand.

Damals traf ich mich auch mit Jürgen Kremb, dem Vertreter des Nachrichtenmagazins »Der Spiegel« in China, und als ich ihm die geplante Gobi-Expedition erläuterte, war er spontan von der Idee begeistert und schlug vor, sie als Journalist zu begleiten. Um das Unternehmen noch im Jahre 1993 zu realisieren, war es zu spät. Die dafür in Frage kommenden Herbstmonate waren längst für ein anderes großes Expeditionsvorhaben reserviert, das ich fast ebenso lange wie die Gobi plante. Ein Ziel, das zu erreichen gleichermaßen schwierig wie gefährlich war: das von ausgedehnten Sand- und tückischen Minengürteln eingeschlossene Tibesti-Gebirge im Herzen der Sahara. Während ich in China und Tibet unterwegs war, trieb mein Partner Helmut Burisch das Tibesti-Projekt voran und organisierte im Tschad die notwendige Logistik. Als wir nach einer Wüsten-Odyssee von 6000 Kilometern quer durch die Sahara um Wochen später als geplant zurückkehrten, war das Jahr gelaufen.

Im Jahre 1994 aber wollte ich mich ganz auf das Gobi-Projekt konzentrieren. Zweimal reiste ich zu vorbereitenden Gesprächen nach Beijing. Gemeinsam mit Jürgen Kremb unternahm ich einen Trip nach Neuguinea, um im Auftrag des »Spiegel« eine Regenwald-Reportage zu erarbeiten. Gleichzeitig eine willkommene Gelegenheit, uns im Hinblick auf die bevorstehende Gobi-Expedition besser kennenzulernen. Mir ging es darum, seine Belastbarkeit zu testen. Vor allem aber hielt ich mich monatelang in Tibet auf. Eine bessere Vorbereitung und Einstimmung konnte ich mir nicht vorstellen. Mit Helmut Burisch, der auch in der Gobi wieder mein Partner sein sollte, und Toni Siller bereiste ich Amdo und wohnte Lhosar – dem tibetischen Neujahrsfest – im Kloster Labrang bei.

Auf vielfältige Weise ist Tibet mit der Mongolei verbunden. Die Mongolen haben mit ihren Waffen einstmals auch Tibet erobert, aber sie haben ihre Herzen an Tibet verloren. Der tibetische Buddhismus verbreitete sich bis in die entlegenen Winkel des Graslandes. In den wichtigsten Orten entstanden Klöster und Heiligtümer. In der Folge entwickelte sich ein reger kultureller Austausch zwischen Tibet und der Mongolei. Mongolische Mönche studierten in Tibet, tibetische Gelehrte wirkten in der Mongolei, und Tausende Pilger strömten von der Grassteppe zu den großen Kultstätten des Lamaismus, nach Labrang, nach Kumbum und nach Lhasa. Der 13. Dalai Lama flüchtete nach Urga, wie Ulan Bator damals hieß, als eine britische Militärexpedition im Jahre 1903 in Tibet einmarschierte. Bis zur Mitte unseres Jahrhunderts standen weiße Filzjurten zuhauf am Ufer des Kuku Nor, im Tsaidam-Becken und vor den Toren der Klosterstädte Kumbum und Labrang. Alte tibetische Überlieferungen fielen in der Mongolei auf fruchtbaren Boden. Gesar Ling, der populäre tibetische Heros, wurde in der Mongolei als Geser Khan noch viel fanatischer verehrt als in Tibet. Selbst Shambhala, das mythische Königreich, dessen spirituelle Krieger den endgültigen Sieg des Guten über das Böse herbeiführen sollen, wurde in der Gobi angesiedelt. Und die Hoffnung auf das Goldene Zeitalter von Shambhala ließ die Mongolen ebenso wie die Tibeter die wechselvolle Geschichte leichter ertragen.

Die Mönche und religiösen Würdenträger des Klosters Labrang Tashi Kyil haben sich zum gemeinsamen Gebet versammelt.
Vom Inneren des mit gelben Stoffbahnen geschmückten Tempels beobachtet der Labrang Rimpoche das kultische Geschehen.

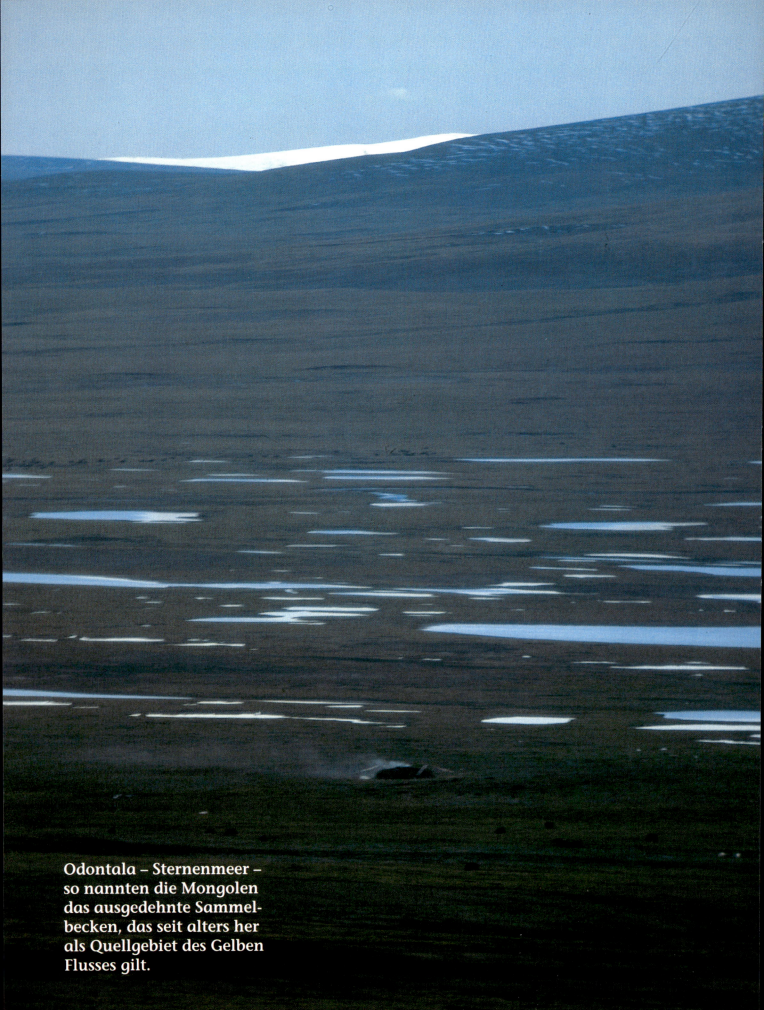

Odontala – Sternenmeer – so nannten die Mongolen das ausgedehnte Sammelbecken, das seit alters her als Quellgebiet des Gelben Flusses gilt.

KAPITEL 2

Durch Tibet in die Mongolei

Die Beziehungen zwischen Tibet und der Mongolei sind alt, wenngleich die ersten Kontakte nicht gerade friedlicher Natur waren. Die Reiterheere des Chinggis Khan, die wie ein Sturm aus der Steppe kamen, fielen auch in Tibet mordend und plündernd ein. Die herrschenden tibetischen Fürsten und Geistlichen erkannten die drohende Gefahr und boten freiwillig ihre Unterwerfung an. Dazu kam es aber vorerst nicht. Chinggis Khan zog seine Krieger wieder von Tibet ab, um sie bei anderen Eroberungszügen einzusetzen. Erst unter seinem Sohn Ögodei kam es zu einer neuerlichen Attacke. Abermals begnügten sich die Mongolen mit einem Beutezug und verzichteten auf eine dauerhafte Besetzung. Nun aber gingen die Tibeter ihrerseits zur Offensive über, allerdings nicht mit Waffengewalt, sondern mit den Mitteln der Diplomatie. Sie entsandten einen ihrer klügsten Köpfe, den Abt des Klosters Sakya, den Sakya Pandita, zum Mongolen-Khan. Der hohe Geistliche bestätigte die Unterwerfung seines Landes, gleichzeitig verstand er es durch Verhandlungsgeschick, die Mongolen so weit zu bringen, daß sie ihn als »Statthalter« von Tibet anerkannten. Mit mehr Macht ausgestattet als je zuvor, kehrte der Abt nach Tibet zurück. Erstmals in der Geschichte herrschte nun ein Klosteroberhaupt über das Schneeland. Ein knappes Jahrhundert lang konnten sich die Sakya-Äbte an der Macht halten – wenngleich von Mongolen Gnaden.

Sie regierten von ihrem festungsartig ausgebauten Stammkloster von Zentraltibet aus. Obwohl die Sakya-Geistlichkeit die mongolische Führungselite offenbar zu beeindrucken vermochte, konnte von einer Verbreitung des Buddhismus in der Mongolei noch keine Rede sein. Zwar blieben die guten Kontakte der

> »Bist du doch Geser,
> der Herr der hilfreichen
> Lehre, der das
> Gesetz des reinigenden
> Yogacara hat.
> Bist der zehn höchsten
> Erleuchtungen voll.
> Siehst du den Feind,
> so erfreust du dich
> der sieben höchsten
> Weisheiten.
> Bist du doch Geser Khan,
> der mit der Waffe
> der Erkenntnis tötet.«
>
> **Aus dem tibetisch-mongolischen »Gesar«-Epos**

Sakya-Äbte auch zu den Nachfolgern Ögodeis bestehen, insbesondere zu Khubilai Khan, der über China herrschte, aber abgesehen von einigen wenigen Klostergründungen, die bald in Vergessenheit gerieten, blieb das mongolische Kernland weitgehend unberührt. Vor allem die Masse des mongolischen Volkes hing weiterhin der alten schamanistischen Religion an, verehrte ihre lokalen Schutzgeister, denen sie sogar, wenn man den Quellen glauben darf, blutige Menschenopfer darbrachten.

Das änderte sich erst im 16. Jahrhundert, als es zu einer neuen Welle lamaistischer Expansion kam. Diese zweite Berührung mit dem tibetischen Buddhismus war wesentlich intensiver und führte dazu, daß praktisch der überwiegende Teil der Mongolen die fremde Religion annahm. Ähnlich wie bei der Ausprägung des Buddhismus in Tibet, der Elemente des alten Bön-Glaubens absorbierte, lebten auch in der Mongolei schamanistische Traditionen in der neuen Religion fort.

Daß es nun, gewissermaßen im zweiten Anlauf, zu einer endgültigen Verankerung des Lamaismus in der Mongolei kam, dafür waren mehrere Faktoren verantwortlich. Im Gegensatz zum mongolischen Kernland hatte sich der Buddhismus in China unter dem Schutz der Yuan-Kaiser prächtig entwickelt. Dies zeigte sich in einer großen Zahl von Klostergründungen und dem ständig wachsenden Einfluß des Klerus am Hof. Mit dem Ende der Mongolenherrschaft über China wurde die buddhistische Geistlichkeit zwar ihrer Privilegien und Sonderstellung innerhalb der chinesischen Gesellschaft beraubt, aber nicht völlig aus dem Lande vertrieben. Erst unter den Ming-Kaisern des 16. Jahrhunderts, die den Taoismus bevorzugten, kam es zu einer ausgesprochen antibuddhistischen Haltung. Vieles spricht dafür, daß die Religionsverfolgungen in China einen Massenexodus der buddhistischen Elite in die Mongolei auslösten.

Fast zur gleichen Zeit stieß der Mongolenfürst Altan Khan im Zuge militärischer Operationen bis in das Gebiet des Kuku Nor vor. Dabei kam er auch in Berührung mit tibetischen lamaistischen Mönchen. Altan Khan, ein Nachkomme Chinggis Khans in der 25. Generation, lud daraufhin das Oberhaupt der Gelugpa zu sich in die Mongolei ein. Außerdem bat er den chinesischen Kaiser um die Übersendung buddhistischer Schriften, die damals in einem Kloster in Peking gedruckt wurden. Der Kaiser kam dem Wunsch des Mongolenfürsten sofort nach, wohl in weiser Voraussicht, daß die versöhnliche Religion des Buddhismus die Mongolen befrieden möge, deren Raubzüge eine ständige Bedrohung für das Reich darstellten.

In Tibet ließ man sich etwas mehr Zeit. Aber im Jahre 1576 machte sich das Oberhaupt der Gelbmützen, Sonam Gyatso, auf den Weg zu Altan Khan, der in der Stadt Köke Khoto, dem heutigen Hohhot, residierte. Das Zusammentreffen des Gelugpa-Abtes mit dem Mongolen-Khan hatte weitreichende Folgen. Es führte nicht nur zu dessen Bekehrung, sondern auch zu einer Annahme der buddhistischen Religion durch die ihm unterstehenden Tümed-Mongolen. Dem hohen geistlichen Besucher aber verlieh der Khan den Titel eines »Dalai Lama« – wohl eher aus militärpolitischen denn aus religiösen Überlegungen. Die Institution des Dalai Lama ist also eine mongolische Kreation, die sich jedoch in Tibet eigenständig weiterentwickeln sollte.

Wie eine Welle, die sich kreisförmig nach allen Richtungen hin fortsetzte, verbreitete sich der Buddhismus bei den Mongolen. Den Tümed folgten die Ordos und nach und nach die meisten mongolischen Stämme. Innerhalb weniger Jahrzehnte wurde der Lamaismus die alles beherrschende geistige Orientierung in der gesamten Mongolei. Eine entscheidende Vermittlerrolle in der Ausbreitung des Buddhismus von Tibet nach der Mongolei spielten zwei mächtige Klöster: Kumbum und Labrang. Beide Heiligtümer gehörten zu den Hochburgen der Gelugpa, beide lagen im Grenzbereich des tibetischen-mongolischen Kultur- und Lebensraumes, und beide befanden sich an wichtigen Karawanenstraßen, die Tibet mit der Mongolei und China verbanden. Kumbum und Labrang wurden für die Mongolen ebenso begehrtes Wallfahrtsziel wie für die Amdo-Tibeter. Mongolische Mönche studierten dort gemeinsam mit ihren tibetischen Kollegen die komplizierten Lehren und Anweisungen der Gelugpa. Kumbum, der legendenumrankte Geburtsort des Gelbmützen-Gründers Tsongkhapa, mochte damals die größere Anziehungskraft auf die Gläubigen ausgeübt haben, heute ist es eindeutig Labrang, das in der Gunst der Pilger den Vorzug genießt. Es gehört für mich zu den wenigen großen Heiligtümern Tibets, die nicht zur leeren Hülse verkommen sind. Und das gleicht in der Tat einem Wunder!

Labrang Tashi Kyil

Das Kloster liegt heute in der chinesischen Provinz Gansu, südlich der Hauptstadt Lanzhou, und war in früheren Zeiten eine wichtige Station auf dem Karawanenweg, der Osttibet (Kham) mit der Mongolei und Nordchina verband.

Für mich war Labrang mehrmals Ausgangs- und Endpunkt von Reisen in Amdo und Kham. Zum ersten Mal kam ich im Herbst 1990 hierher. Damals war es die letzte Station einer zwei Monate dauernden Tour ins Amnye Machen-Gebiet. Nur wenige Monate später, im Februar 1991, besuchte ich Labrang, um Lhosar – dem tibetischen Neujahrsfest – beizuwohnen. Anschließend reiste ich mit zwei Freunden im Winter durch Kham. Noch im Spätsommer desselben Jahres hielt ich mich ein drittes Mal im Kloster auf, damals zusammen mit Helmut und auf dem Weg zu den Quellen des Gelben Flusses. Schließlich kam ich im Februar 1994 noch einmal nach Labrang, um gemeinsam mit meinen Freunden Helmut und Toni hier das tibetische Neujahr zu feiern.

Wir hatten uns im etwas abseits gelegenen tibetischen Gästehaus einquartiert; im Sommer zumeist von Gruppentouristen überfrachtet, war es jetzt zur kalten Jahreszeit angenehm leer. Brechend voll dagegen waren die Unterkünfte und Privathäuser in der näheren Umgebung der Klosterstadt. Aus allen Teilen von Amdo strömten die Pilger herbei. Sie kamen in Bussen, auf klapprigen Lastwagen, zu Pferd oder auf Yakrücken. Kein Quartier war zu schäbig, um ungenutzt zu bleiben. Selbst das Erdgeschoß der tibetischen Häuser, für gewöhnlich der Stall, wurde mit Gästen belegt. Trotzdem reichte das Platzangebot bei weitem nicht aus, und viele der von den Grassteppen angereisten Nomaden schliefen in ihren Zelten oder einfach unter freiem Himmel, eingehüllt in dicke Schafspelze. Tagsüber quollen die engen Gassen der Klosterstadt förmlich über. Das Gedränge und Geschiebe war unbeschreiblich. Ohne Unterbrechung, gleich einer sich drehenden menschlichen Gebetsmühle, umkreisten die Gläubigen den Klosterbezirk. Sie folgten dem Lingkor, jenem vorgeschriebenen

Weg, der von Opfer- und Fußfallstätten gesäumt war, an denen die Pilger Räucherstäbchen entzündeten und ihre Niederwerfungen verrichteten. Vom buddhistischen Mitgefühl lebte auch die Meute von Hunden, die den Pilgerpfad belagerten und sich gierig auf alles Eßbare stürzten, das die Menschen ihnen zuwarfen.

Auch in den Tempeln ging es hoch her. Alle Heiligtümer waren geöffnet und überall wurde an den Gottheiten der Dienst verrichtet. Selbst die furchteinflößenden Schutzgötter, die sonst im Dunkel des Gonkhang hinter dicken Bündeln seidener Schärpen verborgen waren, wurden an diesen Tagen den Gläubigen gezeigt. Vom flackernden Schein der Butterlampen schwach beleuchtet, blickten die zornvollen Wesen mit ihren weit aufgerissenen Rachen und großem dritten Auge auf der Stirn auf die Menschen herab. Mit gebeugten Häuptern und vor der Stirn gefalteten Händen, unausgesetzt die heilbringende Formel *om mani padme hum* rezitierend, zog das Pilgervolk ehrfürchtig daran vorbei. Einige Mönche waren ständig damit beschäftigt, die Öllampen nachzufüllen, andere nahmen die Opfergaben der Gläubigen in Empfang, während einer in der dunklen Ecke die Trommel schlug.

Überall vor den Heiligtümern qualmten riesige Lehmöfen, in denen die Pilger duftenden Wacholder verbrannten. Danach reihten sie sich geduldig in die Menschenkette ein, die sich vor jedem Tempel gebildet hatte. Die längste Warteschlange aber konnte man vor der Residenz des Labrang Rimpotsche beobachten. Stundenlang harrten die Menschen vor den Toren aus, bis sie an der Reihe waren, um von der Wiedergeburt des legendären Klostergründers Jamyang Zhepa, durch eine flüchtige Berührung, persönlich gesegnet zu werden.

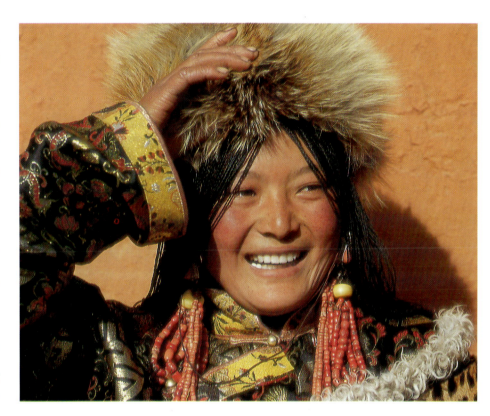

Glaube ließ sich schon immer gut mit Geschäft verquicken, das ist in Tibet nicht anders als im christlichen Abendland. Wie vor den Toren des Vatikan, wo eine ganze Kolonie von Andenkenverkäufern von der Frömmigkeit lebt, reihte sich auch entlang der Einfallstraße nach Labrang Laden an Laden. Das Angebot reichte von einfachen Opfergaben über Kultgegenstände für den Hausaltar bis hin zu Waren des täglichen Bedarfs.

Einen breiten Raum nahmen Stoffe, Bekleidung und vor allem Schmuck ein. Auch die Tibeterin kann davon nie genug besitzen. Und das zeigte sie auch. Die Vielfalt an Schmuck war kaum zu überbieten. Es hatte den Anschein, als wollten die Frauen ihren ganzen Reichtum in Form von Schmuck zeigen. Man brauchte sich nur an der Hauptstraße aufzustellen, und man konnte in kurzer Zeit der ganzen Stammesvielfalt von Amdo begegnen.

Nomadenmädchen aus Amdo beim tibetischen Neujahrsfest im Kloster Labrang Tashi Kyil. Sie hat zu diesem Anlaß ihre kostbarsten Kleider angelegt, als Kopfbedeckung trägt sie eine Mütze aus Fuchspelz, und um den Hals baumeln schwere Ketten aus geschliffenen Korallen und Türkisen.

Koko Nor – Tibeterin in ihrem traditionellen Schmuck.

An Haartracht und Schmuck der Frauen zeigte sich am deutlichsten die Herkunft. Die Kuku Nor-Tibeterinnen trugen Stirnbänder mit dunkelroten Korallen. Das natürliche Haar war oft noch durch Yakhaar künstlich verlängert, und als krönenden Abschluß knüpfte man einen ganzen Juwelierladen dran – ein breites Band mit geschliffenen Türkisen und Korallen. Die Golok-Weiblichkeit fiel durch ihre kunstvoll geflochtenen Zöpfe auf, die wie ein filigraner Vorhang über die Schultern herabfielen. In das Haar waren prächtige Türkise und Silberschmuck eingeflochten. Zusätzlich trugen sie schwere Ohrgehänge aus Silber, die mit Korallen und Lapislazuli besetzt waren. Mädchen und Frauen aus Ngawa hatten ganze Reihen faustgroßer Bernsteinkugeln auf ihren Häuptern befestigt, die den Eindruck erweckten, als würden sie gelbe Raupenhelme tragen. Alle trugen ihre kostbarsten Gewänder: knöchellange Fellmäntel, die mit Seide verziert und an den Rändern mit Pelzen verbrämt waren. Spitze Mützen aus Fuchspelzen waren die dominierende Kopfbedeckung. So zogen sie in Scharen an uns vorbei und ließen sich nicht ungern ablichten, wenn man nur ihre Schönheit und den erlesenen Schmuck genügend pries. Auch die Männer hatten sich für die festlichsten Tage des Jahres herausgeputzt. Im Gegensatz zu den Frauen reichte ihr Mantel nur bis zu den Knien. Er war jedoch ebenso kunstvoll mit Seidenstoffen und Fellrändern verziert und um die Hüfte mit einer bunten Schärpe zusammengehalten. Trotz der winterlichen Temperaturen hielten sie eine Schulter entblößt und ließen den schlaffen überlangen Ärmel lässig herabbaumeln. Als Kopfbedeckung trugen sie alle reich bestickte Pelzmützen, die ihre unterschiedliche Stammeszugehörigkeit verrieten. Nur die spitzen Hüte, die einst die mongolischen Pilger kennzeichneten, suchte man vergebens. Entweder waren die Mongolen in der tibetischen Bevölkerung vollkommen aufgegangen oder nach Norden in ihre ursprüngliche Heimat, auf das weite Grasland zurückgekehrt.

Je näher die kultischen Höhepunkte von Lhosar rückten, desto mehr verlagerte sich das Geschehen vom Markt in den klösterlichen Bezirk. Unablässig hörte man das Quietschen und Knarren der schweren hölzernen Gebetsmühlen, die von den Pilgern in Rotation versetzt wurden. Die Menschenkette, die das Kloster auf dem Lingkor umwandelte, riß tagsüber nie mehr ab. Mir schien es, als hätte seit meinem letzten Besuch der Zustrom der Gläubigen weiter zugenommen, und auch der Prunk, den das Kloster an jenen Tagen entfaltete, übertraf alles, was ich bisher in Tibet gesehen hatte. Es war der 13. Tag des ersten Monats im tibetischen neuen Jahr. Schon in aller Frühe versammelten sich die Gläubigen am Fuß eines Berghanges, der dem Kloster gegenüberliegt. Indessen rief der Ton des Muschelhorns die Mönche zum Gebet in die große Versammlungshalle. Einer nach dem anderen verschwand im Halbdunkel des Inneren, und bald darauf setzte das Rezitativ der Mönche ein. Von Zeit zu Zeit wurde der Chor von hellem Glockenklingel und dumpfen Trommelschlag unterbrochen. Auf dem Platz vor dem Kloster aber nahm eine Prozession von seltsamen Gestalten Aufstellung, wie ich sie nur von Bildern aus dem alten Tibet her kannte. Die Gruppe wurde von berittenen Männern angeführt, die breitkrempige Hüte und mit Leopardenfell besetzte Mäntel trugen. In der einen Hand hielten sie die Zügel fest, in der anderen führten sie Banner. Dahinter standen Mönche mit gelben Baldachinen, die wie Schirme aussahen. Plötzlich ging die Seitentür zur Säulenhalle auf, und heraus trat ein orangefarbener, gestreifter »Tiger«, der mehr einem Phantasiewesen als einem wirklichen Tier glich. Das Ungeheuer mit der hölzernen Maske, in dem zwei Mönche steckten, stürzte sofort auf die versammelte Menge los, die in wilder Panik auseinanderstob. Ein paar Mutige versuchten sich von hinten an das Ungetüm heranzuschleichen und es zu besänftigen, indem sie weiße Khadaks – Seidenschleifen – über seinen Rücken warfen.

Auch wir durften zur allgemeinen Belustigung beitragen. Toni war so mit Fotografieren beschäftigt, daß er nicht merkte, wie sich der »Tiger« an ihn heranpirschte. Das Fabelwesen versetzte ihm von hinten einen solchen Stoß, daß er mit seinen Kameras vornüber stürzte, was die Zuschauer mit schallendem Gelächter quittierten.

Bald darauf wurde es wieder ernst. Denn nun erschien eine Prozession von Mönchen, die ein gut zwanzig bis dreißig Meter langes, zusammengerolltes Stoffbild auf den Schultern trugen. Wie eine Riesenschlange wand sich das Thangka aus der engen Pforte des Klosters ins Freie. In fanatischer Begeisterung drängten die Gläubigen heran, jeder von ihnen wollte das Riesenbild mit der Stirn einmal berühren. Während die Mönche, hilflos von allen Seiten eingekeilt, versuchten, den Ansturm der Menge zu parieren, galoppierte das Fabeltier voraus, um der Prozession den Weg zu bahnen. Nur langsam kam die Gruppe in Bewegung, zuvorderst die berittenen Bannerträger, gefolgt von Mönchsmusikern und den Lamas mit den goldgelben Schirmen. Zeitweise verschwand die feierliche Prozession unter einer mächtigen Staubwolke. Nachdem sie das Kloster hinter sich gelassen und den Sangchu auf einer Brücke überquert

34

Am dreizehnten Tag des ersten Monats im tibetischen neuen Jahr wird von den Mönchen des Klosters Labrang Tashi Kyil das Riesenthangka – ein gut zwanzig Meter langes Stoffbild – feierlich entrollt.

hatten, galt es, den von Pilgern belagerten Berghang zu erklimmen. Von einer Menschentraube umgeben, wand sich der Zug der Mönche unter viel Geschrei und Gestöhn die steilen Serpentinen hoch. Sobald die Prozession die halbe Höhe erreicht hatte, traten mit Stöcken bewaffnete Lamas in Aktion und trieben die Menge zurück, indem sie kräftig von ihren Ruten Gebrauch machten. Oben angekommen, wurde das Riesenthangka am dafür vorgesehenen Platz verankert und langsam über eine mit Steinplatten ausgelegte Fläche entrollt. Wie auf ein geheimes Kommando hatten die Mönche ein dichtes Spalier um das Thangka gebildet. Mit ihren dunkelroten Faltenmänteln boten sie den vollkommenen Rahmen zum gelben Stoff, der das Bildnis verhüllte. Trotz der drohenden Hiebe versuchten Gläubige immer wieder, den Mönchsriegel zu durchbrechen, um das heilige Bild zu berühren. Ein wahrer Regen von Khadaks, Münzen und anderen Opfergaben prasselte auf das Bild nieder und sammelte sich am unteren Rand.

Das gigantische Bildnis war nun zwar ausgerollt, aber noch nicht enthüllt. Von Zeit zu Zeit fuhr ein Windstoß unter den gelben Stoffvorhang und drückte ihn so weit zur Seite, daß die riesenhaften Augen des Buddha zum Vorschein kamen. Dann ging alles sehr schnell. Begleitet von den Würdenträgern des Klosters erschien der Labrang Rimpotsche am Festplatz. Nachdem auch er dem Bildnis seine Reverenz erwiesen hatte, indem er davor kniend mehrmals mit der Stirn die Erde berührte, nahm er auf einem Thronsessel Platz, um von dort aus den Fortgang der Zeremonie zu beobachten. Jetzt erst wurde das Bildnis feierlich enthüllt. Von oben herab zogen die Mönche mit Seilen das gelbe Schutztuch Stück für Stück hoch. Als ob ein unsichtbarer Sturmwind die Menschen niederdrückte, warfen sich alle beim Anblick des Riesenbuddha zu Boden. Nur einmal im Jahr, zu Lhosar, wird das Riesenthangka den Gläubigen gezeigt – und auch dann nur für wenige Minuten. Schon hatten zwei Maskentänzer den Festplatz betreten... Wie in Trance wirbelten sie über die Fläche, vollführten Pirouetten; immer schneller wurden die Drehungen, getragen vom Rhythmus, den die Mönchsmusiker vorgaben, bis sie nach einem furiosen Finale erschöpft zu Boden sanken. Kaum war der Tanz zu Ende, fiel auch schon der Vorhang wie auf einer gigantischen Bühne über das Riesenthangka herab, und das Gesicht des Buddha kehrte sich wieder nach innen.

Am nächsten Morgen begaben wir uns schon früh zum Kloster. Es war der 14. Tag des Neujahrsfestes – der Höhepunkt von Lhosar. Es war der Tag der Maskentänze. In der Nacht war etwas Schnee gefallen und hatte das Heiligtum in ein anmutiges Winterkleid gehüllt. Alle Dächer waren mit einem weißen Flaum überzogen.

Zu Lhosar, dem tibetischen Neujahrsfest, haben Mönche des Klosters Labrang Tashi Kyil ein riesiges Stoffbild entrollt.

Aber die Schneedecke war so dünn, daß die gelben und grünen Ziegel noch durchschimmerten. Auch die vergoldeten Figuren und Glückszeichen, die die Dächer schmückten, hatten weiße Hüte bekommen. Der Morgen war klar, aber grimmig kalt. Senkrecht stiegen die Rauchsäulen von den Dächern auf. Sie leuchteten uns im Morgenlicht wie Funkfeuer entgegen, als wir die breite Straße zur Klosterstadt hinunterliefen.

Trotz der frühen Stunde herrschte auf dem Platz vor der Versammlungshalle bereits reges Leben. Mönche waren emsig damit beschäftigt, ein abgestecktes Areal vom Schnee zu reinigen. Sobald das geschehen war, wurde mit zerriebenem Kalk ein Kreis gezogen, der die Tanzfläche kennzeichnen sollte. Um diesen rituellen Kreis streute man ebenfalls mit Kalkstaub ein Viereck. Es markierte jene magische Grenze, die keiner der Zuschauer mehr überschreiten durfte. Entlang der Linien begannen sich nun die Gläubigen niederzulassen. Im Nu waren die besten Plätze in der vordersten Reihe belegt. Die Tibeter bekümmerte Schnee und Kälte wenig. Gewohnt, mit ganz anderen Bedingungen fertig zu werden, ließen sie sich einfach mit ihren multifunktionalen Fellmänteln auf dem Boden nieder. Allmählich schmolz der Schnee durch die Körperwärme weg, und die ganze Sitzfläche verwandelte sich in einen einzigen Morast. Vorsorglich hatten wir am Markt tibetische Kissen gekauft, auf denen wir nun wie auf kleinen Inseln hockten. Das brachte uns manch anerkennenden und auch neidischen Blick ein, aber sie waren unsere einzige Chance, die folgenden Stunden einigermaßen erträglich zu gestalten.

Die Vorbereitungen für die Maskentänze waren nun soweit gediehen, daß das Mönchsorchester aufmarschierte und an der Ostseite der Tanzfläche Position bezog. Gegenüber nahmen Herolde Aufstellung. Mit ihren seltsamen Kostümen, den altertümlich anmutenden Waffen und Bannern, die sie führten, wirkten sie wie Recken aus einer längst vergangenen Zeit.

Ein dichtes Spalier von Mönchen zog nun auf und riegelte den Ritualplatz vom herandrängenden Laienvolk ab. Einige Lamas schritten die Front der Zuschauer ab und traktierten jeden mit ihren langen Stöcken, der sich zu weit vorwagte. Wehe auch dem, der sich erlaubte, eine Zigarette anzuzünden und mit dem Rauch die Götter zu belästigen. Dem wachsamen Auge der Ordnungs-Lamas gab es kein Entrinnen, und ehe sich der Sünder versah, bekam er die Rute schmerzlich zu spüren.

Der Ritualplatz war von einem undurchdringlichen Wall aus Menschenleibern eingeschlossen. Immer noch strömten die Gläubigen herbei. Einige hatten den Sockel des Fahnenmastes erklettert, wurden aber sogleich von den Polizei-Mönchen wieder heruntergetrieben, andere hatten mehr Glück und konnten sich Plätze auf den Dächern der umliegenden Häuser ergattern. Die gesamte Eingangshalle einschließlich der Treppen, die zu ihr hinaufführten, war von Mönchen gefüllt. Nicht mehr als ein schmaler Durchschlupf blieb offen, über den die Akteure zum Tanzplatz gelangen konnten. Hoch oben auf einer überdachten Terrasse aber erschienen die Würdenträger des Klosters, allen voran der Labrang Rimpotsche, der den Ehrenplatz auf einem erhöhten Thronsessel einnahm. Mit seinen goldfarbenen Seidengewändern, der spitzen gelben Mitra, die er trug, und der steifen Haltung sah er mehr wie eine kostbar drapierte Statue als wie ein menschliches Wesen aus.

Das Gemurmel der Zuschauer verstummte plötzlich, als aus der Säulenhalle zwei Mönche erschienen und mit ihren Trompeten den Beginn der Maskentänze verkündeten. Dahinter schritt würdevoll der Zeremonienmeister, gefolgt von den ersten Figuren.

Ein Cham, wie es tibetisch heißt, ist viel mehr als nur ein Maskentanz. Es ist ein magisch-exorzistisches Ritual und erfüllt somit eine reale Funktion im religiösen Leben der Tibeter. Jedes Jahr, immer wieder aufs neue, gilt es, den Kampf gegen die Feinde der Lehre aufzunehmen, sie zu besiegen – und wenn es schon nicht möglich ist, sie gänzlich zu vernichten, sie wenigstens so weit unschädlich zu machen, daß man sie in Fallen bannte. Der Cham ist letztlich eine Neuinszenierung jener historischen Auseinandersetzungen zwischen den Buddhisten und den Priestern der alten Bön-Religion, und der Tanzplatz ist das Schlachtfeld, auf dem dieser Kampf ausgetragen wird. Dies verdeutlichten schon die ersten Gestalten, die den Platz betraten. Durch Beschwörungsformeln und Ritualmusik herbeigerufen, erschienen die Cittipati, die tanzenden Skelette. Barfüßig, von einem Bein auf das andere hüpfend, bewegten sie sich um den magischen Kreis. Sie gelten als die Herren des Leichenackers und gemahnen die Zuschauer an die Vergänglichkeit, insbesondere an den physischen Tod, der am Ende jeder irdischen Lebensspanne steht. Ihre Aufgabe war es, durch entsprechende Bewegungen und Beschwörungen das Cham-Viereck in einen Friedhof zu verwandeln, gewissermaßen den Boden zu bereiten, auf dem die Feinde der buddhistischen Lehre vernichtet werden sollten. Wann immer die weißgekleideten Gestalten mit den Totenkopfmasken und den aufgemalten Skeletten den Zuschauern zu nahe kamen, wichen diese furchtsam zurück. Denn die Cittipati gelten als unrein. Deshalb vermied man jede Berührung mit ihnen. Wer von ihnen »gesegnet« wurde, so war man überzeugt, der würde noch im selben Jahr sterben.

Tibetischer Überlieferung zufolge sollen die Cham-Mysterien aus Indien stammen und wie viele andere buddhistische Traditionen von Padmasambhava eingesetzt worden sein. Demnach soll der indische Glaubenslehrer den mystischen Tanz mit furchteinflößenden Gottheiten und bannenden Beschwörungen angereichert haben, als sich die örtlichen Dämonen der Errichtung von Samye, dem ersten buddhistischen Kloster Tibets, mit aller Kraft widersetzten. Zweifellos wurzeln die Cham-Tänze in jener Zeit erbitterter Glaubenskämpfe zwischen der in Tibet alteingesessenen Bön-Religion und dem von Indien importierten Buddhismus. Im Verlauf dieser Auseinandersetzungen kam es auch zu einer gegenseitigen Anpassung, deren Resultat der Lamaismus ist – die spezifisch tibetische Form des Buddhismus. Vielleicht lag im starken Fortleben von Bön-Praktiken der Grund, daß die reformierten Gelbmützen erst im 16. Jahrhundert die Cham-Tänze in ihren Kult aufnehmen mochten. Noch viel später, nämlich erst im Jahre 1811, wurde der Cham von den Mongolen übernommen. Nach der mündlichen Überlie-

Zum Höhepunkt der Cham-Mysterien im Kloster Labrang Tashi Kyil erscheinen die Schwarzhuttänzer gemeinsam mit den Schutzgottheiten der buddhistischen Lehre, die furchteinflößende Masken und Knochenschürzen tragen. Von seinem Thronsessel – hoch oben auf der Galerie – verfolgt der Labrang Rimpotsche das Geschehen auf der Tanzfläche.

ferung soll der 4. Chutuktu höchstpersönlich, der als höchster buddhistischer Würdenträger der Mongolei in Urga (Ulan Bator) residierte, auf Druck des Klerus das Cham-Fest initiiert haben. »Seine Heiligkeit«, so wurde berichtet, soll aber den mystischen Tanz nur äußerst ungern zugelassen haben. Das Auftreten von Masken vorbuddhistischer Schamanen in der mongolischen Version des Cham deutet darauf hin, daß die Einführung des Buddhismus nicht so problemlos vor sich ging, wie es später gerne dargestellt wurde, sondern ähnlich wie in Tibet auf großen Widerstand der althergebrachten Religion stieß. Die meisten Figuren jedoch, die sowohl im mongolischen Cham als auch hier in Labrang auftraten, hielten sich an das Vorbild des ersten Gelbmützen-Cham, der im Kloster Tashilunpo aufgeführt wurde. Auch die Kostüme und Masken waren nach der Beschreibung gefertigt, die der 5. Dalai Lama darüber verfaßt hatte.

In ununterbrochener Abfolge traten nun Gestalten des buddhistischen Pantheons auf, in ihren unterschiedlichen Erscheinungen: zornig und friedlich, in Tier- oder Menschengestalt, von furchteinflößendem oder sanftmütigem Aussehen. Nach jedem Tanz gab es eine kurze Pause, dann riefen die Mönchsmusiker mit ihren Instrumenten die nächste Gruppe von Göttern auf. Nach den gestrengen Hütern der Lehre, die mit ihren Tanzbewegungen die Feinde anlocken sollten, kamen Tiergötter in Hirsch- und Büffelmasken. Mit ihren schnellen und eigenartigen Tanzbewegungen fesselten sie die Zuschauermenge. Jeder ihrer Schritte symbolisierte die Vernichtung der für Sterbliche unsichtbaren Feinde, die sie mit den Füßen am Boden zertraten.

Nachdem diese Masken den Tanzkreis verlassen hatten, erklangen von neuem die Rufmelodien aus alphornähnlichen Radongs, Posaunen, Knochentrompeten und Trommeln. Ein Raunen ging durch die Menge. Vom Zeremonienmeister geleitet, erschien nun der stierköpfige Yamantaka, der Herr des Todes, mit seinem schrecklichen Gefolge. Die zornvolle Erscheinung des Bodhisattva Manjushri gilt als besonderer Schutzgott der Gelugpa. Gemessenen Schrittes, sich in alle Richtungen drehend,

> »Die Weite, die Stille und Einsamkeit verliehen unseren Gedanken gleichsam neuen Schwung und größere Tiefe, wie es uns Menschen nur in seltenen glücklichen Minuten gewährt wird, wenn wir der unberührten Natur begegnen.«
> Pjotr Koslow

stieg er langsam die Treppen hinab. Seine Farbe war ein dunkles Blau. Um den Hals trug er eine Girlande aus einundfünfzig Menschenköpfen, und seine Stirn umkrönten fünf Totenschädel. Flammende Brauenbüschel und das mächtige dritte Auge auf der Stirn verliehen seiner Maske magische Ausdruckskraft. Die illustren Begleiter ergänzten noch diese Erscheinung. Auch sie waren von geradezu furchtgebietendem Aussehen. Sie trugen verschiedenfarbige Masken mit weitgeöffnetem Rachen und Reißzähnen darin. Auf ihren leuchtenden Gewändern waren schreckliche Fratzen aufgemalt, darüber hingen noch zusätzlich Knochenschürzen. Zum Schluß traten Tänzer ohne Masken auf, statt des-

sen trugen sie pyramidenartige Hüte aus schwarzem Yakhaar, von denen bunte Schärpen herabhingen. Auf ihren prächtigen Seidengewändern mit den Trompetenärmeln waren Totenköpfe aufgenäht. Gemäßigt, fast feierlich, tanzten sie im Rhythmus der Musik. In den Händen, mit denen sie Abwehrgebärden vollführten, hielten sie Ritualdolche mit seidenen Schleifen. Im Tanz der Schwarzhüte erfuhr der Cham seinen Höhepunkt. Auch darin lebte ein historisches Ereignis fort. Die Schwarzhuttänzer verkörperten jene Priester der alten Bön-Religion, die einst Padmasambhava überwand.

Von König Trisongdetsen ins Land gerufen, gelang es dem indischen Guru trotz des Widerstandes der alten Bön-Magier, den Buddhismus in Tibet zu verankern. Doch König Langdarma, einer der Nachfolger Trisongdetsens, kehrte wieder zum Bön-Glauben zurück und ließ die Buddhisten blutig verfolgen. Nur drei Mönche sollen die Gemetzel überlebt haben; ein Eremit und zwei Flüchtlinge. Der Eremit Paldorje jedoch verkleidete sich als Bön-Tänzer und tötete König Langdarma mit einem Pfeil während eines großen Festes beim »Tanz der Schwarzhüte«. Der Mörder entkam auf seinem mit Ruß geschwärzten Schimmel, ritt durch den nächsten Fluß, und vergebens fahndete man nach dem Reiter auf einem schwarzen Roß. Paldorjes kühne Tat aber rettete den Buddhismus im Augenblick höchster Bedrohung. Zur Erinnerung daran wurde jener Kulttanz der Bön wichtiger Bestandteil des buddhistischen Cham-Festes.

Und noch einmal erklangen die Musikinstrumente, die die Gottheiten zum Eintritt in den Tanzkreis aufforderten. In der bisherigen Reihenfolge erschienen nun alle Masken und führten gemeinsam einen Tanz auf. Um diese Zeit stand die Sonne schon

Am letzten Tag der Neujahrsfeierlichkeiten werden im Kloster Labrang Tashi Kyil die sogenannten Butteropfer dargebracht. Da haben Mönche in wochenlanger Arbeit buddhistische Gottheiten aus Butter modelliert und bemalt, die nun für die wenigen Stunden vom Anbruch der Dunkelheit bis Mitternacht den Gläubigen gezeigt werden.

sehr tief, und ihre Strahlen ließen die Masken erglühen. Die Seide und der Brokat der Gewänder mit den goldglitzernden Ornamenten, die blauen, roten, gelben und weißen Masken, der ekstatische Tanz – das wirkte so betörend auf die Sinne, daß man geneigt war, alles für ein Wunder zu halten. Die Maskentänze waren damit zu Ende. Den letzten Akt übernahmen die Mönche. Ihnen fiel die Aufgabe zu, unter genauer Einhaltung der vorgeschriebenen Riten die in eine Pyramide aus Teig gebannten Feinde zu vernichten. Erst dann waren die Menschen für das kommende Jahr vor all den Kalamitäten geschützt, die im Leben auftreten konnten.

Den feierlichen Abschluß von Lhosar bildete traditionell das Fest der Butteropfer. Es fand am nächsten Tag statt, am fünfzehnten des ersten Monats im tibetischen neuen Jahr. Das eigentliche Fest war erst am Abend, die Vorbereitungen aber hatten schon vor Wochen begonnen. In emsiger Arbeit, unter den eisigen Temperaturen des tibetischen Winters, schufen Mönche Figuren und kunstvolle Gebilde aus Yakbutter, die sie mit klammen Fingern modellierten und anschließend bemalten.

Die fertigen Butteropfer wurden am Nachmittag im Beisein des Labrang Rimpotsche durch Gebete und Rezitationen geweiht. Aber erst nach Sonnenuntergang begannen die

Mönche, vor der großen Versammlungshalle hölzerne Gerüste aufzubauen. Nach und nach befestigten sie daran die zu ganzen Arrangements gestalteten Butterplastiken. Zuletzt wurde die Beleuchtung installiert. Unterdessen füllte sich der Vorplatz, an dem tags zuvor die Maskentänze stattfanden, allmählich mit Menschen.

Je dunkler es wurde, desto mehr Gläubige strömten heran. Als dann die Lichter angingen und die Butteropfer beleuchteten, war die Menge nicht mehr zu halten. Alles drängte vorwärts, denn jeder versuchte, an eines der leuchtenden Gebilde heranzukommen, um es mit seiner Stirn zu berühren.

Dann ging alles blitzschnell. Im Hintergrund hörte man plötzlich lautes Motorengeräusch und Sirenen. Aber ehe die Menschen begriffen, was es bedeutete, war es schon zu spät. Mit voller Geschwindigkeit raste eine Gruppe grün Uniformierter auf ihren Beiwagenmaschinen heran und fuhr rücksichtslos in die versammelte Menge hinein. Wer sich nicht durch einen tollkühnen Sprung zur Seite in Sicherheit bringen konnte, wurde einfach niedergestoßen. Unter den Gläubigen entstand ein heilloses Chaos, weil niemand wußte, was geschehen war. Die Polizisten aber sprangen von ihren Fahrzeugen und trieben die Menge unter Einsatz ihrer Schlagstöcke vom Platz in die Seitengassen zurück. Die unmotivierte Aktion hatte nur einen Sinn, nämlich Macht zu demonstrieren.

Bedauerlicherweise hatte sie ihr Ziel erreicht. Jedem wurde mit einem Schlag wieder bewußt, daß Tibet ein besetztes Land war und die Repression allgegenwärtig. Wie ein schöner Traum hatte sich die fröhlich-ausgelassene Stimmung verflüchtigt. Die Freude auf den Gesichtern war verschwunden, und eine tiefe Nach-

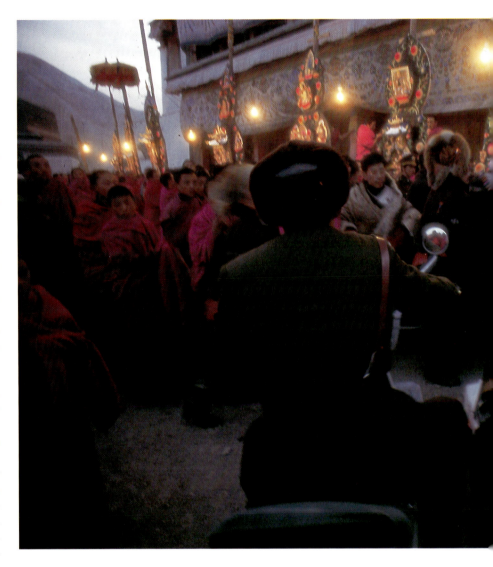

denklichkeit hatte sich unserer Gedanken bemächtigt, als wir von den beleuchteten Gassen des Klosters in die sternenklare Nacht hinausliefen. Wir fragten uns, wie lange es das Neujahrsfest noch in dieser Form geben würde?

Werden auch in den nächsten Jahren die Pilger noch so zahlreich kommen, oder wird auch Labrang eines Tages zum Museum mutieren, so wie das andere große Kloster im tibetisch-mongolischen Grenzbereich – wie Kumbum? Die Zeichen der Zeit sprachen dafür. Aber noch ist es nicht so weit. Noch rief das Muschel-

Die freudige Stimmung beim Fest der Butteropfer nimmt ein jähes Ende, als chinesische Sicherheitskräfte eingreifen und in einem Akt purer Machtdemonstration die versammelten Gläubigen mit rabiaten Methoden auseinandertreiben.

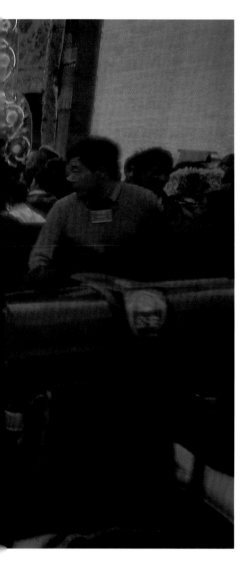

horn die Mönche zur täglichen Morgenandacht, noch waren die Maskentänze nicht zur seelenlosen Folklore verkommen, und noch wurden die Gläubigen nicht durch verordnete Öffnungszeiten, Glaswände und Metallzäune von ihren Göttern getrennt.

Kumbum Chamba Ling

Die Entfernung von Labrang nach Kumbum war gering, bei entsprechender Motorisierung nicht mehr als eine Tagesetappe. Der Weg führte durch fruchtbares Lößland, das vorwiegend von Chinesen und Angehörigen des moslemischen Salar-Volkes bewohnt war. Bald nachdem wir das Tal von Labrang verlassen hatten, hörten die tibetischen Dörfer auf. Von Jahr zu Jahr drängen chinesische Siedler weiter nach Amdo hinein, immer schneller rücken die Grenzen zwischen Ackerbauern und Nomaden vor. Noch besitzt Labrang von Tibetern bewohntes Hinterland, aber wie lange noch?

Nach stundenlanger ermüdender Fahrt erreichten wir den Gelben Fluß, der seine gelb-braunen Fluten träge durch das Hügelland wälzte. Dahinter gerieten wir in ein bizarres Labyrinth von Lößkegeln, die gänzlich mit schachbrettartigen Feldern überzogen waren. Eingebettet in diese Landschaft lag das große Kloster Kumbum Chamba Ling. Es gehörte zu den wichtigsten Kultstätten des Schneelandes, denn kein Geringerer als Tsongkhapa, der tibetische Reformator und Begründer der Gelbmützen-Schule, hat an der Stelle, wo sich das Kloster heute erhebt, das Licht der Welt erblickt. Der Aufstieg der Gelbmützen zur dominierenden Lehrmeinung in Tibet verdankte Kumbum seine Existenz und spätere Bedeutung. Nur – davon ist heute nicht mehr viel übriggeblieben. Die Distanz von Labrang nach Kumbum, gemessen an Kilometern, war gering, aber zwischen den beiden Heiligtümern lagen Welten. Während in Labrang die Pilger dem Kloster Leben einzuhauchen vermochten, herrschte in den Gassen und Tempeln von Kumbum gähnende Leere. Es schien, als hätten die Gläubigen den Ort aufgegeben. Lag es daran, daß Kumbum heute nur noch wie eine Insel aus dem chinesischen Siedlungsgebiet herausragt? War die Nähe der Millionenstadt Xining Schuld am Niedergang? Kamen die Gläubigen nicht mehr, weil sie wie Touristen Eintrittsgeld bezahlen mußten? Wohl kaum. Sie blieben vor allem deshalb aus, weil es seine Funktion nicht mehr erfüllte. Ein Kloster, das sich nur noch selbst verwaltet, ist bestenfalls ein Museum. Was die Gläubigen suchten, nämlich spirituelle Nahrung, gab es nicht mehr.

Kumbum hätte vielleicht ein ähnliches Schicksal erlitten wie die Klöster der Inneren Mongolei. Als dort die Mongolen von den chinesischen Kolonisten verdrängt wurden, bauten sie ihre Jurten ab und zogen fort. Die Klöster aber konnte man nicht einfach abreißen, auf Kamelrücken packen und mitnehmen. Sie blieben zurück. Die Mönche hatten nun keine Basis mehr für ihr Leben. Was blieb ihnen da anderes übrig, als die Klöster zu verlassen und den Gläubigen hinterherzuziehen.

So weit kam es in Kumbum nicht. Die Provinzregierung in Xining hatte andere Pläne. Schon früh erkannte sie den touristischen Wert des Klosters und begann das Heiligtum systematisch in ein Museum umzufunktionieren. Um auch verwöhnten Gruppenreisenden den Aufenthalt zu ermöglichen, wurde gegenüber dem Kloster ein neues Hotel errichtet. Als einziges Zugeständnis an die lokale Architektur erhielt das Bauwerk ein grünes geschwungenes

Das Kloster Kumbum Chamba Ling spielte in der Vergangenheit eine wichtige Mittlerrolle bei der Verbreitung des Buddhismus in der Mongolei. Heute liegt es inmitten chinesischen Siedlungsgebietes und ist zu einem Freilichtmuseum herabgesunken.

Dach. Ob es das ist, was die Fremden hier suchen, mag bezweifelt werden. Jedenfalls sind viele von Kumbum enttäuscht. Sie vermissen die mystische Atmosphäre, die ihnen der Reiseprospekt versprach. Sie erwarteten geheimnisvolle Zeremonien und Mönche, die den Gong schlagen, statt dessen sitzen diese gelangweilt als Wächter und Kartenentwerter vor den Eingängen und verbieten ihnen obendrein noch das Fotografieren. Gewiß birgt das Kloster eine Unmenge von Kunstwerken: Wandmalereien, alte Figuren in verschiedenen Größen, silberbeschlagene Chörten, ganz zu schweigen vom legendären Wunderbaum, aber in den meisten Museen lagern Werke von mehr oder weniger großem kunsthistorischen Wert.

Ich wurde oft gefragt, vor allem von enttäuschten Besuchern des Klosters, was ich denn an Kumbum fände, daß ich immer wieder dorthin zurückkehrte. Die Antwort darauf ist simpel: Es lag auf meinem Weg – in diesem und jenem Sinne. Kumbum war das erste tibetische Kloster, das ich in diesem Leben betrat. Als ich im Sommer 1986 – damals auf dem Weg nach Lhasa – hier vorbeikam, traf ich noch Scharen von Pilgern, die das Heiligtum umkreisten, manche von ihnen durch fortwährende Niederwerfungen. Damals standen noch dort, wo sich heute das Hotel erhebt, die schwarzen Yakhaarzelte der Nomaden, und auf den Wiesen ringsum weideten die Ochsen. Damals wohnte ich noch bei den Mönchen im Kloster.

Seitdem habe ich Kumbum fast jedes Jahr besucht. Daraus entstanden im Laufe der Zeit vielfältige emotionale Bande, geprägt von persönlichen Stimmungen und Begegnungen, die mein Bild von Kumbum formten.

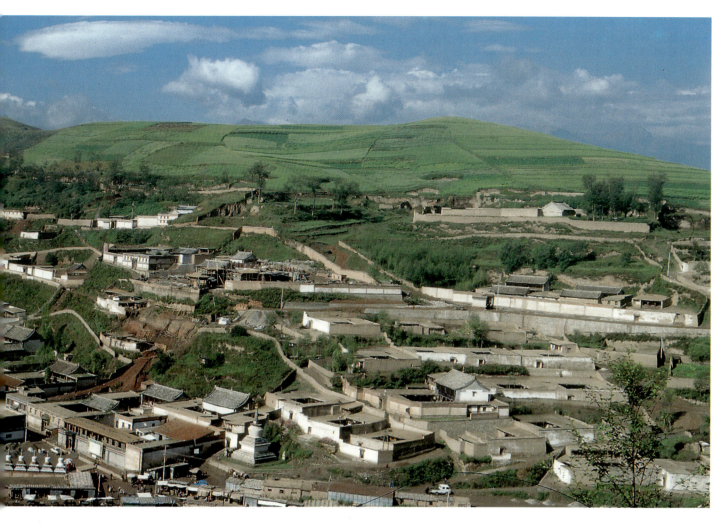

Natürlich interessierte mich auch, weil ich kein anderes Kloster besser kannte und nirgendwo tiefer hinter die Kulissen blicken konnte, zu sehen, wie es sich entwickelte und wohin, zumindest in welche Richtung. Eines scheint klar: Gemessen an der glanzvollen Vergangenheit hat die Zukunft von Kumbum wohl keine Zukunft.

Quer durch Amdo

In früheren Zeiten lag Kumbum am Kreuzungspunkt wichtiger Karawanenstraßen. Von hier aus führten Wege nach Norden in die Mongolei, nach Süden in die tibetische Provinz Kham und in Richtung Osten nach China. Auf vielen Wegen war die Klosterstadt mit Zentraltibet, das heißt mit Lhasa, verbunden. Die kürzeste, aber auch gefährlichste Route wies von Kumbum aus in Richtung Südwesten, durchzog das Gebiet der berüchtigten Golok, eines Räubernomadenstamms, berührte das Quellgebiet des Gelben Flusses, den Oberlauf des Yangtse, und erreichte schließlich die tibetische Hauptstadt.

Die Golok waren die stolzesten und freiesten aller tibetischen Nomaden. Sie gehorchten weder der Lhasa-Regierung noch beugten sie sich der chinesischen Administration. Nur große, gut bewachte Karawanen wagten es, diesem Weg zu folgen. Selbst diese kamen selten ungeschoren davon. Vor allem aber attackierten die Golok jene europäischen Forscherpioniere, die vor 1950 in die Unermeßlichkeit ihrer Gebirgswelt eindrangen. Ob die Expeditionen von Filchner und Tafel, der Russen Przewalskij und Koslow oder des beharrlichsten von ihnen, des Schweden Sven Hedin – alle ausnahmslos wurden angegriffen. »Keinen Schritt weiter oder der Kopf ist ab«, so entschlossen traten die Golok dem Schweden Hedin in den Weg und verlegten seiner Karawane den Weitermarsch nach Lhasa. Schenkt man ihren Berichten Glauben, dann muß man zur Ansicht gelangen, daß bei diesem Nomadenstamm das Räubertum ein edles und ehrbares Handwerk war.

Aber selbst die freiheitsliebenden Golok wurden nach 1950 unter das Joch der chinesischen Herrschaft gezwungen. Begegnete man ihnen heute, dann konnte man sich kaum vorstellen, daß dies die Nachkommen jener so gefürchteten Räubernomaden waren. Auch der Weg hatte längst seine Schrecken verloren, aber es war einer der interessantesten Routen geblieben, die man in Tibet bereisen konnte.

Von Kumbum aus folgte die Straße, die an Stelle des alten Karawanenpfades getreten war, dem Lauf des Xining He bis zum alten Marktflecken Tankar. Hier sammelten sich in der Vergangenheit die großen Handels- und Pilgerkarawanen, um ausgeruht, mit reichlich Proviant versehen und mit entsprechender Bedeckung in die Gebirgswüsten Tibets hinauszuziehen. Schon bald nach Tankar wand sich die Straße zum ersten Paß hinauf. Eine mächtige Steinpyramide mit Büscheln von bunten Gebetsfahnen kennzeichnete wie überall in Tibet die Passage. Der Sonne-Mond-Paß, auf dem wir nun standen, markierte die alte Grenze zwischen China und Tibet. In der Ferne sah man einen See blinken. Er lag wie ein riesiger Spiegel zwischen firngekrönten Gebirgen eingebettet. Alsbald verschwand er wieder hinter Hügeln und Wellen, die sich in den Vordergrund schoben, als wir den Weg fortsetzten. Allmählich aber traten die Bergketten zurück und gaben eine ungeheure Ebene frei. Kaum merkbar fiel das Gelände nach Westen zu ab, noch eine letzte Kuppe, dann standen wir an den Ufern des Kuku Nor.

Auch wenn ich die Ausmaße des Sees von der Karte her kannte, überrascht mich seine gewaltige Größe. Die enorme Ausdehnung der Wasserfläche, die sich am Horizont verlor, die tiefblaue Färbung, der Salzgehalt des Wassers und die immerwährende Brandung – all das erinnerte mich eher an ein Meer als an einen Gebirgssee. Kuku Nor nannten die Mongolen den Binnensee, bei den Tibetern hieß er Tso Ngombo, chinesisch Qinghai, so wie die gesamte Provinz. Alle Namen bedeuten das gleiche: Blauer See. An der Ostseite, wo wir an seine Ufer traten, hatte er eine herrliche Lagune gebildet. Gleich oberhalb, auf einer natürlichen Terrasse, schlugen wir unsere Zelte auf. Die Lagune verführte zum Baden, und wenn man ein Stück hinausschwamm, blieb das Wasser so klar, daß man bis zum Grund sehen konnte. Den natürlichen Fischreichtum ließen die Mongolen und Tibeter ungenutzt. Buddhistisches Mitgefühl verbot das Fangen und Töten von Fischen. Auch galt der See als heilig und durfte deshalb

Hinter der riesigen Wasserfläche des Kuku Nor senkt sich die Sonne auf den westlichen Horizont herab. Inmitten dieses Sees, den die Tibeter Tso Ngombo nennen, liegen zwei Inseln; eine davon – Tso Ning – gilt als heilig, denn sie wird von Einsiedlern bewohnt, die nur im Winter, wenn der See zufriert, zu erreichen sind.

von keinem Boot durchpflügt werden. Erst die Chinesen haben in jüngster Vergangenheit dieses Tabu gebrochen und durch kommerziellen Fischfang die Ressourcen ausgebeutet.

Einsam, inmitten des Sees, lag das felsige Eiland Tsoling. Nach der in Tibet gebräuchlichen Legende soll die Insel jene Öffnung verstopfen, aus der das Wasser des Sees einst austrat und das Land sintflutartig überschwemmte. Damit sich dies nicht wiederhole und auch, um die rachsüchtigen Wasserdämonen dauerhaft zu besänftigen, ließen sich dort Mönche als Einsiedler nieder. Sie lebten auf ihrer Insel vollkommen isoliert, denn nur einmal im Jahr, wenn der See für kurze Zeit zufror, gab es eine Verbindung zum Festland.

Unsere Zelte standen auf dem Logenplatz einer gigantischen Naturbühne, und niemals werde ich die Sonnenuntergänge vergessen, die jedesmal ein unvergleichliches Schauspiel boten. Je tiefer sich die Sonne im Westen auf die waagrechte Linie des Sees herabsenkte, desto stärker leuchtete die Wasserfläche in goldener Farbe. Ganze Schwärme von Wasservögeln bewegten sich als dunkle Schatten über den Abendhimmel und ließen sich dann auf der Lagune nieder. Manchmal zeigte der Blaue See uns auch seine andere Seite. Dann zogen schwere Gewitterwolken wie eine zerstörerische Armada über den Himmel. Der Sturm wühlte die Seeoberfläche zu mächtigen Wellen auf, die donnernd gegen die Ufer schlugen. Der vorherrschende Nordwest brachte nicht nur das Wasser des Sees in Wallung, sondern türmte auch den Sand zu mächtigen Dünen auf, die sich wie eine Mauer um die Norduferlegten. Im Süden dagegen umgürteten Wiesen und Weiden die Ufer, die fettesten in ganz Amdo.

Seit jeher war dieses Grasland unter den Zeltbewohnern heiß umstritten. In der Blütezeit des mongolischen Imperiums standen dort vornehmlich weiße Filzjurten, ringsum grasten Pferde, Schafe und Kamele. Im Windschatten ihrer Eroberungszüge besiedelten die Mongolen auch das Tsaidam-Becken und die Steppen im Quellgebiet des Gelben Flusses. Aber nach dem Niedergang ihrer militärischen Macht wurden sie von den tibetischstämmigen Nomaden immer härter bedrängt und schließlich von den guten Weideplätzen vertrieben. In kleine und kleinste Fürstentümer aufgespalten, untereinander hoffnungslos zerstritten, hatten sie wenig Widerstand entgegenzusetzen. Auch die Annahme des Buddhismus tat seine Wirkung. Die Nachkommen Chinggis Khans waren offenbar zahm wie Lämmer geworden. Frühe europäische Reisende, die diese Gebiete besuchten, bescheinigten den Mongolen in seltener Einmütigkeit eine geradezu naive Harmlosigkeit, ganz im Gegensatz zu den »Tanguten«, wie sie die tibetischen Nomaden nannten. Die beiden Lazaristenpadres Huc und Gabet, die um die Mitte des 19. Jahrhunderts mit einer tibetischen Karawane nach Lhasa zogen, stellten die Mongolen gar als gutmütige Tölpel hin, die sich von Chinesen wie Tibetern nach Belieben übervorteilen ließen. Huc hielt sich mit seinen Gefährten einen ganzen Monat lang bei den Mongolen an den Ufern des Kuku Nor auf. In seinem Reisewerk schilderte er mit farbigen Worten den Schrecken, den die tibetischen Räuber verbreiteten. Ihre Raubzüge hatten dazu geführt, daß die Mongolen schon beim leisesten Gerücht von ihrem Herannahen samt Hab und Gut flüchteten. Mochte auch manches am Bericht des Lazaristen Übertreibung sein, fest steht, daß wenige Jahrzehnte später die Mongolen vom Kuku Nor verschwunden waren.

Als der Forscher Nikolai Przewalskij auf seinem Weg nach Tibet hier vorbeikam, hatte der Fürst der Kuku Nor-Mongolen bereits sein Lager nach Tsaidam verlegt – als Folge der ständigen Raubzüge der »Kara-Tanguten«, wie der Russe vermerkte. Przewalskij ließ kaum ein gutes Haar an den dort ansässigen Mongolen. Er nannte sie einfältig und apathisch, die für nichts Interesse zeigten, außer fürs Essen. Eine gewisse Intelligenz gestand er nur ihrem Fürsten zu, dem er allerdings noch abfälligere Bemerkungen über seine Untertanen in den Mund legte.

In eine ähnliche Kerbe schlug auch Przewalskijs Nachfolger Koslow, der zu Beginn dieses Jahrhunderts den Spuren seines Vorbildes durch die Mongolei und Nordtibet folgte. »Die

> »Am 25. November verließen wir die herrlichen Ebenen von Kuku Nor und waren nun im Gebiet der Mongolen von Tsaidam. Die ganze Gegend bekommt auf der anderen Seite des Flusses urplötzlich ein ganz anderes Ansehen. Alles wird düster und wild, der Boden, dürr und steinig, ist mit Salpeter geschwängert. Diese trostlosen Umgebungen verfehlten ihre Wirkung auf die Bewohner nicht. Sie sehen alle aus, als litten sie am Spleen.«
> **Regis Evariste Huc**

Einsam und menschenleer liegt der Tosson Nor vor dem Hintergrund der Amnye Machen-Kette da. »See der tausend Berge« wird er von den Tibetern genannt, die seine sumpfigen Ufer meiden.

schwächlichen Mongolen mußten den energischen Tanguten weichen – und sie räumten tatsächlich auch das Feld«, stellte er auf seinem Marsch durch das Kuku Nor-Gebiet fest. Dies konnte einige Jahre später der deutsche Forschungsreisende Albert Tafel nur noch bestätigen. »Ich bin in dem Lande meiner Väter nicht mehr Herr«, hörte er den lokalen Mongolen-Fürsten klagen. Der unbedeutende Herrscher konnte sich gerade noch durch »kleine Listen« als Oberhaupt über ein paar weit verstreute Zeltplätze halten. Tafel empfahl sogar, daß man besser daran täte, den See künftig nicht mehr mit dem mongolischen Namen zu benennen, sondern statt dessen Tso Ngombo, also den tibetischen Namen, einzusetzen. Dies ist zwar nicht geschehen, und wenn, dann wurde er eher durch den chinesischen Namen ausgetauscht, deshalb blieben die mongolischen Namen einzelner Seen, Flüsse und Landschaften die letzten Spuren ihrer einstigen Herrschaft über diese Gebiete.

Geblieben war auch der »Talu«, jene alte Karawanenroute, auf der die Mongolen nach Lhasa pilgerten. Längst zu einer befahrbaren Straße ausgebaut, durchpflügte die Trasse Hochebenen und Gebirge, wand sich Treppe für Treppe, Paß für Paß, zum tibetischen Hochland hinauf. Mehrmals war ich diesem Weg gefolgt, einmal sogar per Fahrrad.

Nach Überquerung des südlichen Kuku Nor-Gebirges und den Ausläufern des Amnye Machen kamen wir in eine weite Hochebene, in der die beiden Seen Kara Nor und Tosson Nor eingelagert waren. Ersterer lag wie ein geschliffener Türkis in der frisch verschneiten Landschaft. Obwohl es Anfang August war und dem Kalender nach Sommer sein mußte, hielt sich das Wetter selten daran. Ein Temperatursturz hatte dafür gesorgt, daß die Landschaft unter einer weißen Decke verschwand. Allerdings zeigte die Wolkendecke bereits wieder Risse und Löcher. Stellenweise kam die Sonne durch und begann in Ufernähe den Schnee wieder wegzutauen. Unzählige kleine Rinnsale ergossen sich in den See. Sie hatten den Boden so aufgeweicht, daß es unmöglich war, sich der Uferzone zu nähern. Völlig unbelebt lag die weite Ebene da, vergeblich suchte das Auge nach einer Spur von Leben. Nicht ein einziges schwarzes Nomadenzelt zeigte sich in der Landschaft, kein aufsteigender Rauch verhieß wärmende Geborgenheit. Die sumpfigen Steppen, die sich bei entsprechender Witterung in einen bodenlosen Morast verwandelten, duldeten nicht einmal den genügsamen Nomaden. In der Ferne blinkte als silberner Streifen der ebenfalls in eisige Fesseln geschlagene Tosson Nor. Die Straße wies weiterhin stur in Richtung Westen. Eine mit dunklen Granitblöcken übersäte Hügelkette wurde südlich umfahren. Auf den glatten Felsplatten prangte in riesigen Lettern das bekannte Mani-Mantra, gleich daneben verblaßte das Schriftband einer revolutionären Parole. Die heilige Formel wurde mit leuchtenden Farben erneuert, das Credo der Kommunisten hingegen ließ man ergrauen.

Verblüht war auch der »Steinblumengarten«, ein Ort mit klingendem Namen und dem Charme eines Treibstoffdepots. Eine Reihe stockfleckiger Baracken scharten sich um

eine Weggabelung. Die Straße, die in Richtung Süden abbog, führte zum Amnye Machen, dem heiligsten Berg von Amdo, während der »Talu«, dem wir folgten, weiterhin nach Westen strebte.

Vor uns erstreckte sich nun ein Wirrsal von grünen Hügeln, Hochflächen und Schwellen. Das war die »große Graswüste«, wie die französische Tibetforscherin Alexandra David-Néel einmal diesen Landstrich nannte. Als häßliches braunes Band durchschnitt die Piste die Hochebenen und Gebirge. Parallel zur Straße verliefen Strom- und Telegraphenleitungen. Sie erinnerten einen daran, daß man sich im 20. Jahrhundert befand. Piste und Drähte verbanden einen chinesischen Verwaltungsposten mit dem nächsten, eine Kaserne mit der anderen.

Nach einer unscheinbaren Schwelle eröffnete sich eine breite Talfurche. Durch einen Grasteppich wie grüne Seide wand sich ein dunkelblaues Band. Wir standen vor dem Machu, besser bekannt als Gelber Fluß, dem wichtigsten Strom Chinas, der seinen Ursprung hier in Tibet hat. Hier

Wilhelm Filchner hatte es sich zum Ziel gesetzt, Nordosttibet zu erkunden und insbesondere dem Rätsel des Machu (Gelber Fluß) nachzuspüren. Trotz seines großen persönlichen Einsatzes kam er nicht weiter als bis zum Oring Nor, dem östlichen der beiden großen Seen, die den Eingang zum Quellgebiet des Gelben Flusses markieren.

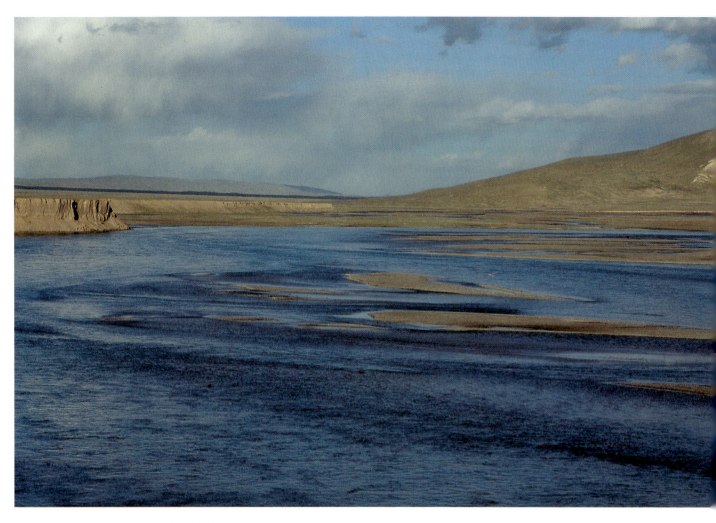

Westlich von Matö schlängelt sich der Gelbe Fluß in vielen Windungen durch eine weite Hochebene. Seine Farbe ist blau. Erst viel weiter östlich durchfließt er jene Lößlandschaften, die ihm dann seine charakteristische gelbbraune Farbe verleihen.

an seinem Oberlauf war sein Wasser rein und klar, erst viel weiter im Osten nahm er jenen gelben Schlamm auf, der ihm seine charakteristische Farbe verleiht. Der Fluß hat das ganze Tal gestaltet. Mit seinen Mäandern, Seitenarmen und Überschwemmungsgürteln schuf er eine Landschaft, die von vielen kleinen Verästelungen und Tümpeln geprägt ist. Auf den Flächen dazwischen wuchs saftiges Gras, das von Yaks und Schafen abgeweidet wurde. Dort, wo der Machu eine weite Schleife nach Südosten machte und der Grasteppich bis an seine Ufer reichte, schlugen wir unser Zelt auf. Schon einmal war ich hier vorbeigekommen, vor einem halben Jahr, mitten im Winter. Damals war ich auf dem Weg nach Kham, und die Begegnung mit dem Fluß dauerte nur einen flüchtigen Augenblick, als wir sein zugefrorenes Bett überquerten. Nun lagerten wir allein seinetwegen hier: Unser Ziel waren die legendären Quellen des Gelben Flusses.

Helmut, mein Partner auf dieser Tour, war emsig damit beschäftigt, unsere Ausrüstung für die nächsten Wochen zu ausgewogenen Lasten zu verpacken, während ich mit Hilfe der Karte unsere Route plante. Die Quellen des Machu befinden sich etwa 250 Kilometer westlich der Stelle, an der wir unser Zelt aufgeschlagen hatten. Unseren unvermeidlichen chinesischen Begleiter hatte ich zum nahegelegenen Ort Matö geschickt, um wie vereinbart ein paar Yaks als Tragtiere anzumieten. Aber der Fremde denkt und der Chinese lenkt. Gegen Abend kam er mit der Nachricht zurück, daß bedauerlicherweise keine Tiere hier aufzutreiben seien, weil alle im Einsatz seien, beziehungsweise jene, die verfügbar wären, erst von weit entfernten Weideplätzen geholt werden müßten – und das würde Tage dauern. Daß die Yaks sehr beschäftigt waren, konnten wir sehen, denn sie grasten zuhauf um unser Zelt, ohne uns eines Blickes zu würdigen. Als ich mit fragendem Blick dorthin deutete, erklärte er mir, daß dies keine Last- oder Reityaks wären, denen man Sättel auflegen konnte, und deshalb für unser Vorhaben nicht in Frage kämen. Im klassenlosen China, zu dem er Tibet zählte, gab es also eine strenge Hierarchie unter den Ochsen. Da ich Wang und seine chinesische Seele schon lange kannte, hatte ich gelernt, die oft verschlüsselten Botschaften, die sich hinter den irrationalen Aussagen verbargen, zu deuten. Daß es trotz der vielen Yaks ringsum für uns keine gab, signalisierte Schwierigkeiten, die er nicht offen aussprechen wollte. Über die Ursachen konnten wir nur Vermutungen anstellen: Entweder legten sich die Behörden in Matö quer, oder die lokalen Tibeter weigerten sich, mit den Chinesen zusammenzuarbeiten, was nur verständlich war, oder unsere Begleiter hatten einfach keine Lust, dorthin zu reisen, und versuchten nun, das Vorhaben zu hintertreiben.

Ich kannte die Problematik, unter chinesischer Bewachung durch ein besetztes Land zu reisen, zur Genüge. Da es nun einmal keine andere Möglichkeit gab, in diese Gebiete Tibets auf andere Art zu kommen, hatte ich im Laufe der Zeit gelernt, mir innerhalb dieses Rahmens den höchstmöglichen Freiraum zu verschaffen. Trotzdem mußte ich gewisse Bedingungen akzeptieren. Dazu gehörte auch die Verpflichtung, die kostspieligen »Serviceleistungen« einer chinesischen Organisation in Anspruch zu nehmen, die im voraus bezahlt werden mußten. Aus diesem Grund war es uns untersagt, selbst mit den Tibetern zu verhandeln und direkt – ohne chinesische Vermittlung – Tragtiere anzumieten. Ich kann mich noch gut daran erinnern, wie uns einmal der chinesische »Beschützer« mit der Pistole in der Hand daran hinderte, Yaks von den Tibetern anzumieten, um im Zuge einer Besteigung des Cho Oyu unsere Lasten in das vorgeschobene Basislager zu befördern.

Zu der Organisation, die uns nun betreute, hatte ich im allgemeinen und zu unserem Begleiter Wang im besonderen ein relativ gutes Verhältnis aufgebaut. Wang kannte ich nun über Jahre hinweg und wir hatten gelernt, miteinander auszukommen, auch wenn wir völlig verschiedene Ansichten und Ziele hatten. Ich akzeptierte diese Polarität und gab ihr nicht mehr soviel Macht über meine Geistesruhe, daß ich mich darüber ärgerte. Ein chinesisches »Nein« bedeutete keine absolute Ablehnung, sondern ließ immer Hintertüren offen. Wenn der eine Weg nicht zum Ziel führte, dann gab es einen anderen. Deshalb bedrängte ich ihn wegen der Yaks nicht weiter, statt dessen schlug ich vor, die Fahrzeuge zu benutzen. Unterwegs konnten wir bei Nomaden immer noch versuchen, Tragtiere anzumieten. Insgeheim hegte ich die Hoffnung, so weit an unser Ziel heranzukommen, daß wir der fremden Hilfe nicht mehr bedurften und alles Gepäck samt Verpflegung selbst schleppen konnten. Als Wang meinen Vorschlag den beiden Fahrern übersetzte, wurden sie kreidebleich. Dann folgte ein langes Palaver, dem ich nur soviel entnehmen konnte, daß sie sich mit allen Mitteln dagegen wehrten. In den letzten Tagen hätte es ungewöhnlich viel Niederschlag gegeben, und deshalb wären die Flüsse und sumpfigen Hochebenen jetzt unbefahrbar, argumentierten sie. Dabei entwarfen sie ein schreckliches Szenarium, daß wir alle mitsamt den Fahrzeugen entweder im Morast versinken oder beim Versuch, die reißenden Flüsse zu überqueren, ertrinken würden. Mit einfachem Gelände hatte ich auch nicht gerechnet, aber unbefahrbar, das konnte ich nicht glauben. Ich bestand darauf, es wenigstens zu versuchen.

Nach einer kurzen, aber heftigen Diskussion verließen die Vertreter der fahrzeuglenkenden Klasse zusammen mit Wang verärgert das Lager, kehrten aber schon bald wieder zurück. Ich ahnte bereits, worum es ging, als Wang sich zu mir in das Zelt setzte und begann, mit salbungsvollen Worten unsere langjährige Freundschaft zu beschwören. In dramatischen Bildern beschrieb er die Schwierigkeiten des Reisens in

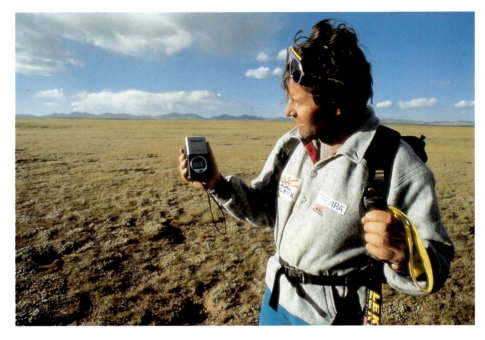

Tibet, vor allem für die chinesischen Fahrer. Endlich kam er zum Kern der Sache. Jenseits der beiden großen Seen, so erklärte er uns, läge das Sternenmeer, wo sich der Gelbe Fluß zwischen einer Vielzahl von kleinen Seen und Tümpeln hindurchschlängelt. Dort wäre es unmöglich, den Fluß zu überqueren, selbst die Yaks, so verkündete er, würden beim gegenwärtigen Wasserstand scheitern. Die Fahrer und er wären bereit, wenn wir darauf verzichteten, uns zu jedem anderen Berg in Qinghai zu bringen und uns zu erlauben, diesen zu besteigen – selbst den Amnye Machen, wenn wir es wünschten. Das hätte vielleicht passionierte Bergsteiger gereizt, aber dazu zählten wir uns nicht, obwohl wir »offiziell« als solche reisten und als unser Ziel den über 5000 Meter hohen Yalandaze vorgaben. Dieser Berg, der sich direkt über den Quellen des Machu erhebt, diente aber nur als Vorwand, um überhaupt in dieses Gebiet zu gelangen. Mein eigentliches Interesse galt der Tierwelt. Das Quellgebiet des Gelben Flusses hatte den Ruf, eines der Paradiese für tibetische Wildtiere zu sein, und ich wollte mich mit eigenen Augen überzeugen, was davon noch übrig war.

Den Aussagen der Chauffeure glaubte ich jedenfalls kein Wort. Das ganze Theater erinnerte mich an eine ähnliche Situation, als ich mit einer Gruppe in die Takla Makan wollte und die Fahrer uns weismachen wollten, daß dies nicht ginge, weil die Sandwüste angeblich überflutet sei. Jetzt hatte ich keine andere Wahl mehr, als auf die vertragliche Vereinbarung zu pochen. Entweder, so entschied ich, würden wir nun ins Quellgebiet fahren, zumindest bis zum Sternenmeer, oder sofort nach Xining zurückkehren. Dort würde ich das für die Tour im voraus bezahlte Geld von ihrer Organisation zurückfordern. Um zu zeigen, daß es uns damit wirklich ernst war, begannen wir, das Lager abzubauen. Die Aktion verfehlte ihre Wirkung nicht. Ohne weiteren Kommentar beluden die Chinesen die beiden Fahrzeuge, kurze Zeit später waren wir abfahrbereit. Die beiden Jeeps setzten sich in Bewegung – in Richtung Westen, ins Quellgebiet des Machu.

Bruno Baumann auf dem Weg zu den Quellen des Gelben Flusses. Der Wanderer sieht sich hier in Weiten versetzt, die ihm das Gefühl vermitteln, gegen die Unendlichkeit anzutreten.

Rechts: Über endlose Hochflächen und rollende Hügelketten führt der Weg zu den Quellen des Gelben Flusses. Einzige Wegweiser sind die Skelette von Tieren, die auf dieser »via dolorosa« verendeten.

Zu den Quellen des Gelben Flusses

Vor uns dehnte sich eine weite Ebene aus, die der Machu mit seinen Zuflüssen bewässerte. Die gewellten Hügelketten, die sie zu beiden Seiten einfaßten, erhoben sich kaum mehr als hundert Meter über die Talsohle. Wir glitten am nördlichen Rand der Hochfläche entlang, während der Fluß sich mehr an die südliche Abdachung hielt. Flach wie ein Billardtisch spannte sich die Ebene dazwischen auf. Der Boden war von den Kräften der Erosion – Wind und Wetter – zerfressen und zerfurcht. Es sah so aus, als hätte ein Heer von Maulwürfen die Erde systematisch zerpflügt. Noch konnte sich eine hauchdünne Grasdecke halten und verhindern, daß die Erde abgetragen wurde. Die Gräser wirkten ausgedörrt wie Stroh, kein Vergleich mehr zu den saftigen Wiesen am Kuku Nor. Wo selbst die genügsamen Yaks kein Futter mehr finden konnten, stieß auch der Nomade an seine Grenzen. Mit jedem Kilometer, den wir in Richtung Westen zurücklegten, wurden die Spuren menschlicher Anwesenheit seltener. Dafür sahen wir ein Rudel Gazellen, das ungestört in der weiten Ebene graste. Wenn sie sich nicht bewegten, waren sie außerordentlich schwer zu erkennen. Durch ihre Färbung perfekt getarnt, unterschieden sie sich kaum von der Umgebung. Erst wenn sie aufgeschreckt in rasender Geschwindigkeit über die Steppe dahinjagten, konnte man sie einigermaßen gut sehen. Die Tiere waren sehr scheu. Als wir uns ihnen näherten, in der Hoffnung auf ein brauchbares Foto, ergriffen sie schon frühzeitig die Flucht und zogen sich weit in die Steppe hinein zurück.

Obwohl wir eine gute Piste vorfanden und mit einem Fahrzeug unterwegs waren, hatten wir das Gefühl, kaum voranzukommen. Stunde um Stunde verging und nichts änderte sich. Die Landschaft war von bedrückender Einförmigkeit. Wie verloren mußte sich der Wanderer fühlen, der hier unterwegs war; wie lähmend mußte es sein, wenn man in der Ferne eine Bergkette fixierte und tagelang darauf zulief, ohne sie zu erreichen. Trotzdem wären wir viel lieber gewandert als gefahren. Das Fahrzeug war uns eher Begrenzung als Freiheit. Es trennte uns von der Naturerfahrung, raubte uns die Luft zum Atmen und machte uns müde statt wach. Erst Jahre später, bei einem zweiten Besuch, sollte es mir vergönnt sein, zu Fuß durch diese Landschaft zu ziehen.

So dümpelten wir im Halbschlaf dahin, während die Landschaften draußen wie Kulissen vorbeizogen. Das änderte sich erst, als wir uns wieder dem Ufer des Machu näherten. Der Fluß schlug einen scharfen Bogen nach Süden, dem auch die Piste folgte. Kaum merklich senkte sich die Ebene ab, und wir starrten ungläubig ins Leere. Fluß, Straße, ja die ganze Landschaft verschwanden unter einer silbrig glitzernden Fläche.

Der Tsaring Nor bildet ein weitverzweigtes System von Buchten und Lagunen. Manche von ihnen sind wahre Vogelparadiese und dienen einer Vielzahl von Arten als bevorzugte Brutplätze.

Vor uns dehnte sich der Oring Nor aus, der östliche der großen Zwillingsseen, die den Machu speisten. Sie waren es, die dem Gelben Fluß die Kraft verliehen, die ihn auf seinem Tausende Kilometer langen Weg durch die Wüsten von Gansu und der Mongolei nicht versiegen ließen, die ihn – ähnlich dem Nil – zum Lebensspender für Millionen Menschen werden ließen.

Diesen Zusammenhang ahnten bereits die alten Chinesen. Schon vor mehr als 2000 Jahren, in der Han-Zeit, wurden Expeditionen ausgeschickt, um nach den Quellen des Gelben Flusses zu suchen, an dessen Ufern die Wiege der chinesischen Zivilisation stand. Damals entwickelte sich die Vorstellung, daß die wirklichen Quellen des Gelben Flusses noch viel weiter im Westen lagen. Mangels genauerer Kenntnisse glaubte man an eine Verbindung zum Tarim-Fluß. Dort, wo er sich in den Lop Nor ergoß, meinte man, würde er unter der Erde verschwinden und erst tausend Kilometer weit östlich im seenreichen Sternenmeer wieder auftauchen. Die Unberechenbarkeit des Huang He wurde zur großen Herausforderung Chinas. Sein mit Schlamm angereichertes Wasser brachte nicht nur Leben, sondern auch Verderben. Im Laufe der Zeit füllte sich sein Bett durch Ablagerungen, der Wasserspiegel stieg und stieg, bis kein Damm mehr den Fluß bändigen konnte. Mehrmals in der Geschichte trat er über die Ufer, veränderte sogar seinen Lauf. Die Folge waren verheerende Überschwemmungen, Zerstörung und Tod. Deshalb war es Aufgabe des Kaisers, der das Mandat des Himmels verwaltete, geeignete Maßnahmen zu treffen, um zu verhindern, daß die Welt derart aus den Fugen geriet. Am Rande der weiten Hochfläche der Odontala – dem Sternenmeer, das man schließlich als Quelle erkannte – wurde eine Kultstätte errichtet. Dorthin begab sich alljährlich eine chinesische Delegation. Sie hatte die wichtige Aufgabe, dem Geist des Gelben Flusses zu huldigen und ihn durch entsprechende Opfer gnädig zu stimmen.

Unweit der Stelle, an der der Machu aus dem Oring Nor trat, gelangten wir an seine Ufer. In einer kleinen Bucht standen verfallene Baracken wie abgenagte Skelette. Sie zeugten vom hoffnungslosen Versuch, hier Menschen anzusiedeln. In der Euphorie von Chinas großer proletarischer Kulturrevolution hatten Planer in den Büros der weit entfernten Provinzhauptstadt Xining beschlossen, hier eine Fischfangstation zu errichten. Die Fische aber schwammen noch immer im See, während die Kutter verrostet am Strand lagen.

Die Piste zog sich nun am See entlang, mal folgte sie dem Ufersaum, dann wieder – wenn sich Buchten allzuweit hineinschoben – wich sie in die angrenzenden Hügel aus. Indessen stand die Sonne schon tief im Westen, und es wurde allmählich Zeit, an einen Lagerplatz zu denken. Den brauchten wir nicht lange zu suchen. Von einer kleinen Schwelle, die wir eben überquert hatten, blickten wir hinunter auf eine zauberhafte Lagune. Hier hatte das Zusammenspiel von Wasser, Vegetation und Abendsonne eine Symphonie an Farben erzeugt, die alles vergessen ließ, was ich bisher an Seenlandschaften sah – sogar den Manasarovar zu Füßen des Kailash. Entlang der Ufer zog sich ein purpurroter Pflanzenteppich, der so weit an das Wasser heranreichte, daß die Wellen ihn berührten. Die Oberfläche des Sees reflektierte wechselnde Farbtöne. Je nach Sonnenstand variierte sie vom dunklen Blau bis hin zum Türkis. Die Lagune aber wurde durch ein schmales Felsband gebildet, das mit roten, grünen und gelben Gräsern bewachsen war. Darauf tummelten sich ganze Kolonien von Enten, Wildgänsen und anderen Wasservögeln. Ganz nahe am Ufer, inmitten des roten Teppichs, schlugen wir unsere Zelte auf.

Ein tiefes Schweigen hing über dieser Landschaft; eine Stille, die alles einschloß, auch das feine Plätschern der Wellen oder den Schrei eines Vogels, der gelegentlich ans Ohr drang. Deshalb fuhren wir erschreckt aus den Schlafsäcken, als am Morgen der Boden unter Hufgetrappel dröhnte. Ehe wir in den Kleidern steckten, war die Schafherde schon mitten im Lager. Hunde umkreisten wild kläffend unser Zelt, und bald darauf schob sich ein dunkles, wettergegerbtes Gesicht durch die Eingangsöffnung. Der Nomade trug einen groben Schafspelz, und über seiner Schulter baumelte eine urtümliche Gabelflinte, in deren Lauf wir blickten, als er sich halb gebückt ins Vorzelt zwängte. Die Begegnung bot eine willkommene Gelegenheit, Erkundigungen über den Weiterweg einzuholen. Schon seit Tagen war der Golok-Nomade allein in dieser Gegend unterwegs. Von seinem Zeltplatz jenseits des Sternenmeeres trieb er seine Schafherde nach Matö, um sie dort zu verkaufen. Die Fahrer informierten sich sofort über die Verhältnisse an der Furt, die vor uns lag. Aber allein die Tatsache, daß der Golok mit seinen Tieren es geschafft hatte, den Fluß zu überqueren, gab auch den pessimistischen Chinesen Anlaß zur Hoffnung. Der Golok hatte keine Eile. Seelenruhig inspizierte er jeden Gegenstand unserer Ausrüstung, während die Schafe langsam weiterzogen. Dann ließ er sich auf einem Stein nieder und zündete sich genüßlich eine Zigarette an, die ihm die Fahrer geschenkt hatten. Auch die Hunde hatten sich niedergelegt, ohne uns aber aus den Augen zu lassen.

Wang hantierte inzwischen mit dem Gewehr herum. Für seine hilflosen Versuche, einen Schuß daraus abzufeuern, hatte der Golok nur ein mitleidiges Lächeln übrig. Nachdem er zu Ende geraucht hatte, stand er auf, nahm ihm die Flinte aus der Hand und machte sie mit wenigen Handgriffen schußbereit. Dann klappte er die gebogene Gabel aus Antilopenhorn nach unten, legte sich ausgestreckt auf den Boden, zielte kurz und drückte ab. Die Kugel zerschellte an den gegenüberliegenden Felsen, während der Knall vielfach als Echo widerhallte. Was er denn damit jage, wollte ich wissen. Vor allem Füchse, auch Gazellen und Wölfe,

gab er zur Antwort. Wenn ich an all die vielen Pelzmützen der Amdo-Tibeter dachte, die ich allein beim Neujahrsfest in Labrang gesehen hatte, wunderte ich mich nicht mehr, daß wir bisher keinem Fuchs begegnet waren.

Der Golok ritt mit seiner Gabelflinte seiner Schafherde hinterher, wir aber wappneten uns mit Geduld für eine weitere Etappe, die wir sitzend im Fahrzeug zubringen mußten. Bald blieb der Oring Nor zurück. Für wenige Kilometer tauchten wir in

> »Am 12. Juli betraten wir die mit Gerippen und Kadavern bedeckte weite Ebene, in der sich der langgestreckte Tosson Nor einlagert. Sie ist ein ergiebiger Jagdgrund. Wir trafen dort wilde Pferde und Yaks in großen Rudeln, ferner Antilopen, Argalis und Moschustiere.«
> **Wilhelm Filchner**

einem Gewirr von grünen Hügeln unter. Dann aber eröffnete sich eine weitere Hochebene, und dahinter leuchtete uns bereits der zweite See entgegen: der Tsaring Nor. Stundenlang fuhren wir an seinem Ufer entlang. Auf der einen Seite der weit verzweigte See, auf der anderen sanft ansteigende Bergketten, die ihn einfaßten. Es gab nirgendwo einen Baum oder Strauch, trotzdem war die Landschaft nicht langweilig. Bunte Gräser und Gesteinsformen wetteiferten in ihrer Farbenpracht.

Die Stimmungen dieses Bildes wechselten ständig.

Trotz des Eindruckes von Unberührtheit, den diese Landschaften auf mich machten, waren sie merkwürdig leblos. Warum gab es so wenige Wildtiere? Waren wir nicht längst in jenen Tier-Paradiesen, von denen europäische Forscher so schwärmten? »Kaum ein Tag verging, ohne nicht einem Bären, Fuchs oder Wildschaf zu begegnen«, schrieb Albert Tafel, der monatelang hier umherzog. Wo waren die riesigen Herden von Wildyaks, Antilopen und Gazellen, von denen Przewalskij, Koslow und Filchner berichteten? Was ist aus den kaum zu zählenden Populationen von Kyangs geworden, den Wildeseln, die angeblich so wenig scheu waren, daß sie neben den Karawanen herliefen?

Es ist bekannt, daß die Chinesen nach der gewaltsamen Besetzung Tibets in Kampagnen die Wildtiere als nutzlose Schädlinge brandmarkten und Ausrottungsfeldzüge initiierten, an denen auch die Tibeter teilnehmen mußten. Auch haben die rigiden Eingriffe in das Leben der Nomaden zu Nöten geführt, die sie zwangen, auf die Jagd zu gehen, um nicht zu verhungern. Aber wie konnte das in diesen riesigen, fast menschenleeren Gebieten geschehen, die noch dazu kaum erschlossen waren? Gewiß sah ich hier mehr Wildtiere als in anderen Teilen Tibets, die ich kannte. Anderswo bewegte man sich tagelang über Hochflächen und Gebirge, ohne einem Wildesel oder einer Gazelle zu begegnen. Hier erblickte man immerhin alle paar Stunden kleinere Gruppen von Kyangs und Gazellen. Aber auch hier sah ich nie und nimmer auch nur einen einzigen Wildyak, einen Bären oder Luchs. Tibets Wildtiere sind rar geworden. Sie stehen auf jenen Listen, die die gefährdeten Tierarten ausweisen, bereits an oberster Stelle. Natürlich ist auch der tibetische Nomade ihr Feind geworden. Er stellt den Pelztieren nach, weil man die Felle gut verkaufen kann, er macht Jagd auf Antilopen, weil das Horn in pulverisierter Form in China immer noch zur Herstellung von Aphrodisiaka gebraucht wird.

Mit dem Verschwinden größerer Raubtiere geriet das gesamte natürliche Gleichgewicht aus der Balance. Mangels natürlicher Feinde haben sich die Pfeifhasen enorm vermehrt. Dieses Nagetier von der Größe einer Ratte, mit einem Stummelschwanz, gehört zu den charakteristischen Bewohnern der Steppen Tibets. Die Tiere sehen überaus niedlich aus, wenn sie vor den Eingängen ihrer Höhlen unbeweglich in der Sonne sitzen. Bei Gefahr geben sie ein langgezogenes, dünnes Pfeifen von sich und verschwinden blitzartig in ihren Erdlöchern, um gleich darauf den Kopf wieder neugierig herauszustrecken. Wenn man sich über die Steppen bewegte, liefen sie fortwährend vor einem hin und her, schlüpften von einem Erdloch in das andere. Stellenweise waren sie so zahlreich, daß man das Gefühl hatte, die ganze Ebene sei in Bewegung geraten. Der Boden war dann so von Löchern durchsiebt und von Gängen unterhöhlt, daß kaum mehr Gras wuchs und die Erosion rasch ihr Zerstörungswerk verrichtete.

Als wir den Tsaring Nor hinter uns gelassen hatten, wurde die Piste deutlich schlechter. Auch das Gelände wurde zunehmend schwieriger. Immer häufiger mußten wir Hochflächen überqueren, die mit so vielen kleinen Seen und Tümpeln übersät waren, daß wir fürchteten, jeden Augenblick im bodenlosen Morast zu versinken.

Die Landschaft aber war von wilder Schönheit. Da schwammen Ebenen in Rot, Gelb und allen Variationen von Grüntönen, umgeben von Bergketten, die wie erstarrte Wogen aussahen. An einem der namenlosen Hügel stand ein einzelnes Zelt. Ich mochte zunächst nicht glauben, daß es bewohnt war, denn ich empfand die Anwesenheit des Menschen hier als unpassend. Außerdem irritierte mich die weiße Farbe. Dann sah ich, daß daraus Rauch aufstieg. Es lag fernab der Piste, jenseits der Sümpfe. Wer mochte dort leben? Golok konnten es keine sein. Vielleicht Mongolen, weil es wie eine Jurte aussah.

> »Nachdem wir an dem hohen tafelförmigen Berg Urunduschi vorbeigezogen waren, überschritten wir eine schmale Kette regellos aufgetürmter Berge und gelangten darauf an den Ostausgang des ausgedehnten sumpfigen Beckens Odon-tala, in dem die Quellen von Chinas berühmten Gelben Fluß liegen. Dies war der erste große Erfolg unserer jetzigen Reise.«
> Nikolai Przewalskij

Auch unsere Zelte standen, wie schon am Abend zuvor, wieder am Ufer eines Sees. Anders als am Ufer des Oring Nor, wo man eine einzige weite Wasserfläche vor sich hatte, glitt der Blick hier über eine grün schimmernde Ebene, in der kreisrunde Seen wie geschliffene Saphire eingelagert waren. Von allen Seiten war die Ebene von grünen Hügelketten eingeschlossen. Weiße Wolken, die in rascher Folge über den Himmel zogen, warfen pechschwarze, sich schnell bewegende Schatten auf die Landschaft. Die Natur ringsum war voller Leben. Ganze Schwärme von Wildenten und Gänsen flogen von See zu See. Am Fuße der Hügelkette, die das Tal nach Norden hin begrenzte, stand ein kleines Heiligtum. Davor aber weidete eine Herde Kyangs. Es bot ein Bild tiefsten Friedens. Nur zu gern hätte ich die Szene in einem Foto festgehalten, aber ich wollte sie nicht zerstören. Bisher war ich nie so weit an Kyangs herangekommen, daß ich zufriedenstellende Aufnahmen erhielt. Auch jetzt reichten meine Brennweiten nicht aus, um sie vom Zeltplatz aus abzulichten. Bisher waren die Annäherungsversuche vor allem deshalb gescheitert, weil ich nie die Muße hatte, mich den Tieren behutsam zu nähern. Sie hatten jedesmal längst die Flucht ergriffen, bevor ich eine aussichtsreiche Position beziehen konnte. Diesmal wollte ich es anders machen. Ich nahm mir fest vor, nicht weiter zu gehen, als sie es zuließen, ohne unruhig zu werden.

Mit Fotorucksack und Stativ ausgerüstet zog ich los. Das Gelände kam meiner Absicht sehr entgegen. Indem ich jede Mulde oder Kuppe nutzte, die mir Deckung boten, arbeitete ich mich langsam an die Herde heran. Den Blick fest auf die Tiere geheftet, damit ich sofort reagieren konnte, wenn sie mich bemerkten, schlich ich in gebückter Haltung heran. All meine Aufmerksamkeit, alle Sinne waren so auf die Kyangs gerichtet, daß ich meine Umgebung total vergaß. Und da passierte es. Nur wenige Meter vor mir sprang ein Fuchs auf und stob davon. Ich war so überrascht, daß ich für ein paar Sekunden wie angewurzelt dastand, dann sah ich, wie die Köpfe der Wildesel wie von einer Schnur gezogen in meine Richtung flogen. Blitzschnell glitt ich zu Boden und legte mich flach nieder. Ich beobachtete, wie das Leittier nervös hin und her

Kyangs – tibetische Wildesel – im Quellgebiet des Gelben Flusses.

Wildenten am Ufer des Tsaring Tso.

Fuchs auf der Hochsteppe zwischen Oring Tso und Tsaring Tso.

Ein Rudel Gazellen auf dem »Sternenmeer«.

lief, noch unschlüssig, ob Gefahr drohte oder nicht. Der Fuchs aber war inzwischen stehengeblieben und blickte sich einen Augenblick in meine Richtung um. Gerade als er sich wieder in Bewegung setzte, drückte ich auf den Auslöser der Kamera.

Nach einiger Zeit gab auch das Leittier Entwarnung, und bald graste die Herde wieder friedlich weiter. Es dauerte noch lange, bis ich es wagte, meine Position zu verlassen. Vorsichtig entledigte ich mich des Rucksackes und des sperrigen Stativs. Die Gegenstände waren viel zu auffällig und auch hinderlich. Nur die Leica mit dem stärksten Teleobjektiv dran nahm ich mit – und genügend Filme. Zwischen meinem Standort und der Herde gab es nur noch eine Bodenwelle, die mir einigermaßen Deckung bot. Wenn es mir gelang, so rechnete ich mir aus, diese zu erreichen, dann mußte ich einerseits nahe genug sein, um gute Aufnahmen zu bekommen, andererseits noch so gut getarnt, daß ich die Tiere nicht aufschreckte.

Es ging viel einfacher als ich dachte. Schon nach wenigen Minuten lag ich auf der Kuppe und lugte über die Wölbung zur Herde, die anscheinend keine Notiz von mir nahm. Noch nie war ich Kyangs so nahe gewesen. Ich fotografierte und fotografierte, bis der ganze Film durch war. Dann legte ich die Kamera zur Seite, um die Tiere ungehindert beobachten zu können. Sie zeigten keinerlei Nervosität, selbst als ich mich langsam erhob drehten sich zwar alle Köpfe für kurze Zeit in meine Richtung, aber dann weideten sie ungestört weiter. Nur das Leittier beobachtete mich mit wachsamen Augen. Als ich mich aber minutenlang nicht rührte, wandte es sich ebenfalls dem fetten Gras zu.

Ganz vorsichtig bewegte ich mich nun vorwärts, Schritt für Schritt, wie in Zeitlupe. Die Augen hatte ich fest auf das Leittier gerichtet. Schon nach wenigen Schritten hob es den Kopf und drehte sich in meine Richtung. Sofort blieb ich stehen, aufrecht, wie ich war, verharrte ich bewegungslos, bis es sich wieder beruhigt hatte. Erst dann setzte ich den Weg in gleicher Weise fort. Es war ganz offensichtlich, daß sich die Tiere an meine Anwesenheit gewöhnt hatten, denn ich war ihnen in der Zwischenzeit so nahe, daß ich sogar hören konnte, wenn sie durch ihre Nüstern prüfend die Luft einsogen. Ich selbst wagte kaum laut zu atmen, weil ich fürchtete, es würde sie in die Flucht schlagen. Das Gefühl für Zeit war mir längst abhanden gekommen, und ich wußte nicht, ob es Minuten oder Stunden waren, die ich so verbrachte. Bisher hatte ich Kyangs nur aus großer Entfernung gesehen oder wenn sie in rasendem Tempo über die Steppe jagten. Es waren äußerst anmutige Geschöpfe, und mit ihren eleganten Bewegungen erinnerten sie eher an Pferde als an Esel. Zwei Hengste trugen auf den Hinterbeinen ihre Rangkämpfe aus oder galoppierten schnaubend hintereinander her, andere wälzten sich voll Übermut im Gras.

Immer länger fielen die Schatten auf die Ebene, goldfarben leuchteten die Mauern des kleinen Heiligtums im Licht der untergehenden Sonne auf. Es war ein Bild vollkommener Harmonie, das alles einschloß, auch meine Anwesenheit. Erst als die Nacht allmählich ihren kalten Mantel über die Landschaft breitete, erhob ich mich und wanderte schnellen Schrittes zum Lager zurück.

Am nächsten Morgen ging es im Lager hoch her. Obwohl wir bisher gut vorangekommen waren, gab es heftige Diskussionen über den Weiterweg. Der Grund war nicht schwer zu erraten: An diesem Tag mußten wir den Machu überqueren. Niemand bezweifelte, daß dies gelingen würde, aber wir mußten auch wieder zurück. Darum ging es nun. Die Widerstände hatten neue Nahrung erhalten, weil in der Nacht Wolken aufgezogen waren. Durch diese untrüglichen Zeichen am Himmel glaubten die Fahrer zu erkennen, daß uns diesbezüglich Schwierigkeiten bevorstanden. Erwischte uns jenseits des Machu eine Schlechtwetterphase, dann saßen wir in der Falle. Bei länger anhaltenden Niederschlägen konnte es passieren, daß wir für Wochen dort festsaßen. Davon konnte aber noch lange nicht die Rede sein. Das Wetter war immer noch gut, und wenn sich dies wirklich ändern sollte, dann konnten wir immer noch entsprechend reagieren. Ich machte den Spekulationen ein Ende, indem ich den sofortigen Aufbruch befahl.

Wir hatten erst wenige Kilometer zurückgelegt, da begann sich die Talfurche, der wir folgten, in ein riesiges Becken auszuweiten. Von Norden her schoben sich die Ausläufer niedriger Hügelketten in die Ebene vor. Da die Ebene voller Tümpel und Seen war, zog sich die Piste am Fuße der Berge entlang. Es war auf einer Anhöhe, als wir es zum ersten Mal sahen – Odontala, das Sternenmeer, wie es die Mongolen nannten. Der Name könnte nicht treffender sein. Der Blick schweifte über eine unermeßliche Hochfläche, die sich im Westen am Horizont verlor. Sie war übersät mit unzähligen Tümpeln und Seen, die silbern wie Sterne aufblitzten, wenn man von oben auf sie herabblickte. Nur im Süden schien eine schwach ausgeprägte Bergkette die Steppe zu begrenzen, während nach Westen hin einzelne Inselberge regellos verstreut umherlagen. Manche von ihnen waren schneebedeckt, einer davon, der höchste, mußte der Yalandaze sein. Über diese unfaßbaren Weiten führte einst der Karawanenweg nach Lhasa. Im Fernglas waren einige schwarze Nomadenzelte zu erkennen, ringsum – wie Körner hingestreut – hundertköpfige Yak- und Schafherden.

Wir befanden uns an der Nordostecke des Sternenmeeres, auf einer Höhe von über 4000 Meter. Kurz bevor wir den Steppenrand erreichten, kamen wir an einem kleinen Tempel vorbei. Lange Mauern aus Steinplatten, in denen das segensreiche Mani-Mantra eingemeißelt war, säumten den Weg zum Heiligtum. Etwas abseits lagen auf einem Haufen halbbearbeitete und rohe Felstrümmer. Sie erweckten den Anschein, als hätten die Steinmetze nur für kurze Zeit ihre Arbeit unterbrochen. Auch die zeltartig arrangierten Gebetsfahnen mußten erst kürzlich erneuert worden sein. Über der Kultstätte erhob sich ein etwa 200 Meter hoher Berg, zu dem ein mit Steinhaufen markierter Pfad hinaufführte. Auf dem Gipfel hatten Gläubige ein »Obo« errichtet, eine Steinpyramide, aus deren Mitte sich Holzstangen reckten, die mit bedruckten Stoffen behangen waren.

Ohne Zweifel standen wir an jenem Platz, an dem seit urdenklichen Zeiten Mongolen, Tibeter und Chinesen den Geistern des Machu Opfer darbrachten. Wie aus chinesischen Quellen hervorgeht, hatte zuletzt der Amban von Xining den kaiserlichen Auftrag, dafür Sorge zu tragen, daß diese Opfer alljährlich ausgeführt wurden. Die Frage nach den Quellen

Eine lange Mauer aufgeschichteter Steinplatten, in denen das segensreiche Mantra *om mani padme hum* eingemeißelt ist – flankiert von einer Galerie bunter Gebetsfahnen –, markiert das Tor zur Odontala, dem Sternenmeer. Zu dieser Stelle pilgern seit altersher Menschen, um dem Geist des Gelben Flusses Opfer darzubringen.

des Gelben Flusses beschäftigte vor allem die Chinesen. Kein Wunder, denn sein Geschenk an Wasser spendete millionenfaches Leben. Von den Kaisern ausgesandte Expeditionen folgten schon in frühester Zeit dem Lauf des Flusses, aber erst in der Mandschu-Dynastie gelangte eine von Mongolen geführte Abordnung in dieses weitläufige Sammelbecken, das sie wegen der vielen Quellen, Sümpfe und Seen das »Sternenmeer« nannten. Gleich einem riesigen Schwamm sog die Odontala alle Gewässer auf, die von den umliegenden Bergketten herabströmten, und führte sie dem Machu zu. Hier auf dieser fast 100 mal 30 Kilometer großen Hochfläche verbanden sich verschiedene Quellflüsse zu einem einzigen mächtigen Strom, um dann wie aus einem Mutterleib als lebensfähige Geburt herauszutreten. Als Chatun Gol, den König der Flüsse, bezeichneten die Mongolen den Machu von der Stelle an, wo er das Sternenmeer verläßt.

Im Jahre 1884 erreichte der russische Forscher Nikolai Przewalskij als erster Abendländer dieses Gebiet. Auch er betrachtete das vor uns liegende Sternenmeer als die Wiege des Gelben Flusses. Erst in jüngster Zeit haben chinesische Geographen die Hauptquelle weiter westlich geortet, am Fuße des über 5000 Meter hohen Yalandaze. Ein Gedenkstein mit Inschrift markiert die betreffende Stelle gleichsam als Symbol für den chinesischen Machtanspruch. Von der Höhe des Heiligtums zog sich die Piste kerzengerade über den nördlichen Rand des Sternenmeeres. Aber schon nach wenigen Kilometern fand die Fahrt ein vorläufiges Ende. Der Machu zog sich als unausweichliches Hindernis quer über die Steppe. Selbst hier in seinem Quellgebiet war er bereits von beträchtlicher Größe. Die Fahrer liefen gestikulierend am Ufer auf und ab. Sie suchten nach der günstigsten Furt. Die vielen voneinander abweichenden Reifenspuren machten die Entscheidung nicht einfacher. Jeder schien sich seinen eigenen Weg zu suchen.

Es war die einzige Furt weit und breit. Nur an dieser Stelle zeigte der Fluß Erbarmen und hatte sich in zwei Arme geteilt, die sich im überbreiten Bett weiter verästelten. Dazwischen gab es ausgedehnte Sand- und Schotterbänke. Solch günstige Bedingungen aber fand man nur bei Niedrigwasser vor. Zur Schneeschmelze oder nach viel Niederschlag verschmolzen die beiden Flußarme wieder zu einem einzigen Strom, der dann ein unüberwindbares Hindernis darstellte. Aber auch bei Niedrigwasser hatte die Durchfahrt so ihre Tücken. Beängstigend tief tauchte das Fahrzeug im Wasser ein, als wir den ersten Arm durchpflügten. Ohne anzuhalten ging es weiter. Die Räder gruben sich mit jedem Meter tiefer in den weichen Schotter. Noch einmal ging es in die reißenden Fluten, Wasser drang durch die Öffnungen ins Wageninnere. Schon begann der Motor zu stottern, aber da waren wir schon am rettenden Ufer. Der zweite Wagen folgte ohne Probleme.

Nun wäre der Weg zu unserem Ziel frei, nach »Madoi County«, erklärte Wang freudestrahlend. Das klang wie Musik in unseren Ohren. Wir dachten dabei an ein idyllisches Plätzchen irgendwo an einer der vielen Quellen oder Seen, vielleicht mit einem gastfreundlichen Nomadenzelt in der Nähe, wo man uns einen Platz am wärmenden Feuer anbot. Die Wirklichkeit war desillusionierend. Hinter dem verheißungsvollen Namen verbarg sich eine traurige Ansammlung von Baracken in allen Stadien des Verfalls. Das konnte wohl kaum unser Ziel sein.

»Madoi County« war einer jener Orte, die nach der chinesischen Annexion Tibets entstanden, um die Nomaden in Kommunen zusammenzufassen. Später, als man die Sinnlosigkeit dieses Unterfangens einsah und das freie Wandern wieder erlaubte, zogen die meisten Nomadenfamilien mit ihren Zelten in die Steppe hinaus. Die Baracken wurden aufgelassen oder nur noch als Winterquartier genutzt. Gästezimmer gab es deshalb genug. Man offerierte uns ein fensterloses Verließ, in dem als einziges Möbelstück ein riesiger Kang stand, ein mit Feuer beheiztes »Bett«, das wir gerne unseren Begleitern überließen. Das lokale Wirtshaus erkannten wir am großen Haufen zerschmetterter Flaschen vor der Eingangstür. Im angrenzenden Hof hauchten gerade zwei Yaks ihr Leben aus. Sie lagen mit durchschnittenen Kehlen gefesselt am Boden, der sich ringsum rot färbte.

Von »Madoi County« hatten wir genug. Wir verlangten, daß man uns zu einem Zeltplatz brachte, möglichst schnell und möglichst weit weg. Ersteres wurde uns erfüllt. Nicht weit vom Ort entfernt, führte ein Fluß vorbei. Dort luden uns die Fahrer samt Gepäck ab. Er glich nicht annähernd dem Traumplatz von letzter Nacht, trotzdem konnten wir zufrieden sein. Wir waren so weit gekommen, daß wir zum Yalandaze laufen konnten, und morgen, so dachten wir, würde die Welt schon wieder ganz anders aussehen.

Das tat sie allerdings. Als wir am Morgen aus dem Zelt blickten, war die Landschaft kaum wiederzuerkennen. Während wir fest schliefen, war der Winter hereingebrochen. Nun lag alles unter einer weißen Decke begraben, auch unsere Hoffnungen. Der Blick nach Westen zeigte nur Nebel und Wolken, die alles verhüllten, was sich über die Ebene erhob. Einen Berg, den wir nicht sahen, ja nicht einmal ahnten, wo er sich befand, konnten wir auch nicht besteigen.

Mongolische Nomadenfamilie am Fuße des Yalandaze. Sie haben ihre traditionellen weißen Filzjurten durch tibetische Nomadenzelte aus Yakhaar ersetzt.

Erst gegen Mittag verließen wir das Zelt, um in den Ort hinüberzugehen. Unsere Chinesen lagen am warmen Kang und vertrieben sich die Zeit mit Kartenspielen. Die Fahrer forderten, daß wir sofort zurückfahren sollten. Das kam für uns vorerst nicht in Frage. Ich wußte von vergangenen Touren, wie schnell das Wetter in dieser Gegend umschlug, auch im Sommer. Wenn es nachts aufklarte, dann konnten wir morgen zum Yalandaze aufbrechen, hofften wir. Die Rechnung ging nicht auf. Auch der nächste Tag brachte keine entscheidende Wetteränderung. Es hatte zwar zu schneien aufgehört, aber dafür kam ein unangenehmer Wind auf. Am Nachmittag wurde es deutlich wärmer und eine neue Front dunkelgrauer Wolken wälzte sich von Westen heran. Das Barometer war weiter gefallen und damit auch unsere Stimmung. Gestiegen war lediglich der Wasserstand des Baches, an dem wir lagerten. Des zermürbenden Wartens müde, entschlossen wir uns am nächsten Tag zur Rückkehr. Es war höchste Zeit. Erst nach mehreren Versuchen gelang es, den stark angeschwollenen Machu zu überqueren.

Es vergingen zwei Jahre, bis ich wieder in diese Gegend kam. Auf dem Weg nach Kham hatte ich mit meiner Gruppe das Lager gut 20 Kilometer westlich von »Madoi County« aufgeschlagen. Bis zum Oring Nor waren wir zu Fuß gegangen, dann auf der bereits bekannten Route via Sternenmeer bis hierher gefahren. Allein für das letzte Stück des Weges ab »Madoi County« benötigten wir einen ganzen Tag. Trotzdem wären wir nie angekommen, hätten wir nicht einen Nomaden gefunden, der bereit war, uns zu führen. Stundenlang dirigierte er die Vehikel im undurchschaubaren Zickzack durch ein Gewirr von Bächen, Sümpfen und Seen. Ganze Ebenen standen unter Wasser oder hatten sich in einen bodenlosen Morast verwandelt, in dem die Fahrzeuge immer wieder steckenblieben. Schließlich gab es kein Weiterkommen mehr, und wir schlugen die Zelte am Fuße einer unbedeutenden Hügelkette auf. In der Nachbarschaft lebten mehrere Nomadenfamilien, deren Yak- und Schafherden auf den umliegenden Ebenen grasten. Jedes der schwarzen Zelte wurde von mehreren Hunden bewacht, die sich sofort auf uns gestürzt hätten, wären sie nicht festgebunden gewesen. Ganz im Gegensatz zu den vierbeinigen Wächtern begegneten uns die Zeltbewohner mit ausgesuchter Höflichkeit. Zu meinem Erstaunen waren es Mongolen. Sie hatten ganz die Lebensweise tibetischer Nomaden angenommen, nur ihre Gesichtszüge, ihre Kleidung und Haartracht verrieten die Herkunft. Anders als bei den Golokstämmen trugen die Frauen keine kunstvoll geflochtenen Zöpfe, kaum Schmuck, und auch der dunkelblaue knöchellange Mantel war anders geschnitten als bei den tibetischen Nomaden.

Bruno Baumann und sein chinesischer Partner Wang Cunyi am Gipfel des über 5000 m hohen Yalandaze, an dessen Fuß die Hauptquelle des Machu (Gelber Fluß) liegt.

Hinter der grasbewachsenen Hügelkette, die das Lager umgab, erhob sich ein schneeweißer Berg, der alle anderen Gipfel in der Umgebung überragte. Das war der über 5000 Meter hohe Yalandaze, der Leitstern von Odontala. Die Entfernung vom Lager zum Fuß des Berges war schwer abzuschätzen. In der klaren Luft Tibets schrumpften Distanzen, erschien alles viel näher, als es in Wirklichkeit war. Im ersten Morgengrauen zogen wir los. Nachdem wir die erste Hügelkette überquert hatten, schoben sich weitere dazwischen. Hinter jedem Bergrücken verbarg sich ein Tal, in das wir absteigen mußten. Durch jedes Tal floß ein Bach, den wir zu durchwaten hatten.

Das ständige Auf und Ab, die Täuschungen und Ent-Täuschungen, wenn sich das nächste Hindernis auftat, hatte die Gruppe bald reduziert. Einer nach dem anderen kehrte um. Der Rest folgte stumm meiner Spur. Erst gegen Mittag hatten wir den Fuß des Berges erreicht. Nach einer kurzen Rast gingen wir geschlossen die letzten 500 Höhenmeter an. Ich hielt die Gruppe nun dicht zusammen. Dann ging es über einen mäßig geneigten Schneehang aufwärts und in einer langen Querung zu einem Sattel hinaus. Dort setzte ein schwach ausgeprägter Grat an, der zum Gipfel hinaufleitete. Das letzte Stück erforderte anstrengende Spurarbeit. Es war 15 Uhr, als wir den

Gipfel erreichten, seit unserem Aufbruch vom Lager waren mehr als acht Stunden vergangen. Der Rundblick enthüllte die ganze Dimension des Sternenmeeres. Im Westen schloß sich ein Gewirr von grünen Hügeln an, die sich zu einem Höhenzug verdichteten. In der Ferne waren einzelne Schneeberge schwach zu erkennen. Sie formten den Hauptkamm des Bayan Kara-Gebirges, die eigentliche Wasserscheide zwischen Gelben Fluß und Yangtse. Der alte Karawanenweg nach Lhasa, der vom Sternenmeer kam, überquerte das Bayan Kara-Gebirge und vereinigte sich dahinter mit der Hauptroute, die vom Kuku Nor aus über das Tsaidam-Becken führte.

Wenn man vom Gipfel des Yalandaze aus nach Norden blickte, zeigte sich ein weiteres Bergmassiv. Es trug ebenfalls einen mongolischen Namen. Das Burhan Buda-Gebirge trennte das Sternenmeer von den Salzsteppen Tsaidams. Jenseits der unscheinbaren Bergkette, deren östliche Ausläufer wir vor uns sahen, verlief einer der wichtigsten Verbindungswege von China und der Mongolei nach Zentraltibet. Anstelle des alten »Talu« war längst eine Überlandstraße und parallel dazu sogar eine Eisenbahnlinie getreten. Lange bevor ich das Quellgebiet des Gelben Flusses besuchte, war ich an dieser Route entlanggereist. Ähnlich wie am Kuku Nor waren auch in Tsaidam die Mongolen verschwunden. Ganze sechs Familien traf der Forscher Albert Tafel in Golmo am Südwestrand von Tsaidam noch an, als er mit seiner ausgehungerten Karawane dort eintraf. Inzwischen wurde daraus eine chinesische Stadt, mit einem »Atomforschungszentrum« und viel Militär. Golmud, so nennen die Chinesen den Ort, war auch vorläufiger Endpunkt der Eisenbahntrasse, die einmal – jedenfalls nach den Wünschen der ehrgeizigen Planer – bis nach Lhasa führen soll. Die Straße von Golmud nach Lhasa, von den chinesischen Invasionstruppen einst gebaut, blieb bis heute die wichtigste Überlandverbindung nach Zentraltibet.

Mit noch einem anderen wichtigen Ort war Golmud verbunden – mit Dunhuang, der alten Station an der Seidenstraße. Zur Blütezeit des legendären Fernhandelsweges, vor mehr als 1500 Jahren, markierte Dunhuang das westliche Ende Chinas. Hier erreichten die Karawanen den schützenden Wall der Großen Mauer, hier betraten sie den Gansu-Korridor, jenen schmalen Durchschlupf zwischen der Wüste Gobi und Tibet. Alle wichtigen Verbindungswege zwischen Tibet und der Mongolei, von Lhasa nach Ulan Bator (früher Urga), berührten Gansu. Im Gansu-Korridor lag die wichtige Handelsstadt Suzhou. Von ihr führte ein direkter Weg entlang des Edsin Gol nach Khara Khoto und weiter nach Karakorum in die alte Hauptstadt des Mongolenreiches. Über den Gansu-Korridor gelangte man nach Alashan, in das Ordos-Gebiet und durch die heutige Innere Mongolei nach Peking. Auf diesen Wegen zogen die ersten europäischen Reisenden nach Zentralasien und durch die Gobi.

KAPITEL 3

Dem Rätsel der Gobi auf der Spur

Es war Marco Polo, der als erster Abendländer von den zentralasiatischen Wüsten Gobi und Takla Makan aus eigener Erfahrung berichten konnte. Im Frühjahr des Jahres 1271 brach der erst 17jährige Marco zusammen mit seinem Vater und Onkel Nicolo und Maffeo Polo zu einer schicksalhaften Reise auf. Die beiden älteren Polos, reiche venezianische Kaufleute, verfügten zu diesem Zeitpunkt bereits über große Asien-Erfahrung. In den Jahren 1261/62 hatten sie sich in Buchara aufgehalten, eine der blühenden Handelsstädte an den Seidenstraßen. Auf Grund kriegerischer Ereignisse – die Erben Chinggis Khans befehdeten einander – war ihnen der Rückweg nach Europa versperrt. Die einzige Route, die ihnen sicher schien, führte nach Osten.

Die Reise des Marco Polo

Auf diesem Umweg durchqueren sie Zentralasien und erreichten im Jahre 1264 den Hof des Mongolenkaisers Khubilai Khan in China. Dort wurden sie freundlich aufgenommen und gewannen bald das Vertrauen des Khans, der sie erst wieder entließ, nachdem sie versprochen hatten, daß sie wieder zu ihm zurückkehrten. Mit allem Komfort und Privilegien offizieller kaiserlicher Botschafter ausgestattet, traten sie die Heimreise an. In ihrem Gepäck führten sie einen Brief Khubilai Khans mit, in dem er angeblich den Papst um die Entsendung von christlichen Gelehrten und Geistlichen bat. In Venedig angekommen entledigten sich die Polos rasch ihres Auftrages und rüsteten – wie dem Khan versprochen – schon bald zur Rückreise nach China. Nicolo Polo beschloß, seinen Sohn Marco auf die lange Reise mitzunehmen. Seine Heimatstadt sollte Marco Polo erst nach mehr als 20 Jahren wiedersehen.

Die venezianischen Kaufleute folgten jenem legendären Fernhandelsweg, den man später, nach dem wertvollsten Gut, das man darauf austauschte, die Seidenstraße nannte. Generationen von Händlern waren auf diesen Karawanenrouten entlanggezogen, Ideen, Kunststile und Religionen wurden darauf transportiert. Vertreter unterschiedlichster Glaubensbekenntnisse, – Buddhisten, Manichäer und Nestorianer – lebten jahrhundertelang friedlich nebeneinander und ließen jene Kultur erstehen, die der Welt der Seidenstraßen ihr unverwechselbares Gepräge gab. Ihr Herzstück war das Tarim-Becken, die öde Wüste Takla Makan und die sie umgebende Oasenwelt.

Als Marco Polo diesen berühmtesten aller Karawanenpfade entlangzog, hatte die Seidenstraße freilich ihre Glanzzeit längst hinter sich. Mit dem Einbruch des Islam war die buddhistische Kultur erloschen und die meisten der prunkvollen Orte unter dem Sand der Wüste verschwunden. Marco Polo betrat das Tarim-Becken im Bereich des alten Königreiches Kashgar. Anschließend folgte er der Südroute der Seidenstraßen ostwärts, entlang einer Kette von Oasen, die sich um den südlichen Rand der Takla Makan legten.

Mehr als ein halbes Jahrtausend zuvor war eine ganze Generation von

> »Wohin wir auch in diesem gewaltigen Reich von Wüsten und Gebirgen unsere Schritte gelenkt haben, sind wir mit wunderbaren Ereignissen der Vergangenheit in Berührung gekommen. Überall haben sie auf dem runzeligen, uralten Antlitz der Erde ihre Spuren hinterlassen. Unsere Blicke gleiten gleichsam über die Blätter eines gigantischen Buches, das unter unseren Füßen liegt, und wir versuchen seine schwer zu lesende, oft ausgelöschte Schrift zu entziffern.«
> **Sven Hedin**

Bildnis des Marco Polo.

Aufbruch der Polos zu ihrer Reise nach China. Miniatur aus einer mittelalterlichen Handschrift.

buddhistischen Mönchen über diese Route von China nach Indien gepilgert. Die wenigen, die diese Pilgerfahrt überlebten, berichteten vom Reichtum der Wüstenkönigreiche, von glanzvollen Festen, Klöstern und Höhlenheiligtümern, die mit erlesenen Kunstwerken ausgestattet waren, die die reichen Kaufleute für ihr Seelenheil stifteten. Aber sie schilderten auch eindringlich die Gefahren und Schrecken der Wüste, die auf jeden lauerten, der die schützenden Mauern der Oasen verließ.

In den Passagen zwischen den Oasen lernte auch Marco Polo die berüchtigte Takla Makan etwas näher kennen. »Diese Wüste«, so hat er uns überliefert, »dient vielen bösen Geistern als Aufenthaltsort, die den Reisenden durch allerlei Blendwerk in die Irre zu leiten trachten.« Doch Marco Polo und seine Begleiter widerstanden allen Irritationen der Wüstengeister und erreichten sicher die Ufer des Sees Lop Nor, an dem sich die chinesische Garnisonsstadt Loulan befand. Damals lebten entlang der schilfbewachsenen Ufer des Sees noch Menschen, die sich vom Fischfang ernährten; im Schatten der Pappelwälder lagerten schwerbeladene Karawanen; da gab es Tiger, Antilopen und wilde Kamele, die in der Nähe umherstreiften. Die Polos waren die ersten und zugleich letzten europäischen Augenzeugen einer sterbenden Welt. In den darauffolgenden Jahrhunderten hat der Tarim-Fluß sein Bett verlagert. Der Lop Nor und die alte Stadt Loulan verschwanden im Sand der Wüste. Am Ende des Tarim-Flusses aber entstand ein neuer See. Die Natur hatte es so eingerichtet, daß der Lop Nor von Zeit zu Zeit wanderte. Heute ist der See gänzlich vertrocknet. Rigide Eingriffe des Menschen in das Ökogefüge löschten das einstige Wunder der Takla Makan aus, und selbst die gefürchteten Wüstengeister des Marco Polo haben Gestalt angenommen: Das salzverkrustete veröodete Lop Nor-Becken ist heute Chinas atomares Testgelände.

Der Weiterweg der Polos führte nun durch die gefährliche Kumtag-Wüste, die sie von West nach Ost durchwanderten und von der Marco ein furchteinflößendes Szenario entwarf. »Sie besteht ganz und gar aus Hügeln und Tälern aus Sand, und nichts Eßbares ist in ihr zu finden«, berichtete er. »Die Ausdehnung dieser Wüste«, so ließ er die Nachwelt wissen, »ist so groß, daß es ein Jahr und mehr in Anspruch nimmt, von ihrem einen Ende bis zum andern zu reiten. Und hier, wo ihre Breite am geringsten ist, dauert es einen Monat, sie zu durchqueren.« Über eine Kette von Signaltürmen, die den exponierten Karawanenweg sicherten, erreichten sie das westliche Ende der Großen Mauer. Hier betraten sie Cathay, wie Marco Polo China nannte, jenes sagenhafte Reich von Khubilai Khan, das die beiden älteren Polo-Brüder von der früheren Reise her kannten. Doch zunächst galt es den Gansu-Korridor zu überwinden, eine schmale Passage zwischen der Wüste Gobi und dem Hochland von Tibet. Von Norden her bedrängt die Alashan-Wüste mit ihren mächtigen Sandbergen den Durchschlupf, während im Süden die schneebedeckten Gipfel der tibetischen Randgebirge eine in den Himmel geschriebene Grenze bilden. Trotz des abweisenden Charakters der Sandberge, die den südlichen Rand der Gobi markieren, war die Wüste für den Menschen nie ein trennender Wall, sondern höchstens ein Hindernis, das Glaube und Handel überwanden. Auf verschiedenen Wegen, die die Sandmeere umgingen, von Oase zu Oase, von Brunnen zu Brunnen durchzogen die Karawanen die Gobi. Marco Polo lernte sie nur vom Hörensagen kennen. Er berichtete

»Khubilai Khan ist von mittlerer Größe; seine Glieder sind ebenmäßig, und seine Gestalt hat die günstigsten Proportionen« (Marco Polo).

von einer Stadt inmitten der Wüste. Sie lag in der Provinz Tangut und hieß Edzina (Khara Khoto) – die schwarze Stadt. Die Bewohner waren für ihn allesamt »Götzendiener«, seine übliche Bezeichnung für Buddhisten. Dem Reisenden aber riet er, sich dort für vierzig Tage mit Lebensmitteln einzudecken, denn so lange würde man brauchen, um die im Norden gelegene Sandwüste zu durchwandern, in der es keine menschlichen Ansiedlungen gab.

Im Juli 1275, also vier Jahre nach ihrer Abreise von Venedig, erreichten sie Shangtu, die Sommerresidenz Khubilais im Dolon Nor-Gebiet. Auch Marco gelang es – wie zuvor Nicolo und Maffeo – das Vertrauen des Kaisers zu gewinnen und in die Reihen jener nichtmongolischen und nichtchinesischen Würdenträger aufgenommen zu werden, die eine eigene Elite am Hof bildeten. In dieser Eigenschaft reiste er in die entfernten Provinzen Sichuan und Yunnan und darüber hinaus bis nach Ceylon und Indochina.

Khubilai Khan, ein Nachkomme des jüngsten Chinggis Khan-Sohnes Tolui, hatte sich gegen seinen jüngeren Bruder Arig Böke zum Khan ausrufen lassen und damit gegen das mongolische Erbrecht des Letztgeborenen verstoßen. Er bemächtigte sich des Khanats China, eines von vier Teilreichen, das aus dem zerfallenen Steppenimperium des Chinggis Khan hervorgegangen war. Im Gegensatz zu den anderen Teilreichen gingen die im Khanat China herrschenden Mongolen nicht in der einheimischen Bevölkerung auf und waren deshalb imstande, als ihre Herrschaft (die Yüan-Dynastie) zerfiel, wieder in ihre frühere Heimat zurückzukehren und ihr Dasein in der Steppe fortzusetzen.

Getreu dem Vorbild Chinggis Khans suchte Khubilai sein Khanat durch Eroberungsfeldzüge auszudehnen. Er unterwarf den letzten Rest des von der Sung-Dynastie noch beherrschten Teiles von China, unternahm einen Angriff auf Japan und drang im Süden bis nach Java vor. In die Zeit des Aufenthaltes von Marco Polo fiel auch der Ausbau von Kambalu (das spätere Peking) zur Hauptstadt des Khanats. Der Venezianer beschrieb eindrucksvoll das Leben am Hofe, mit all dem Prunk und den Festlichkeiten, die die aufblühende Kaiserstadt entfaltete. Khubilai Khan pflegte sich mit einer ausgewählten Schar nichtmongolischer Berater zu umgeben, die eine eigene Klasse darstellten und in der Hierarchie der herrschenden Mongolenclique weit über den Chinesen rangierten. Zu dieser Gruppe zählte auch Marco Polo. Eine ähnliche Offenheit wie gegenüber diesen Fremden selbst brachte der Khan deren unterschiedlichen Glaubensbekenntnissen entgegen. Die Polos waren Kaufleute und keine Missionare, dennoch versuchten sie, den Mongolenherrscher von ihrem christlichen Glauben zu überzeugen.

Daß dies nicht gelang, lag – wenn man Marco Polo Glauben schenken darf – vor allem an jenen buddhistischen Gelehrten aus Tibet, die durch ihre übernatürlichen Fähigkeiten den Khan samt seinem Hofstaat tief beeindruckten. »Warum«, ließ Khubilai wissen, »sollte ich ein Christ werden? Ihr müßt selbst zugeben, daß die Christen in meinen Ländern keine Wunder ausrichten können. Dagegen seht ihr, daß die Heiden tun können, was sie wollen. Wenn ich bei Tisch sitze, kommen die gefüllten Becher, ohne daß eine menschliche Hand sie berührt, zu mir, und ich trinke daraus. Die heidnischen Zauberer haben Gewalt über das böse Wetter und können es in eine andere Himmelsgegend verbannen. Sie haben auch noch viele andere Gaben dieser Art. Ihr seid Zeugen, daß die heidnischen Götzen reden und vorhersagen können, was man von ihnen verlangt. Aber kehrt zu eurem Papst zurück«, forderte er die Polos auf, »und bittet ihn in meinem Namen, er möge hundert Männer schicken, die sich in eurer Glaubenslehre sehr gut auskennen, damit man sie den Heiden gegenüberstel-

len kann. Diesen sollen sie ihre Macht zeigen und darlegen, daß sie selbst über ähnliche Wunderkräfte verfügen, sie aber nicht ausüben wollen, weil sie Teufelswerk sind.« Marco Polo, der diesen Wortlaut in seiner Reiseerzählung dem Mongolenkaiser in den Mund legte, vermittelte damit dem Abendland die trügerische Hoffnung, daß der Khan und mit ihm seine Untertanen nur auf die heilbringende Botschaft warteten. Auch sonst sparte Marco Polo nicht mit Lob für den »Großkhan«, und er schwelgte in Superlativen, wenn es darum ging, Taten, Reichtum und Macht Khubilais zu beschreiben. Deshalb wurde seine »Beschreibung der Welt«, die nach seiner Rückkehr ein Mitgefangener in einer genuesischen Gefängniszelle aufgezeichnet hatte, zunächst als Sammlung von Lügengeschichten abgetan. »Il Milione« – Tausendlügner – spotteten die Venezianer, obwohl, wie wir heute wissen, Marco Polos Schilderungen weitgehend der Wahrheit entsprachen und eine wertvolle Quelle über das Leben im Reiche Khubilai Khans darstellen.

Die Mauern des Klosters Erdeni Dzu in der Nähe von Karakorum, der alten Hauptstadt des Mongolenreichs.

»Unbeschreiblich waren die Qualen an Hunger und Durst, Kälte und Anstrengung, die wir durchzustehen hatten. Denn Nahrungsmittel gaben sie uns nur abends. Am Morgen bekamen wir etwas zu trinken oder Hirsebrei. Am Abend erhielten wir Fleisch, das Vorderteil eines Hammels mit den Rippen und etwas Fleischbrühe.«
Wilhelm von Rubruk

Initiale aus der Handschrift Wilhelms von Rubruk.

Meister Wilhelms Reise zu den Mongolen

Hartnäckig hielten sich in Europa Gerüchte, daß es auch Mongolenfürsten gebe, die das Christentum angenommen hatten. Ein solches Gerücht, nämlich die Kunde von einem Mongolenherrscher namens Sartaq, der sich angeblich hatte bekehren lassen, drang auch an die Ohren des flämischen Franziskaners Wilhelm von Rubruk und versetzte ihn in helle Aufregung. Der Zeitgenosse Marco Polos, kreuzfahrender Verfechter des Glaubens, bat seinen König Ludwig IX. von Frankreich um die Erlaubnis, als Missionar bei den Mongolen zu wirken. Der wollte sich nicht der aufopfernden Mission des Untertans verschließen und stattete ihn mit einem Begleitschreiben an den Mongolenfürsten aus. Damit brach Wilhelm im Jahre 1252 vom Kreuzfahrerhafen Akko auf und reiste über Konstantinopel und die Krim zum Lager des Sartaq. Der Mongole, weit davon entfernt, ein Christ geworden zu sein, konnte offenbar mit dem Missionar wenig anfangen und schickte ihn weiter zu seinem Vater Batu, Herrscher über das Khanat Kiptschak, der mit seinen Getreuen an der Wolga lagerte. Batu betrachtete Wilhelm als offiziellen Gesandten des Königs von Frankreich und verwies ihn nach diplomatischem Brauch gleich weiter an die 4000 Kilometer entfernte mongolische Hauptstadt Karakorum, wo der Großkhan Möngke mit seinem Hofstaat residierte.

Die Reise nach mongolischer Art machte Wilhelm von Rubruk und seinen Begleitern schwer zu schaffen. »Gar nicht aufzuzählen ist, was alles an Hunger und Durst auszuhalten war«, schrieb er später in seinen Reiseerzählungen. Doch der Franziskaner hielt tapfer durch, ohne sich bei seinen mongolischen Führern zu beklagen. Bedauerlich fand er nur, daß er bei den mongolischen Zelten, an denen sie von Zeit zu Zeit vorbeikamen, die Gelegenheit, »viel guten Samen auszustreuen«, nicht nutzen konnte, weil ihm kein Dolmetscher zur Seite stand. Die Verständigungsschwierigkeiten hörten auch nicht auf, als er am Hof des Großkhans eintraf, wo er und seine Begleiter recht kühl empfangen und wegen ihrer Barfüßigkeit wie Wundertiere bestaunt wurden. Nachdem ein am Hofe zufällig anwesender Ungar, der die Regeln des Ordens kannte, den Mongolen über die seltsamen Fremden Rede und Antwort stand, wurde Wilhelm von Rubruk auch dem Großkhan vorgeführt. »Er ließ uns

> »Wenn man die Stadt Kampion verläßt und zwölf Tage nach Norden reist, erreicht man die Stadt Edzina am Anfang der Sandwüste.«
> Marco Polo

dann fragen, was wir trinken wollten. Ich erwiderte darauf: ›O Herr, wir sind nicht Leute, die sich mit Trinken vergnügen. Uns genügt, was Ihr uns immer zu geben geruht.‹ Da ließ er uns Reisbier reichen, das so klar und wohlschmeckend war wie Weißwein. Davon kostete ich ein wenig aus Ehrerbietung gegen ihn. Aber zu unserem Unglück stand unser Dolmetscher neben den Mundschenken, die ihm viel zu trinken gaben, so daß er bald betrunken war.« Der Dolmetscher war kaum mehr zu gebrauchen, und um verhängnisvollen Mißverständnissen auszuweichen, vermied es Wilhelm, heikle theologische Fragen aufzuwerfen. Am Ende der Audienz bat er den Mongolenherrscher um die Erlaubnis, bis zum Ende der kalten Jahreszeit bleiben zu dürfen, weil einer seiner Begleiter von den bisherigen Strapazen so erschöpft war, daß er kaum die Rückreise im grimmigen mongolischen Winter überlebt hätte. Worauf der Großkhan entschied, daß sie zwei Monate in Karakorum bleiben dürften.

Der erhoffte Erfolg seiner Mongolenmission blieb »Meister Wilhelm« jedoch gänzlich versagt. Statt dessen betätigte er sich in der Steppenmetropole als Baumeister und errichtete, »weil es sich nicht gut ansah, wenn man dort Schläuche aus Milch und anderen Getränken hineintrüge«, dem Khan einen großen silbernen Baum, an dessen Fuß vier Löwen ruhten, gleichfalls aus Silber, die weiße Stutenmilch ausspeien konnten. Auch im Inneren des Baumes befanden sich Röhren, aus denen wahlweise vergorene Stutenmilch, Reisbier oder Bal, ein Art Honiggetränk, floß. Das raffinierte Bauwerk, ein gelungener Beitrag zur Verbesserung der Arbeitsbedingungen höfischer Mundschenke, war von einem Engel gekrönt, dessen Trompete von einem Menschen, der sich in einem Hohlraum versteckte, zum Tönen gebracht werden konnte.

Als der Tag seiner Abreise nahte, wurde Wilhelm von Rubruk noch einmal von Möngke Khan empfangen. Nach einer langen Rede über den Glauben der Mongolen verkündete der Khan abschließend die folgenschweren Worte: »Euch also gab Gott die Heilige Schrift, aber ihr haltet sie nicht. Uns aber hat er die Weissager gegeben, und wir unsererseits tun, was sie uns sagen, und leben in Frieden.« Damit zeigte sich endgültig, daß der Glaube an ein christliches Mongolenreich nichts anderes als ein Phantasiegebilde war und somit auch die Hoffnung auf eine christlich-mongolische Allianz gegen die Muslime jeglicher Grundlage entbehrte. Am 12. Juli 1254 trat Wilhelm von Rubruk von Karakorum aus die Rückreise an und erreichte ein gutes Jahr später Akko. Hier verfaßte er sein an Ludwig IX. gerichtetes »Itinerarium«. So wenig Erfolg seiner Mongolenmission beschieden war, so hoch ist sein »Reisebericht« einzuschätzen. Kein anderer Zeitgenosse hat mit besserer Feder das Leben der Mongolen und die Geographie des Landes aufgezeichnet, und auch Marco Polos »Beschreibung der Welt« reicht bei weitem nicht an das »Itinerarium« heran.

Auf der Suche nach Cathay

Obwohl sich die Mongolen nicht zum Christentum bekehren ließen und zu Zeiten Chinggis Khans und seines Nachfolgers sogar eine ernste Bedrohung für das Abendland darstellten, waren gerade sie es, die, wie nie zuvor in der Geschichte, den Westen mit dem Osten in Kontakt brachten. Mit dem Niedergang der Mongolenreiche im 14. Jahrhundert rückten dann Europa und der Ferne Osten wieder unerreichbar auseinander. Die Landwege nach und durch Innerasien waren für Jahrhunderte durch die Moslems versperrt. Indessen erreichten europäische Seemächte mit ihren Schiffen die Küsten des Fernen Ostens. Im Windschatten der Seefahrer kamen auch die Missionare. Zu den ersten gehörten portugiesische Jesuiten. Sie hatten zu Beginn des 17. Jahrhunderts bereits Missionen in China und Indien gegründet. Offenbar blieb den frommen Männern neben ihrer seelsorgerischen Tätigkeit viel Zeit, um sich mit allerlei profanen Dingen zu beschäftigen. Nur so läßt sich der Disput erklären, der zwischen Matteo Ricci, dem Leiter der Jesuitenmission in Peking, und seinen Kollegen in Indien entbrannte. Mehr als 300 Jahre zuvor hatte der Venezianer Marco Polo das Reich Cathay beschrieben. Aber seitdem hatte es sich in Luft aufgelöst, jedenfalls für die Jesuiten in Indien. Matteo Ricci hingegen behauptete, wohl nach einschlägigen Recherchen vor Ort, daß der geheimnisumwitterte Name Cathay nichts anderes als der alte Name für China sei. Das wollten die Jesuiten Indiens nicht glauben, und um diese Frage ein für allemal zu klären, beschlossen sie, einen Kundschafter auszuschicken, der das gesamte Innere Asiens, vom Indischen Ozean bis zum Chinesischen Meer, durchqueren sollte.

Die Wahl für diese schwierige Aufgabe fiel auf den 41 Jahre alten Bento de Goes. De Goes, der vorher Soldat war, bevor er zum Himmelsstreiter aufstieg, galt als reiselustig und diente zuletzt als Emissär am Hof des Mogulherrschers in Agra. Im Jahre 1603 brach er zu seiner Suche nach Cathay auf. In Lahore, seiner ersten größeren Station, machte er längere Zeit halt. Um durch die vor ihm liegenden, von fanatischen Moslems bewohnten Gebiete einigermaßen

Bento de Goes' Karawane wird von Banditen angegriffen.

Rechts: Der vergiftete de Goes liegt sterbend im Bett, während die Mörder seine Diener bedrohen und das Gepäck rauben (Kupferstich aus dem frühen 18. Jahrhundert).

unbehelligt zu kommen, legte er sich die Verkleidung eines Moslemhändlers zu. Außerdem schloß er sich einer großen Karawane an, denn der Weg nach Kabul wurde auch noch von Banditen unsicher gemacht. Diese wußten, was sie ihrem Ruf schuldig waren. Sie schreckten nicht einmal davor zurück, die große Karawane von 500 Leuten mit ihrer Eskorte von 400 Soldaten anzugreifen. De Goes wurde dabei von der Karawane abgeschnitten und von vier blutrünstigen Räubern bedroht. Räuber sind eine Sache, sich ihrer zu erwehren, eine andere. De Goes hatte da seine eigenen Methoden. Als sich die finsteren Gesellen auf ihn stürzen wollten, warf er ihnen seine mit Juwelen besetzte Kopfbedeckung vor die Füße und entkam, während sie sich um die Beute stritten.

Nach sechsmonatiger abenteuerlicher Reise erreichten sie Kabul. Hier fand der Jesuit Anschluß an eine Karawane, die nach Yarkand ins Tarim-Becken weiterzog. Auf ihrem beschwerlichen Weg galt es das Dach der Welt, die schneebedeckten Pässe des Hohen Pamir, zu überwinden. Die dünne Höhenluft und die starke Kälte machten dem Jesuiten schwer zu schaffen, und als er mit der Karawane schließlich Yarkand erreichte, wollte er sich zunächst einmal eine längere Ruhe gönnen. Daraus wurde aber nichts. Denn wütende Moslems wollten ihn auf der Stelle töten, als sie seine Verkleidung durchschauten. Buchstäblich in letzter Minute konnte ihn der lokale Fürst vor der aufgebrachten Meute retten. Danach besuchte er Khotan, wo er als erster Europäer die berühmten Jademinen sehen durfte. Der Weg nach »Cathay« führte den Jesuiten nun über die Oasen am Rande der Takla Makan nach Hami ins östliche Turkestan. Als nächstes galt es, die Ausläufer der Gobi-Wüste zu durchqueren. Die wasserlose Einöde flößte ihm »größte Furcht« ein; überall lagen ausgebleichte Knochen von Menschen und Tieren, die erbarmungswürdigen Reste vom Wege Abgekommener.

Ende des Jahres 1605 kam die Karawane in Suchou an, einer heruntergekommen Handelsstation im Gansu-Korridor. Von seinen Mitreisenden erfuhr de Goes nun, daß dieser Außenposten die westlichste Grenze von Cathay sei. Er hatte also das Ziel seiner Reise, aber auch seines Lebens, erreicht. Kurze Zeit später traf eine Gruppe von Händlern aus Peking ein, die ihm zu seiner Freude bestätigten, daß er sich tatsächlich in Cathay – China – befinde. Einer von ihnen war ein Bekannter von Pater Ricci, und er bot sich an, eine Nachricht für ihn mit nach Peking zu nehmen. Es verging ein Jahr, bis de Goes Antwort von Ricci erhielt. In der Zwischenzeit waren seine moslemischen Begleiter immer zudringlicher geworden und hatten ihn wahrscheinlich vergiftet. Als die Nachricht Riccis eintraf, er solle weiter ostwärts nach Peking reisen, war es schon zu spät. De Goes war ein dem Tode geweihter Mann. Kurze Zeit später starb er, seine Habseligkeiten samt Tagebücher verschwanden spurlos. »Auf der Suche nach Cathay«, so schrieb einer seiner Jesuitenbrüder später, »fand er den Himmel.«

Durch die Mongolei nach Tibet – Eine wundersame Reise

Mehr als 200 Jahre wagte sich kein Europäer mehr in das Herz von Zentralasien. Der fatale Ausgang von de Goes' Mission setzte weiteren Erkundungen für lange Zeit ein Ende. Erst zur Mitte des 19. Jahrhunderts gab es einen neuen Anlauf. Wiederum waren es Ordensmänner, vom Auftrag »gehet hin und lehret alle Völker« beseelt, die sich anschickten, in kaum bekannte Regionen Innerasiens vorzudringen. An den ersten Septembertagen des Jahres 1844 rüsteten die beiden Lazaristen Regis Evariste Huc und Joseph Gabet zu einer denkwürdigen Reise, die sie weit über ihren eigentlichen Auftrag hinausführen sollte. Im Gegensatz zu ihren Vorgängern wie Wilhelm von Rubruk oder Bento de Goes waren die beiden hervorragend auf das Unternehmen vorbereitet. Huc hielt sich zwei Jahre lang in der Nähe von Peking auf, zum Studium der chinesischen Sprache und zum Einarbeiten in seine missionarische Tätigkeit. Da es zu dieser Zeit den christlichen Missionaren in China bei Todesstrafe untersagt war, ihre Lehre zu verbreiten, hatte sich Huc eine Verkleidung als chinesischer Händler zugelegt. Hier erprobte er erstmals mit Erfolg jene Verkleidungsstrategie, die ihm später so nützlich sein sollte. Das strenge Verbot christlicher Missionstätigkeit erstreckte sich nur auf das chinesische Kernland, für die Mongolei hingegen galt es nicht. Mit Freude nahm Huc deshalb das Angebot an, in das mongolische »Tal der schwarzen Gewässer« jenseits der Großen Mauer zu übersiedeln. Unter seinem Vorgesetzten – Abbé Joseph Gabet – widmete er sich eingehenden Studien der mandschurischen und mongolischen Sprache. Gemeinsam mit Gabet plante er auch die große Missionsreise in die Mongolei. Mit dem Auftrag des apostolischen Vikars, unter den Stämmen der nördlichen Mongolei zu missionieren, brachen sie am 10. September 1844 von ihrer kleinen Station auf.

Der abenteuerlustige Huc, die treibende Kraft im Duo, ließ von Anfang an keine Zweifel daran, daß er es auf Neuland abgesehen hatte. »Von jetzt ab«, so verkündete er stolz, »gibt es keine Pfade mehr, auf welchen schon vor uns Missionare gewandelt wären.« Zum Schrecken seiner Begleiter – chinesische Christen aus der Missionsstation –, die die beiden Lazaristen noch ein Stück des Weges begleiteten, streifte Huc vor ihren Augen die chinesische Maskerade ab. Anschließend baten sie ihren konvertierten mongolischen Lama-Begleiter, ihnen die Mandschu-Zöpfe abzuschneiden und den Kopf kahl zu rasieren. »Dann zogen wir einen weiten Rock an, der auf der rechten Seite mit fünf vergoldeten Knöpfen geschlossen wurde, legten einen roten Gürtel um und zogen über den Rock eine rote Jacke mit einem kleinen Kragen aus veilchenfarbenem Samt. Dazu kam noch eine gelbe Mütze mit rotem Büschel, und unser Lamaanzug war fertig.«

Mit der für Tibet und die Mongolei üblichen Tracht buddhistischer Mönche, »welche der Würde unseres geistlichen Standes entsprach«, wie Huc bemerkte, setzten sie ihre Reise nunmehr in Begleitung ihres Mongolen-Lamas fort. Ihr Gepäck beförderten zwei Lastkamele, während Gabet hoch zu Roß auf einem Schimmel und Huc selbst auf einer Kamelstute einherritten. Der Umgang mit den eigenwilligen »Wüstenschiffen« war gewöhnungsbedürftig, so daß sie anfänglich nur sehr langsam voran kamen. Zum Standard damaligen Reisens hingegen gehörte die Bedrohung durch Räuber. Das hatte sich auch seit de Goes' Zeiten nicht geändert. Nur schienen die Räuber in der Zwi-

»Wir meinten, die ganze buddhistische Welt für das Christentum gewinnen zu können« (Titelseite von Hucs Bericht über seine »Reisen in der Tartarei, Tibet und China«).

schenzeit einen Kursus für gutes Benehmen absolviert zu haben. Denn gemäß Huc näherten sich diese dem Reisenden mit äußerster Höflichkeit und fragten bescheiden: »Mein lieber älterer Bruder, es wird mir zu beschwerlich, zu Fuß zu gehen; willst du mir nicht dein Pferd leihen? Auch habe ich kein Geld; also borge mir deine Börse. Heute ist es auch recht kalt; du kannst mir wohl deinen Rock geben.« Tut der »ältere Bruder« das, so sagte man ihm: »Schönen Dank, Bruder«, »aber wenn er sich weigerte«, so berichtet Huc, »dann nehmen sie ihm nicht bloß Geld, Kamele oder Pferde ab, sondern ziehen ihm auch die Kleider aus, daß er vor Frost und Hunger eines elenden Todes stirbt.«

Die beiden Lazaristen durchzogen nun die wüstenartigen Steppen der Inneren Mongolei, besuchten buddhistische Klöster und kehrten in Jurten ein, die am Wege lagen. Dabei sammelten sie eine Menge Informationen über das Leben der Mongolen in der ausklingenden Mandschu-Ära. Es blieb ihnen auch nicht verborgen, daß chinesische Siedler immer tiefer in das Grasland vordrangen und das freie Weideland in Ackerland umwandelten, so daß die Mongolen bald keine Möglichkeit hatten, ihr traditionelles Leben fortzuführen. »Es ist eine Schande, wie die Mongolen belogen und betrogen werden«, entrüstete sich Huc. In aller Ausführlichkeit erzählt er von der Bekanntschaft mit einem sonderbaren Chinesen, der sich als »Mongolenfresser« ausgab. »Wir Kaufleute«, so verkündete der Chinese stolz, »fressen die Mongolen auf mit Haut und Haar. Wenn sie zur Stadt kommen, wollen sie alles haben, was sie sehen. Dafür reicht dann ihr Geld nicht aus, wir greifen ihnen unter die Arme, geben ihnen die Sachen auf Borg, und sie müssen natürlich mehr bezahlen, etwa um dreißig bis vierzig vom Hundert. Das ist doch ganz in Ordnung? Dann summen sich die Zinsen auf, und wir rechnen Zins auf Zins. In der Mongolei geht das, in China stehen dem die kaiserlichen Gesetze entgegen. Eine Schuld in der Mongolei kann nie verjähren, sondern vererbt sich auf Kind und Kindeskind. Alljährlich holt man die Zinsen ein, die mit Schafen, Kamelen, Pferden, Ochsen und dergleichen beglichen werden. Wir nehmen das Vieh zum niedrigsten Preis und verkaufen es dann möglichst teuer auf den Märkten. Ah, solch eine bei den Mongolen ausstehende Schuld ist eine profitable Sache, eine wahre Goldgrube!«

Dann verlassen Huc und Gabet wieder den Bereich fester menschlicher Ansiedlungen, und nachdem sie unter großen Schwierigkeiten den Hochwasser führenden Gelben Fluß überwunden hatten, durchzogen sie die Ordos-Wüste in Richtung Südwesten. Immer weiter entfernten sich die beiden Lazaristen von ihrem eigentlichen Missionsziel, der nördlichen Mongolei, immer klarer wies ihre Spur in eine ganz andere Richtung – nach Tibet. Das mag ihrer natürlichen Neugier entsprungen sein, aber auch dem Wunsch, den Lamaismus an seiner Quelle zu studieren, denn »wir durften wohl erwarten, unter den Lamas in Tibet einen Symbolismus zu finden, der geläuterter war als der gemeine Volksglaube.«

Nach der Durchquerung des Ordos-Gebietes gelangten sie in die chinesische Provinz Gansu, und nachdem sie »viele abfallende Hügel und die Große Mauer zweimal passiert« hatten, erreichten sie im Frühjahr 1845 ihr vorläufiges Ziel: das Kloster Kumbum Chamba Ling. »Wir waren im Lande Amdo, das in Europa völlig unbekannt ist, in der großen weltberühmten Klosterstadt Kumbum, in einer Lamazelle. Es war wie ein Traum!« Mit diesen Worten faßte Huc seine ersten Eindrücke zusammen. Kumbum war in dieser Zeit in der Tat ein religiöses Zentrum ersten Ranges und Angelpunkt alter Karawanenwege. Kein Geringerer als Tsongkhapa, der große tibetische Reformator und Begründer der Gelugpa, des Gelbmützen-Ordens, hat im 14. Jahrhundert genau an der Stelle das Licht der Welt erblickt, wo heute das Kloster steht. Die Medizinschule des Klosters war weithin berühmt. Vielfältige Wege verbanden Kumbum mit Zentraltibet und der Mongolei. Huc und Gabet fühlten sich im Kreise ihrer »Lama-Kollegen« von Anfang an wohl. Hier wollten sie den Lamaismus gründlich studieren, nebenher Tibetisch lernen und dabei das eine oder andere Geheimnis lüften. Davon hatte Kumbum einiges zu bieten.

An oberster Stelle stand natürlich der Wunderbaum, der die Gläubigen von nah und fern in Scharen anlockte. Der Überlieferung zufolge soll Tsongkhapa bereits mit langem Haupthaar und weißem Bart auf die Welt gekommen sein. Nach einiger Zeit schnitt ihm die Mutter das Haar ab, dort wo es niederfiel aber, so wird erzählt, wuchs ein Sandelholzbaum aus der Erde, dessen Blätter tausendfach die Bildnisse des Buddha zeigten. Später wurde über dem Wunderbaum ein Reliquienschrein (Chörten) errichtet. Einen Ableger des Baumes aber pflanzte man in einen Nachbartempel, und auch dessen Blätter zeigten tibetische Schriftzeichen und Bilder des Buddha. Huc, der diesen »Baum der Zehntausend Bilder« zunächst für einen frommen Betrug hielt, mußte nach eigenem Augenschein zugeben, daß es kein Schwindel war.

So verging die Zeit in beschaulicher Ruhe klösterlichen Lebens, geprägt vom Rhythmus der Zeremonien und Feste. Eines Tages kam den beiden Lazaristen die Kunde vom Heran-

»Ein tiefgründigerer Geist als der unsere ist möglicherweise imstande, eine zufriedenstellende Erklärung der Geheimnisse dieses einzigartigen Baumes zu geben« (Kupferstich des Wunderbaumes von Kumbum).

»Schon vor Tagesanbruch waren wir auf den Beinen, um eine Metamorphose von nicht geringer Wichtigkeit an uns vorzunehmen« (Huc in seiner Verkleidung als chinesischer Händler).

nahen einer großen Karawane zu Ohren, die angeblich von Peking nach Lhasa zog. Das war die Chance, auf die sie schon lange warteten. Die Zeit bis zum Eintreffen der Karawane verbrachten sie im kleinen Felsenkloster Choportan am Rande der Amdo-Berge. Dorthin kamen auch regelmäßig die Lamas der Medizinschule von Kumbum, um Kräuter und andere Ingredienzien der tibetischen Heilkunde zu sammeln, die in der Umgebung wild wuchsen.

Als die tibetische Karawane schließlich in Tankar, einem Knotenpunkt uralter Handelsrouten, eintraf, reisten Huc und Gabet an die Ufer des Kuku Nor. Dort mußte die Karawane auf ihrem Weg nach Tibet vorbeikommen, und dort wollten sie sich ihr anschließen. Es dauerte noch einen Monat, bis der riesige Troß den Kuku Nor erreichte. In dieser Zeit mußten Huc und Gabet wegen der Räubergefahr mehrmals ihr Lager verlegen. Alle Gesandtschaften, die der Dalai Lama in den letzten Jahren zum Kaiser nach Peking geschickt hatte, waren von den gefürchteten Golok überfallen und ausgeplündert worden. Die jetzige war die erste seit dem Jahre 1841, die ungeschoren den Hof des Kaisers erreichte und sich nun auf dem Rückweg nach Lhasa befand. Die beiden Lazaristen nutzten die wohl einmalige Gunst der Stunde, kaum beachtet, als Europäer unerkannt, verschwanden sie in diesem gewaltigen Heerzug von Menschen und Tieren. »Nach unserer Schätzung bestand die Karawane aus ungefähr 15 000 Yaks, 1200 Pferden, 1200 Kamelen und 2000 Menschen, teils Tibeter, teils Mongolen.«

Von den Ufern des Kuku Nor bewegte sich der »Reisezoo« nach Südwesten, zum Erstaunen von Huc noch mit »großer Ordnung und Genauigkeit«. »In der ersten Zeit war alles Poesie«, schwärmte der Padre, »wir hatten gute Wege, vortreffliches Wetter, klares Wasser und üppige Weidefluren. An die Räuber dachte niemand.« Mit der ungetrübten Freude aber war es bald zu Ende. Spätestens als sie sich dem Quellgebiet des Gelben Flusses näherten. Die sumpfigen Hochebenen waren bereits zugefroren, die Flüsse ebenfalls. Aber die Eisschicht war noch nicht dick genug, daß sie die schwer beladenen Lasttiere trug. Die »Heilige Gesandtschaft« drohte im Wasser, Eis und Schlamm zu versinken. Als sie endlich die heiklen Passagen hinter sich gebracht hatten, bot die Karawane »einen ziemlich lächerlichen Anblick: Menschen und Tiere waren mit Eiskrusten überzogen. Die Pferde ließen den Kopf hängen und wußten nicht, was sie mit ihren steifen Schweifen anfangen sollten, die in lange Eiszapfen verwandelt waren. Die Yaks sahen am merkwürdigsten aus. Sie gingen mit gespreizten Beinen und schleppten unter dem Bauch ein bis auf die Erde herabhängendes System von Stalaktiten. Jeder Grunzochse war mit Eis förmlich kandiert.«

Das war nur der Auftakt dessen, was sie in den nächsten Wochen erwarten sollte. Gebirge um Gebirge galt es zu überwinden, die Hochebenen, die dazwischen eingebettet waren, wurden immer karger. Unvermittelt brach der Winter über das Land herein. Mensch und Tier litten entsetzlich unter der Kälte. Huc und Gabet erfuhren nun die volle Härte des Reisens nach tibetischer Art. »Die Tiere versanken bis an den Bauch im Schnee. Manche stürzten in Abgründe. Dabei heulte ein eisiger Wind uns entgegen und trieb uns Schneewirbel ins Gesicht. Wir machten es wie andere Reisende, die sich verkehrt aufs Pferd setzten und das Tier gehen ließen, wie und wohin es wollte.« Die Auslese war erbarmungslos, und der Tod hielt reiche Ernte. Zuerst traf es die Tiere, später kamen die Menschen an die Reihe.

»Damals«, berichtet Huc voll Schauder, »wurden mehr als vierzig Reiter noch lebendig, aber schon erfroren in der Wüste zurückgelassen. Man nahm sie mit, solange noch einige Hoffnung war. Sobald sie aber nicht mehr essen und sprechen und nicht mehr auf dem Pferd oder auf dem Kamel sitzen konnten, wurden sie am Wege ausgesetzt.« Den beiden Lazaristen drohte ein ähnliches Schicksal. Gabet erkrankte und wurde immer schwächer. »Er konnte nicht mehr gehen. Hände, Füße und Gesicht waren ihm erfroren. Wir hüllten ihn in Decken, banden ihn auf einem Kamel fest und überließen das Weitere der Vorsehung.«

Die Vorsehung aber meinte es mit den beiden gut. Trotz aller Schwierigkeiten, von den erduldeten Strapazen schwer gezeichnet, trafen Huc und Gabet am 29. 1. 1846 in Lhasa ein. Die Ankunft der Fremden in der »verbotenen Stadt« war eine Sensation. Trotz ihrer sorgfältig gewählten Verkleidung waren sie bald Gegenstand unverhohlener Neugier. Jetzt, wo sie das Ziel ihrer Reise erreicht hatten, mochten sie auch nicht mehr mit ihren wahren Absichten hinterm Berg halten und begaben sich zum Polizeikommandanten, um sich offiziell zu melden. Ihm gegenüber gaben sie unumwunden zu, daß sie aus einem Land »unter dem westlichen Himmel« stammten und hierher gekommen seien, die christliche Religion zu verkünden, deren Priester sie wären.

Daraufhin nahm der behördliche Gang der Dinge seinen Lauf. Es dauerte nicht lange, bis sie in ihrem Quartier eine Reihe seltsamer Besuche von Chinesen und Tibetern erhielten, die sich als Händler ausgaben, aber offensichtlich nur ihr Gepäck untersuchen wollten. Kurze Zeit später wurden sie zum tibetischen Regenten zitiert. Der war ihnen durchaus wohlgesonnen und erklärte ihnen offen, daß der chinesische Amban sie als Spione verdächtigte, sie aber unter seinem Schutze stünden, wenn es sich herausstellte, daß sie – wie sie beteuerten – unschuldig wären und weder Landkarten noch Vermessungsinstrumente sich in ihrem Gepäck befänden.

Die folgende gerichtliche Untersuchung wurde zum öffentlichen Ereignis in Lhasa. Doch weder die Durchsuchung ihrer Habseligkeiten noch das scharfe Verhör durch den Amban konnte sie als Spione überführen. So blieb auch dem residierenden chinesischen Gesandten nichts anderes übrig, als ihre Anwesenheit in Lhasa widerwillig zu akzeptieren. Der tibetische Regent war »höchlich erfreut« darüber, wie sich Huc auszudrücken pflegte, und in der Folgezeit entwickelte sich eine freundschaftliche Beziehung zwischen den beiden. Der Regent war von der Gelehrsamkeit des Missionars tief beeindruckt, und das steigerte sich noch, als Huc ihm die Funktionsweise seines Mikroskops vorführte. »Wir baten die Begleitung, sie solle so gut sein und uns eine Laus besorgen. Ein Lama brauchte nur mit seiner Hand unter seine Seidenkleider in die Achselhöhle zu greifen, eine prächtige, kräftige Laus stand uns zur Verfügung. Wir baten den Herrscher, sein rechtes Auge auf die Glasspitze des Mikroskops zu halten und dabei sein linkes Auge zu schließen. ›Tsongkhapa!‹ rief er aus. ›Die Laus ist so groß wie eine Ratte!‹«

Natürlich hoffte Huc durch die Freundschaft zum Regenten, ihn zum Katholizismus bekehren zu können. Und wenn ihm das gelänge, so rechnete er sich aus, würden viele andere Tibeter seinem Beispiel folgen. Aber es kam nicht so. Drei Monate nach ihrer Ankunft ließ sie der chinesische Amban ausweisen. Sein Befehl lautete, daß sie Tibet auf dem kürzesten Weg nach China zu verlassen hätten. Diese zwar kurze, aber ungemein schwierige Route führte von Lhasa aus direkt nach Osten, wo das tibetische Hochland in gewaltigen, wild zerklüfteten Stromschluchten in die Tiefländer Sichuans abstürzte. Im Oktober 1846, längst totgeglaubt, trafen sie in Macao ein. Hier verfaßte Huc auf der Grundlage seiner Erinnerungen und Tagebuchnotizen, unter Heranziehung auch fremder Quellenwerke, seinen Bericht über die »Reise durch die Tartarei, nach Tibet und China (1844 bis 1846)«. Die über weite Strecken recht amüsant geschriebene Reiseerzählung, in der er sich kaum Zurückhaltung auferlegte, sein heldenhaftes Tun ins rechte Licht zu rücken, wurde außerordentlich populär, aber nicht unumstritten. Die Fachwelt wollte ihm kein Wort glauben. Vor allem einer hatte seinen Bericht bis zuletzt vehement angezweifelt: der bedeutende russische Zentralasienforscher Nikolai Michailowitsch Przewalskij. Vielleicht spielte da auch Przewalskijs persönliche Enttäuschung mit, daß Huc das gelang, was ihm Zeit seines Lebens verwehrt blieb: der Traum von Lhasa.

Als Kundschafter des Zaren ins Herz von Asien

Huc und Gabet gehörten für lange Zeit zu den letzten Europäern, die nach Zentralasien und Tibet vordrangen, in der Hoffnung, neue Seelen gewinnen zu können. Ab der Mitte des 19. Jahrhunderts erschien eine neue Spezies von Abendländern: geographische Eroberer als Speerspitzen europäischer Großmächte, die um die Vorherrschaft in Asien kämpften. Damit begann ein neues Stück auf der Bühne Innerasiens, es handelt von zügellosem Machtstreben, rücksichtsloser Ausbeutung und

brutaler Gewalt gegen jene, die sich dem widersetzten. Die Regisseure hießen England und Rußland. Nirgendwo spielten die Briten und Russen das »Große Spiel« skrupelloser als in Zentralasien und Tibet. Wissen verhieß Macht. Und da Wissen über diese Gebiete um diese Zeit noch recht spärlich war, lag es nahe, zunächst einmal Kundschafter auszuschicken. Die britischen Spione hießen Pundits. Das waren Inder, die nach einer groben Ausbildung in Sachen Vermessung und Kartographie, meist als Pilger getarnt, durch Tibet reisten. Der russische Zar hielt sich da weniger bedeckt und ließ seine Pfadfinder gleich von regulären Soldaten – Kosaken – begleiten. Rußland machte von Anfang an kein Hehl daraus, daß es Zentralasien als seinen angestammten Vorhof betrachtete. Der russische Vorstoß begann im Jahre 1851, als der Forscher Semenow das Tien Shan-Gebirge überquerte und Turkestan erreichte. Seine Nachfolger drangen immer weiter in Richtung Tibet vor. Die Briten wußten nur zu gut, daß den Erkundungen häufig Eroberungen folgten, und setzten ihrerseits alles daran, die Russen von Tibet fernzuhalten. Dem dünnbesiedelten Mönchs-Staat – strategisch zwischen China und Indien gelegen – fiel ungewollt eine Schlüsselposition in der Konfrontation zwischen den beiden Mächten zu. In allen russischen Ambitionen sah England eine Bedrohung seines indischen Imperiums. Das »Große Spiel« hatte begonnen.

Vor diesem Hintergrund waren die Reisen jener russischen Forscher zu sehen, die uns im Hinblick auf die Wüsten Gobi und Takla Makan interessierten – auch wenn betont wurde, daß sie einen »rein wissenschaftlichen Charakter« hatten. Ob sie es wollten oder nicht, ob absichtlich oder naiv ahnungslos, waren sie Werkzeug politischer Interessen. Das gilt auch für den bekanntesten aller russischen Zentralasienforscher – für Nikolai Przewalskij.

Erst 31 Jahre alt, konnte Przewalskij, von der Russischen Geographischen Gesellschaft und dem Kriegsministerium großzügig unterstützt, zu seiner ersten großen Zentralasienreise aufbrechen. Von Urga aus, wie die Hauptstadt der Mongolei damals hieß, zog Przewalskij südwärts. Die Expedition, der auch ein Trupp schwerbewaffneter Kosaken angehörte, folgte im wesentlichen jenen ausgetretenen Karawanenpfaden, die seit alters her Tibet und China mit der Mongolei verbanden. Zunächst durchquerten sie den steppenartigen Nordwestteil der Gobi. Er stellte fest, daß man die Gobi am ehesten mit einer gewaltigen, von Gebirgen eingefaßten Schüssel vergleichen könne, deren Boden weniger von Sand als vielmehr von Kies bedeckt sei. Von den gewaltigen Sandbergen, die sich im Inneren der Alashan-Wüste auftürmten, ahnte er nichts. Auf seinem Weg in die chinesische Provinz Gansu berührte er nur den Rand dieser Wüste. Aber auch schon das fand er abscheulich genug: »Flugsandfelder, die hin und wieder mit Saxaul bestanden waren, wechselten mit Flächen von salzhaltigem Lößlehm. Die Wasserarmut erreichte hier ihren Höhepunkt.«

Angenehmere Reisebedingungen fanden sich erst wieder, als sie Gansu erreichten. Der Gansu-Korridor, durch den die Hauptroute der Seidenstraßen verlief, wird im Süden, gegen Tibet hin, vom Nanshan-Gebirge begrenzt. Dieses Gebirge, viel größer als die Alpen, war damals aus europäischer Sicht noch weitgehend eine »Terra incognita«. Das sollte sich nun ändern. Die Höhenzüge und Täler des Nanshan zu erkunden, war Przewalskijs erstes Ziel. Obwohl es im Inneren des Gebirges saftige Weiden und herrliche Wälder gab, war

»Weder die Gefahren der wilden Wüstennatur, noch die Hindernisse einer feindlich gesinnten Bevölkerung – nichts vermochte uns aufzuhalten« (Nikolai Przewalskij).

Nikolai Przewalskij (1839–1888). »In Zentralasien ist mir eine große Nachkommenschaft verblieben, nämlich der Lop Nor, der Kuku Nor, Tibet u. a. Sie alle sind meine Kinder.«

das Land seltsam menschenleer. Wie ein Sturm hatte der Dunganenaufstand alles menschliche Leben hinweggefegt und die Dörfer in Schutt und Asche gelegt. »Nur zerstörte Wohnstätten«, erinnerte sich Przewalskij später, »und die an manchen Stellen umherliegenden Skelette und Schädel zeugten damals von dem schrecklichen Gemetzel, das unlängst hier stattgefunden hatte.« Für die zahlreichen Wildtiere dagegen waren die abgeschiedenen Täler mit ihren Almen und Wäldern ein Paradies, insbesondere im Winter, weil durch die günstigen klimatischen Bedingungen die Südhänge schneefrei blieben. Nachdem Przewalskij erkannt hatte, daß der Nanshan nicht – wie bisher angenommen – ein einfacher Gebirgszug, sondern ein ganzes System von Ketten darstellte, wandte er sich nach Tibet.

Auf ähnlicher Route wie die beiden Lazaristen Huc und Gabet vor ihm durchstreifte er die Hochflächen um den Kuku Nor und des Tsaidam-Beckens. Die Bewohner der schwarzen Zelte, an denen sie von Zeit zu Zeit vorbeiritten, nannte er Tanguten. Seine Nachfolger haben diesen Begriff unbesehen übernommen, und er wurde zur gebräuchlichen Bezeichnung für die Amdo-Tibeter dieser Region. Neben den Tanguten kannte Przewalskij nur noch die Golok. Ihr Name wurde mit »Räuber« gleichgesetzt, und sie mußten für alle Schandtaten herhalten. Man hat Przewalskij zu Recht später vorgeworfen, sich um die Menschen – um die »Ethnographie«, wie es damals hieß – zu wenig gekümmert zu haben. Während er ganze Kapitel seinen Beobachtungen über das Verhalten von Wildtieren widmete, blieb den Menschen eine derartige Aufmerksamkeit versagt. In der Tat mangelte es an Kontakten mit der lokalen Bevölkerung, was zu Mißtrauen und Irritationen führte. Und das mag wohl auch eine der Ursachen für die bewaffneten Auseinandersetzungen gewesen sein, die Przewalskijs Expeditionen begleiteten und die ihm letztlich den Weg nach Lhasa versperrten. Doch diese erste Zentralasienexpedition scheiterte nicht am Widerstand der Tibeter, sondern am hereinbrechenden Winter. Der raffte die Kamele dahin, und da es an den nötigen Geldmitteln fehlte, neue Tiere zu erwerben, war Przewalskij gezwungen, am Oberlauf des Yangtsekiang umzukehren.

Kaum war das gesammelte Material aufgearbeitet und veröffentlicht, brach Przewalskij im Jahre 1876 zu einer neuen Expedition auf. Diesmal wollte er etwas weiter westlich, über Turkestan und das Kunlun-Gebirge, nach Tibet vordringen. Doch auch dieser zweite Versuch fand ein frühes Ende. Noch weit von seinem Traumziel Lhasa entfernt, erreichte ihn eine Nachricht des russischen Generalstabs. Der russisch-türkische Krieg war wieder aufgeflammt, und es wurde ihm befohlen, die Expedition abzubrechen und unverzüglich nach St. Petersburg zurückzukehren. Obwohl Przewalskij selbst mit diesem Unternehmen alles andere als zufrieden war, gelang ihm doch eine aufsehenerregende »Entdeckung«. Durch den Venezianer Marco Polo hatte das Abendland die vage Kunde vom Lop Nor erhalten, doch seitdem hatte kein Europäer den mysteriösen See im Inneren der Takla Makan mit eigenen Augen gesehen. Przewalskijs »Entdeckung« – den alten Chinesen war der See wohlbekannt – wurde in Europa zunächst viel bejubelt. August Petermann schwärmte in seinen »Geographischen Mitteilungen« von einer »hochinteressanten und bedeutenden geographischen Leistung« und verglich sie gar mit der »Lösung solcher berühmter Probleme wie die Durchschneidung Australiens, die Erreichung des Nordpols oder Timbuktus, die Entdeckung der Nilquellen«. Voll des Lobes war auch der Geograph Ernst Behm, als er im selben Blatt verkündete: »So ist denn endlich auch der Lop Nor aus seinem mystischen Dunkel hervorgezogen, bald werden wir ihn in seiner wahren Gestalt und Lage auf den Karten sehen.« Darauf brauchte die Fachwelt nicht lange zu warten. Schon im Jahre 1878 erschien Przewalskijs Bericht unter dem Titel »Von Kuldscha über den Tian-shan zum Lobnor«. Aber die Lage, an der Przewalskij den See auf seiner Karte einzeichnete, ließ bald ernste Zweifel aufkommen, denn allzu weit wich der Lop Nor des Russen von der Position ab, wo er auf alten chinesischen Karten aufscheint. Große Skepsis seitens der Geographen rief darüber hinaus Prezwalskijs Behauptung hervor, der Lop Nor enthalte Süßwasser. Ferdinand von Richthofen, die graue Eminenz der Fachgelehrten, bestritt dies glattweg als »eine absolute Unmöglichkeit« und äußerte die Vermutung, daß der Russe wohl einen See, aber eben nicht den Lop Nor gefunden habe. Przewalskij, derweil mit der Alexander-von-Humboldt-Medaille dekoriert, der höchsten Auszeichnung, welche die Geographenzunft zu vergeben hatte, konnte nicht so ohne weiteres auf sich sitzen lassen, daß man seinen Erfolg derart madig machte. In einem Vortrag vor der Russischen Geographischen Gesellschaft ging er auf Richthofens Kritik, der sich die führenden Fachleute angeschlossen hatten, ein und begründete, warum der Lop Nor Süßwasser enthalte, und er schloß aus, daß ihm, gäbe es einen anderen, nördlicher gelegenen See, den angeblich echten Lop Nor, dieser unmöglich entgangen wäre.

Indessen rüstete Przewalskij bereits zu einer neuen, seiner dritten großen Expedition. Das Ziel hatte sich nicht verändert; es hieß nach wie vor Lhasa. Ausgangspunkt war die kleine, nahe der mongolischen Grenze gelegene Stadt Saissan. Diesmal versuchte er es wieder weiter östlich, dort wo er bereits einmal, nämlich bei seiner ersten Expedition, gescheitert war. Über das Nanshan-Gebirge, das Kuku Nor-Gebiet und die Tsaidam-Sümpfe arbeiteten sie sich in Richtung Südwesten vor. In den ausgedehnten Hochsteppen und Gebirgssystemen Nordosttibets fanden sie eine märchenhaft reiche, vom Menschen noch fast ungestörte Tierwelt vor. Riesige Herden von Antilo-

> »Trotz der extremen Unfruchtbarkeit zeigte sich die märchenhaft reiche Tierwelt Tibets in ihrer ganzen Fülle. So sahen wir unter anderem wilde Yaks, Kulane und Antilopen. Von neuem enthüllte sich vor uns das Bild einer vom Menschen noch nicht gestörten urwüchsigen Fauna.«
> Nikolai Przewalskij

pen und Gazellen, wilde Yaks und Bären bevölkerten die Hochflächen. Wildesel zeigten so wenig Scheu, daß sie sich neugierig dem Lager näherten oder neben der Karawane einherliefen. Przewalskij fand viel Gelegenheit, seiner Jagdleidenschaft zu frönen.

Während in Europa das Gerücht kursierte, die Expedition sei verschollen, Przewalskij gar ermordet worden, kamen sie bis auf 250 Kilometer an Lhasa heran. Dann traten ihm die Tibeter entschlossen entgegen. Aus Lhasa war eigens eine Abordnung angereist, deren Führer dem Russen die Weiterreise verbot. Der Abgesandte der Lhasa-Behörden bat Przewalskij beinahe flehentlich, er möge umkehren, und bot ihm sogar an, die Reisekosten zu erstatten. Erfüllte er seine Bitte jedoch nicht, würde es ihn unweigerlich den Kopf kosten. Nur mit Mühe konnte Przewalskij seinen Ärger unterdrücken, und aus seinen Worten war deutlich die bittere Enttäuschung herauszuhören, als auch er, das große Ziel bereits vor Augen, abermals abgewiesen wurde. »Obwohl wir uns schon hinlänglich mit dem Gedanken vertraut gemacht hatten, möglicherweise umkehren zu müssen, ohne bis Lhasa gekommen zu sein, fiel es mir im entscheidenden Augenblick doch ungemein schwer, das letzte Wort zu sprechen, das das ersehnte Ziel abermals für lange Zeit, vielleicht für immer in die Ferne rückte und alle Erfolge unserer Reise mit einem Mißerfolg abschloß. Aber dem Fanatismus eines ganzen Volkes zu trotzen, war für uns sinnlos und unmöglich – ich mußte mich dieser Notwendigkeit fügen.«

So fand auch sein dritter Versuch, Lhasa zu erreichen, ein vorzeitiges Ende. Da war es auch kein Trost, daß es ihm auf dem Rückweg noch gelang, den Oberlauf des Gelben Flusses zu erkunden und die Steppen der Gobi zu durchqueren. Mit großen Ehren wurde der inzwischen weltberühmte Forscher in St. Petersburg empfangen. Przewalskij gönnte sich auch jetzt nicht viel Zeit, sich auf den gesammelten Lorbeeren auszuruhen. Es schien, als ahnte er, daß ihm kein langes Leben beschieden sein sollte. Ein kurzes, aber ereignisreiches Leben, das wußte auch Przewalskij, war allemal besser als ein langes, aber langweiliges Dasein. »Das freie Wanderleben ist mir lieb und teuer geworden«, schrieb er im Vorwort zu seinem Reisebericht.

Noch war die Druckerschwärze nicht trocken, als er 1883 schon wieder nach Sibirien aufbrach, um seine vierte Zentralasienreise zu beginnen. Von Urga aus, dem heutigen Ulan Bator, zog die Expedition auf bereits vertrauten Pfaden durch die endlosen Wüstensteppen der Gobi, überquerte das Nanshan-Gebirge und wandte sich wieder nach Tsaidam. Nahe einem mongolischen Jurtenlager wurde eine Basis eingerichtet. »In wenigen Fällen wird ein Reisender, vor allem in unserer Zeit, an der Schwelle eines derartig weiten, unerforschten Gebietes stehen, wie es sich von Tsaidam aus vor uns erstreckte«, notierte Przewalskij in seinem Tagebuch. Damit meinte er insbesondere das Quellgebiet des Gelben Flusses und die Regionen südlich davon. Um dorthin zu gelangen, mußte er zunächst das Burhan Buda-Gebirge überqueren, das dem großen »Rückgrat Asiens«, dem Kunlun-Gebirge zuzuordnen ist. Über denselben Gebirgszug, aber ein gutes Stück weiter im Westen, waren bereits Huc und Gabet gezogen und durch die dort aus dem Boden tretenden »Pestilenzdämpfe« fast umgekommen. Przewalskij und seine Begleiter hatten weniger mit giftigen Gasen zu kämpfen, als mit den unzähligen Löchern und Höhlen, die die Pfeifhasen im Boden gegraben hatten und in die Karawanentiere ständig einbrachen. Nachdem sie eine weitere Kette »regellos aufgetürmter Berge« überschritten hatten, standen sie am Rande einer unermeßlichen Hochebene mit unzähligen kleinen Tümpeln und Seen, die silbern wie Sterne aufblinkten, wenn sie von oben auf sie herabblickten. Vor ihren staunenden Augen breitete sich Odontala aus, das Sternenmeer, in dem die Quellen des Gelben Flusses lagen. »Dies war der erste große Erfolg unserer jetzigen Reise«, triumphierte Przewalskij, und »außerdem hatten wir damit noch eine wichtige geographische Aufgabe gelöst.«

Die weitere Erkundung vom Oberlauf des Machu, wie die Tibeter den Gelben Fluß nennen, verlief weniger erfolgreich. Beim Versuch, den großen See Tsaring Nor zu umrunden, trieb sie Schneefall und Kälte zurück. Danach überquerten sie das Bayan Kara-Gebirge, die große Wasserscheide zwischen Gelbem Fluß und Yangtse. Auch der berühmte Yangtse, der Goldsandfluß, hat seinen Ursprung in Tibet. Przewalskij stieg mit seiner Karawane von den Höhen des Bayan Kara hinab in die tief einge-

> »Am zweiten Tage nach unserem Aufbruch ließen wir die letzten Spuren der Zivilisation hinter uns zurück. Vor uns türmten sich Berge auf, die letzte Barriere, die den zauberhaft schönen, lang ersehnten Kuku Nor dem Auge des Reisenden noch verbirgt.«
>
> Pjotr Koslow

kerbten Schluchten des Yangtse und seiner Zuflüsse. Das Gelände wurde immer schwieriger und unübersichtlicher. Um überhaupt weiter voranzukommen, nötigten sie einen lokalen tibetischen Häuptling, sie zu führen. Aber der Drichu, wie der Yangtse hier an seinem Oberlauf heißt, erwies sich als unüberwindliches Hindernis. Alle Versuche, über seine reißenden Fluten zu setzen, scheiterten. Bald darauf kündigten sich neue Schwierigkeiten an. Beim Rückzug kam es zu einem Schußwechsel zwischen Przewalskijs Kosaken und Tibetern. Die Russen waren heilfroh, als sie wieder das Quellgebiet des Gelben Flusses erreicht hatten, und da es die Wetterverhältnisse nun zuließen, setzte Przewalskij die Erkundung der beiden großen Zwillingsseen Tsaring Nor und Oring Nor fort. Dort wurden sie von einem tibetischen Reitertrupp attackiert, und nachdem sie einen Tibeter getötet und mehrere verwundet hatten, griffen sie ihrerseits das Zeltlager der Tibeter an. »Wir mußten dies unbedingt tun«, rechtfertigt Przewalskij sein Vorgehen, »um die Schufte aus unserer nächsten Nachbarschaft zu vertreiben und ihnen die Lust zu weiteren Überfällen auf uns zu nehmen.« In Anbetracht der überlegenen Feuerkraft der Fremden flüchteten die Tibeter Hals über Kopf. »Insgesamt hatten wir jetzt am Morgen etwa fünfhundert Patronen verschossen. Die Zahl der getöteten und verwundeten Räuber schätzten wir auf etwa zehn«, resümiert Przewalskij. Wen wundert's, daß nach solchen Erfahrungen die Tibeter erst recht den Fremden argwöhnisch und feindselig entgegentraten?

Beinahe erwartungsgemäß kam es im Zuge des Vormarsches zu weiteren Gefechten mit den Tibetern. Das lief nach Przewalskijs Darstellung folgendermaßen ab: »Gleich einer Wolke stürmte diese wilde, blutdürstige Horde auf uns zu. Auf der anderen Seite aber stand unser kleines Häufchen vor seinem Lager, schweigend, mit angelegten Gewehren – vierzehn Mann, für die es jetzt keine andere Wahl gab als Sieg oder Tod.« Zweifel über ihr Tun oder gar moralische Bedenken kamen nicht auf. Dabei braucht man sich nur vorzustellen, wie wohl die Russen reagiert hätten, wenn ein bewaffneter Trupp Tibeter in ihre Heimat einmarschiert, ausgedehnte Jagdzüge unternommen, Führer zwangsrekrutiert und bei Gegenwehr sich den Weg freigeschossen hätte – und das alles zu »rein wissenschaftlichem« Zwecke! Die ursprüngliche Absicht Przewalskijs, die beiden Seen zu umrunden, gelang auch diesmal nicht. Ähnlich wie im Tal des Yangtse, setzte auch hier die Natur den Menschen eine Grenze. Der Ausfluß des Machu aus dem Oring Nor erwies sich um diese Jahreszeit als unüberwindbar. Die Expedition kehrte zu ihrem Basislager ins Tsaidam-Becken zurück. Von Tibet hatte Przewalskij nun genug, und er beschloß, sich einem anderen noch schwelenden Problem zuzuwenden: dem Rätsel des Lop Nor. Die Zweifel an seiner Lop Nor-Entdeckung nagten schwer. Diese Zweifel wollte er nun ein für allemal ausräumen. Im Herbst 1884 löste die Expedition ihr Basislager auf und zog am Südrand des Tsaidam-Beckens westwärts. Danach drangen sie in das Kunlun-Gebirge vor, einer »der unerforschtesten Teile Zentralasiens«, wie es Przewalskij nannte. Es war eine Gratwanderung zwischen zwei landschaftlichen und klimatischen Extremen. Zu ihrer Linken, nach Norden hin, lag die Changtang, die berüchtigten Kältesteppen Tibets, zur Rechten aber dehnte sich menschenleere Wüste aus, das endlose Dünenmeer der Takla Makan. Nach mehreren Exkursionen in einzelne Talsysteme des Kunlun wandten sie sich dem Altyn-tag zu – ein Randgebirge der Takla Makan, das Przewalskij bereits von seiner zweiten Zentralasienreise her kannte. Das »Goldgebirge« mit seiner Ausdehnung von 750 Kilometern charakterisierte der russische Forscher als außerordentlich trocken und vegetationsarm – es fällt ungemein steil nach Süden, in die Takla Makan ab. Über diesen Steilabbruch stiegen sie hinunter ins Lop Nor-Becken. Beim Anrücken der Karawane hatten sich die Bewohner aus Angst in den Schilfdickichten des Seeufers verkrochen und kamen erst wieder zum Vorschein, nachdem sie sich überzeugt hatten, daß ihnen keine Gefahr drohte.

Die folgenden Wochen waren ausgefüllt mit Recherchen, Messungen und Erkundungen. Aber er konnte keinerlei Indizien finden, die darauf hindeuteten, daß es noch einen zweiten Lop Nor gebe. Die Lop-Leute beteuerten einhellig, daß sie noch nie von einem anderen großen See als diesem gehört hätten. Zweimal bestimmte er astronomisch die geographische Länge und Breite seines Standortes. Auch fand er heraus, daß der Lop Nor-See nur an seiner Westseite, dort wo der Tarim-Fluß einströmte, Süßwasser enthielt, während das seichte Wasser in der östlichen Hälfte dagegen sehr salzig war. Schon bei seiner Ankunft war ihm aufgefallen, daß sich der See seit seinem letzten Besuch verkleinert hatte. Der Tarim führe jetzt weniger Wasser, erklärten ihm die Einheimischen. Sie begründeten dies damit, daß an seinem Unterlauf ein neuer Kanal gegraben wurde, der dem Fluß viel Wasser entziehe und in einen neu entstandenen See – inmitten der Wüste – ableite. Als der schwedische Forscher Sven Hedin zehn Jahre später an diese Stelle kam, war Przewalskijs Lop Nor bereits ausgetrocknet. Nur noch Schilf und Schlamm waren übrig, und auch die Menschen hatten die Gegend längst verlassen. Dafür waren weiter nördlich eine Reihe kleinerer Seen entstanden.

Endgültig gelöst wurde das »Lop Nor-Problem« erst 25 Jahre später – von der Natur selbst. Im Jahre 1923 kehrte nämlich der Tarim in sein altes, jahrhundertelang trocken liegendes Bett zurück, und der alte Lop Nor der chinesischen Karten entstand von neuem, während Przewalskijs See sich wieder in Wüste verwandelte. Somit wurde klar: Der Lop Nor ist ein periodisch wandernder See. Genauer gesagt war er es, denn indessen hat er seine Wanderungen beschlossen. Durch chinesische Zusiedlung, Vergrößerung der Oasen und riesige Staatsfarmen wurde dem Tarim-Fluß in jüngster Zeit so viel Wasser entzogen, daß er keine Kraft mehr hat, einen See zu speisen. Es gibt keinen Lop Nor mehr, weder einen »alten« noch einen »neuen« – nur noch Wüste.

Auch Przewalskijs Tage waren gezählt. Von dunkler Vorahnung erfüllt fand sich in seinem Reisetagebuch unter dem 10. November 1885 folgende Eintragung: »Der Gedanke daran wirkt niederdrückend, doch ein Jahr jagt das andere, und einmal wird natürlich der Zeitpunkt kommen, an dem man alle die Schwierigkeiten und Entbehrungen solcher Reisen nicht mehr ertragen kann. Wenn es mir aber schon nicht mehr beschieden sein sollte, noch einmal ins Innere Asiens zu ziehen, sollen mich wenigstens die Erinnerungen an das, was wir dort gesehen und im Verlaufe vieljähriger Reisen vollbracht haben, bis an das Ende meines Lebens trösten.«

Trotzdem ging Przewalskij bald nach seiner Rückkehr mit gewohntem Elan daran, seine nächste, die fünfte Zentralasienreise zu planen. Der Traum von Lhasa ließ ihn bereits im Herbst 1888 wieder aufbrechen – zur letzten Reise seines Lebens. Der Expedition – personell und finanziell reicher ausgestattet als alle vorherigen – sollte nun endlich gelingen, was bisher versagt blieb: die Residenz des Dalai Lama zu erreichen. In der Stadt Karakol, am Ufer des Issykkul, wurde die Karawane zusammengestellt. In den nächsten Tagen sollten sie losziehen. Da erkrankte Przewalskij plötzlich. Es war Typhus! Das Ende kam schnell. In wenigen Tagen raffte die Krankheit den erst fünfzigjährigen, bärenstarken Mann dahin. Seinem letzten Wunsch entsprechend wurde er auf einer Terrasse über dem Ufer des blauen Issykkul-Sees bestattet. Später errichtete man darauf ein Denkmal: ein Felsblock auf steinernem Sockel, gekrönt von einem bronzenen Adler, die Schwingen zum Fluge ausgebreitet, der in seinen Klauen die Karte von Zentralasien hält.

In der ersten Reihe unter den Trauernden, die sich zum Begräbnis Przewalskijs versammelt hatten, stand ein fünfundzwanzigjähriger Mann, der weinte wie ein Kind. Er sollte das Werk Przewalskijs in Zentralasien und Tibet fortführen. Sein Name: Pjotr Kusmitsch Koslow.

Zur toten Stadt in der Wüste

Koslow begleitete Przewalskij bereits auf seiner vierten Zentralasienreise. Als glühender Bewunderer Przewalskijs war er dessen Schüler im klassischen Sinne. Zu Przewalskij blickte er auf, er war ihm Mentor, väterlicher Freund und Lehrer in einer Person. Kein Wunder, daß Koslow den Schmerz seines frühen Todes nie überwand. Noch nach 25 Jahren schrieb er über diesen Schicksalsschlag: »Mir war, als könnte ich diesen Kummer nicht überleben – und er ist auch jetzt noch nicht überlebt.«

Przewalskij war für ihn der Schlüssel zur Welt, er konnte ihm jene Tore öffnen, die er mit eigener Kraft nicht aufzustoßen vermochte. Schon früh führte ihn Przewalskij in seine Welt ein, in die des Forschungsreisenden. Er lehrte ihn persönlich all die Fertigkeiten, die notwendig waren, um gute Ergebnisse mitzubringen, er organisierte seine schulische Ausbildung und schickte ihn zuletzt in die Militärakademie von St. Petersburg, deren erfolgreicher Abschluß unabdingbare Voraussetzung für eine Karriere im zaristischen Rußland war. Koslow dankte es ihm mit Lerneifer und eiserner Disziplin. Wie eine Wolke hing der Schatten Przewalskijs über ihm, aus dem er selbst nach dem Tod des Übervaters nicht herauszutreten vermochte.

Koslow besaß weder die genialen Fähigkeiten eines Sven Hedin noch verfügte er über das intellektuelle Potential eines Aurel Stein; daß er trotzdem in eine Reihe zu diesen aufstieg, lag vor allem an seinem Fleiß und der Kunst, zweimal zur rechten Zeit am richtigen Ort zu sein. Das erste Mal geschah dies in der russischen Kleinstadt Sloboda, wo Koslow aufwuchs und wo er eines Tages Przewalskij gegenüberstand, der sich dort einen Landsitz gekauft hatte. Der erst 19jährige Koslow ließ diese einmalige Gelegenheit nicht ungenutzt verstreichen. Ohne Umschweife gestand er ihm, daß es sein sehnlichster Wunsch wäre, so wie er ein Forschungsreisender zu werden. »Besuchen Sie mich mal, junger Mann, ich möchte mit Ihnen sprechen«, hatte Przewalskij darauf geantwortet. Dem ersten Besuch folgten weitere, später zog er in sein Haus, und an einem Frühlingsabend des Jahres 1882 sprach Przewalskij jenen Satz, der Koslows weiteres Leben entschied: »Auf meiner nächsten Reise sollen Sie mich begleiten.«

Ein ähnliches Gespür für die Gunst der Stunde hatte Koslow nur noch einmal; das war 25 Jahre später und inmitten der Gobi. Koslows Weg bis zur Sternstunde seines Lebens war gekennzeichnet von vergeblichen Versuchen, nach Lhasa vorzudringen. Ähnlich wie Przewalskij zuvor, scheiterten auch seine Ambitionen an der abweisenden Landesnatur und am Widerstand der Tibeter. Einmal gelang es ihm, über den Oberlauf des Yangtse und den Oberlauf des Mekong bis zur Stadt Chamdo zu marschieren. Hier verlief damals die Grenze zwischen dem von China kontrollierten Gebiet und dem Herr-

Pjotr Koslow (1863–1935).

Der Mongolenfürst Baldynsassak mit seinen Dienern.

schaftsbereich der Lhasa-Regierung. Und hier hieß es endgültig: »Halt! Keinen Schritt weiter!« Mit äußerster Entschlossenheit traten die Tibeter der Expedition in den Weg und erwehrten Koslows Karawane den Weitermarsch nach Lhasa. Eine eigens von der tibetischen Hauptstadt entsandte Delegation überbrachte Koslow den Befehl der Regierung des Dalai Lama, in dem es hieß, keinen Europäer durchzulassen, wer es auch sei. »Das Schreiben machte auf uns einen tiefen Eindruck. Wir alle wollten, wenn nicht nach Lhasa, so doch wenigstens bis zum Brahmaputra. Die Enttäuschung war um so schwerer, als wir diesen Gedanken während der ganzen Reise gehegt und darum alle Mühseligkeiten und Entbehrungen leicht ertragen hatten.« So blieb ihnen keine andere Wahl, als auf demselben beschwerlichen Weg wieder zurückzukehren, auf dem sie gekommen waren.

Ein Teilerfolg war ihm vergönnt. Wenn er schon nicht die Residenz des Dalai Lama besuchen konnte, den Gottkönig selbst, sollte er sehen. Die politische Entwicklung in Tibet machte dies möglich. Im Jahre 1904 war eine britische Armee unter Oberst Younghusband in Tibet einmarschiert. Die dürftig bewaffneten tibetischen Truppen konnten keinen nennenswerten Widerstand leisten, und der Dalai Lama zog es vor, lieber zu fliehen, als in die Hände der Briten zu fallen. Unter dem Einfluß seines engsten Beraters, des Burjaten Dorjiew, begab er sich in die Mongolei. In Urga, dem lamaistischen Zentrum mit seinen großen Klöstern, Tempeln und Tausenden Mönchen, wurde er mit stürmischer Begeisterung aufgenommen. Die russische Regierung sah eine willkommene Gelegenheit, mit dem Herrscher Tibets Kontakt aufzunehmen, und schickte zu diesem Zweck einen offiziellen Gesandten: Er hieß Pjotr Koslow. Der Dalai Lama machte einen tiefen Eindruck auf Koslow. »Dieser Tag war für mich der glücklichste von allen, die ich je in Asien zugebracht hatte«, schwärmte er später. Und er fühlte sich seinem Lebensziel näher denn je, als der Dalai Lama zum Abschied zu ihm sagte: »Ihnen steht Lhasa offen.«

Aber die Wege, die zum Ziel führen, sind oft verschlungen, manchmal ist auch das Ziel nur eine Etappe, hinter dem etwas anderes, ganz Unvermutetes sichtbar wird; häufig sind es – rückblickend betrachtet – scheinbar kleine Zufälligkeiten, die dem Weg die Richtung geben. Im Falle von Koslow war es die Begegnung mit einem Mongolenfürsten namens Baldynsassak.

Selbstverständlich hatte Koslow nach dem Besuch beim Dalai Lama eine neue Expedition geplant, und selbstverständlich hieß das Ziel Tibet. Diesmal wollte er von Urga aus auf einer neuen Route die Gobi durchqueren und dann über das Nanshan-Gebirge nach Tibet eindringen. Nachdem sie ein dem mongolischen Altai zugehörendes Bergmassiv überquert hatten, schlugen sie ihr Lager bei den Jurten des Steppenfürsten Baldynsassak auf. Von ihm erfuhr Koslow, daß weiter südlich, unweit des Edsin Gol, eine alte, völlig vom Sand eingeschlossene Ruinenstadt liege. Khara Khoto, wie die Stadt hieß, wurde bereits von Marco Polo erwähnt, und vor Koslow hatten schon andere russische Forscher nach ihr gesucht, aber die am Edsin Gol lebenden Hirten bestritten die Existenz der Ruinen. Baldynsassak berichtete ihm, daß mehrere seiner Männer die alte Stadt selbst besucht hätten, aber er wüßte, daß die in der Nähe lebenden »Torguten« das Geheimnis darüber streng hüten. Er empfahl Koslow, sich mit dem dortigen »Beile«, dem Führer der lokalen

»Torguten«, in gutes Einvernehmen zu setzen.
Der Mongolenfürst gab Koslows Karawane bis zum nächsten Brunnen das Geleit. Beim Abschied flüsterte er ihm noch zu: »Ich bin überzeugt, daß du nach Khara Khoto kommen und dort viel Interessantes sehen wirst.« Danach überquerten sie eine gebirgige Steppe, später öde Kies- und Schotterflächen, schließlich tauchten am Horizont mächtige Sandberge auf, die den Rand der Alashan ankündigten. Davor aber blinkte ein schmaler Silberstreifen in der Abendsonne. Es war der Wasserspiegel des Sogo Nor, einer der beiden abflußlosen Seen, die der Edsin Gol speist. Die vielen ausgetrockneten Flußarme, das Schilf, die salzverkrusteten Seen, das alles erinnerte ihn an den Lop Nor. Kaum hatten sie den See hinter sich, brach ein Inferno los: »Über die Ebene zogen sich lange Sandbänder hin, die an die russischen Schneestürme erinnerten. Nicht nur feiner Staub, sondern sogar große Sandkörner flogen durch die Luft und peitschten den Kamelreitern schmerzhaft ins Gesicht. Von den Kämmen der am Wege liegenden Barchane wurden Massen von Sand herabgeweht und veränderten dadurch deren Profile.« Nur mit Mühe konnten sie das Lager des »Torgut-Beile« finden.
Dieser zeigte sich am Anfang sehr abweisend, aber nach einiger Zeit änderte er sein Verhalten und versprach Koslow, kundige Führer zu den Ruinen von Khara Khoto und für den Marsch entlang der Alashan-Wüste zu stellen.
Koslow konnte den Aufbruch kaum erwarten. »Wie oft hatten wir von Khara Khoto und seinen geheimnisvollen Schätzen geträumt! Jetzt endlich waren wir unserem Ziel ganz nahe.« Nachdem sie die letzten Galeriewälder des Edsin Gol hinter sich gelassen hatten, breitete sich vor ihnen die Wüste aus. Sie bewegten sich durch weite, kahle Ebenen, aus denen einzelne Hügel ragten, die mit Tamarsiken bewachsen waren. Aus dem Dunst tauchten seltsame schlanke Türme auf und nahmen schnell Gestalt an. Suburgane, buddhistische Reliquienschreine standen als stumme Zeugen einer längst vergangenen Kultur in der flimmernden Hitze. Sie säumten einst den Weg nach Khara Khoto. Auch für Koslow und seine Gruppe waren sie willkommene Wegweiser. Endlich sahen sie auch Khara Khoto selbst: spitze Türme und Zacken, die sich über einer mächtigen Mauer erhoben. »Sie liegt auf einer niedrigen Terrasse…, nachdem wir aber zur Terrasse emporgestiegen waren, bot sich uns Khara Khoto in seiner ganzen äußeren Herrlichkeit dar.« Von allen Seiten wurden die Mauern der Stadt hart von der Wüste bedrängt, und auch im Inneren war die Versandung weit fortgeschritten. Koslow und seine Männer betraten die tote Stadt durch ihr Westtor. Hier stießen sie auf einen quadratischen Platz, der von Gebäuderuinen – in verschiedenen Stadien ihres Verfalls – umschlossen war. Nachdem sie inmitten der Ruinenstadt ihr Lager aufgeschlagen hatten, »überkam uns ein Gefühl gespannter Erwartung, womit wir wohl belohnt würden, wenn wir in dieser Umgebung unsere Beobachtungen und Ausgrabungen durchführten«, wie sich Koslow ausdrückte. Ihre Erwartungen wurden nicht enttäuscht. Schon nach wenigen Tagen türmte sich im Lager ein Haufen von verschiedenen Fundgegenständen. Die Bücher, Handschriften, Münzen, Bildwerke und Schmuck, die sie aus den Ruinen geborgen hatten, füllten zehn Kisten. Länger zu bleiben, um weitere Grabungen durchzuführen, ließ die absolute Wasserlosigkeit nicht zu. Ihre vom Edsin Gol mitgebrachten Wasserreserven hatten sich, trotz strenger Rationierung, erschöpft. »Nur ungern trennten wir uns von ›unserem‹ Khara Khoto, wie wir es nannten. Wir hatten es kennengelernt, hatten uns eingelebt und an seine verborgenen Geheimnisse gewöhnt, die sich für uns ein wenig gelüftet hatten.«
Koslow konnte mit seinem ersten Besuch in der »Schwarzen Stadt« durchaus zufrieden sein. Beim Lager des Torgut-Beile wurden die Schätze sortiert und gut verpackt. Einige Proben schickte Koslow mit einem ersten Bericht sofort nach St. Petersburg. Der Beile versprach auch weiterhin zu helfen, und als ein Lama noch aus dem verkohlten Schulterblatt eines Hammels las, daß ihnen weitere reiche Funde in Khara Khoto bevorstünden, zogen sie bald wieder hoffnungsvoll der Stadt in der Wüste entgegen. Der Lama hatte sich nicht getäuscht; weitere Grabungen brachten auch weitere Funde. Jeder Erfolg beflügelte, »jeder wollte irgend etwas Besonderes, noch nie Dagewesenes finden.« Nach einigen Tagen hatten sie eine ganze Kollektion weiterer Funde ihrer Sammlung einverleibt. Damit war ihr Aufenthalt in Khara Khoto, der »schöne Traum«, wie ihn Koslow nannte, zu Ende gegangen. Vor ihnen lag die »wenig verlockende« Alashan-Wüste, die sich rund 600 Kilometer nach Südosten hin erstreckte. Koslow verglich sie mit einer Art trockenem Ozean aus Sand und Stein, durchfurcht von Bergketten und Hügeln, die ihn an Meereswogen erinnerten. Das trifft wohl auf den Randbereich zu, aber nicht auf das Innere der Wüste, das Koslow nie sah. Seine Karawane folgte einer historischen Route, die einst Khara Khoto mit dem Zentrum des Königreiches Xixia, dem heutigen Ningxia, verband. Aber schon bald verloren sich die Spuren des alten Karawanenweges völlig im Treibsand der Alashan.

Der 13. Dalai Lama, von Koslow fotografiert.

»Unsere Karawane geriet manchmal in ein langes, enges Labyrinth von Barchanen, irrte eine Weile darin umher und suchte den kaum sichtbaren, vom Winde verwehten Pfad zu finden. Inmitten des Sandes sah man auf den herausragenden Stellen hier und da Obos, die von den Mongolen aus Saxauläsmten errichtet waren. Zwischen den Barchanen lagen stellenweise kahle glänzende Flächen mit einem Anflug von Salz oder mit grobkörnigeren Sandriffeln, bisweilen auch halbmondförmige, mit Wasser angefüllte Vertiefungen.«

Tag für Tag zog die Karawane in gleichförmigem Trott unter der Gluthitze dahin. Obwohl erst Mitte April, heizte sich die Sandoberfläche tagsüber bereits auf 45 Grad auf. Die Dünen erreichten höchstens eine Höhe von 70 bis 100 Metern und blieben damit weit unterhalb der gigantischen Dimension, der ich später im Inneren der Alashan gegenüberstehen sollte. Koslows Karawane folgte im wesentlichen jenem Weg durch den nordöstlichen Randbereich der Alashan, der heute durch eine Militärstraße erschlossen ist. Bisweilen wichen die Sandberge ganz zurück und gaben einen Blick frei auf die unendliche Weite der Gobi, dann wieder traten sie beängstigend dicht zusammen. Für Koslow wirkte die Wüste äußerst niederdrückend, ihre Eintönigkeit und Leblosigkeit führe selbst bei der stärksten Natur auf die Dauer zu Schwermut, Apathie und Nachlassen der Willenskräfte. Nach 25 Marschtagen hatten sie das alte »Hanhai« durchquert und waren in Tingjuanjing eingetroffen, dem mongolischen Bayan Hot. Jetzt bewegte er sich wieder auf bekannten, das heißt bereits von Przewalskij begangenen Wegen. Mit dreißig frischen, aufgefütterten Kamelen verließ Koslow mit seiner Karawane die Stadt, überquerte den Gansu-Korridor und das Nanshan-Gebirge und erreichte Mitte August die große Gelbmützen-Lamaserei Kumbum. Hier erfuhr er, daß sich der Dalai Lama gerade in Peking aufhielt und in absehbarer Zeit auf seinem Rückweg nach Tibet an diesem Kloster vorbeikommen würde. Die Hoffnung auf ein Wiedersehen mit dem Dalai Lama bewog ihn, seinen Vorstoß in Richtung Kham (Osttibet) zu verschieben und statt dessen in der Nähe von Kumbum auf seine Ankunft zu warten. Eine Entscheidung, die sich als Glücksfall erwies. Denn am 19. Dezember trafen ganz unerwartet russische Gesandte ein. Sie überbrachten Koslow einen Brief der Geographischen Gesellschaft, in dem es hieß, daß die in Khara Khoto gemachten Funde so interessant seien, daß er ehestmöglich nach Khara Khoto zurückkehren und für weitere Grabungen keine Ausgaben scheuen solle. »Ehestmöglich« bedeutete: im Frühjahr des nächsten Jahres.

Die verbleibende Zeit nutzte Koslow für einen Trip durch das Amdo-Land. Dabei besuchte er die Klöster Labrang und Ragya Gompa am Ufer des Gelben Flusses.

Wie ein Lauffeuer verbreitete sich die Kunde vom Heranrücken der Karawane des Dalai Lama, und als diese Anfang März in Kumbum eintraf, pilgerte auch Koslow zum altehrwürdigen Kloster. Wie bereits in Urga verlief auch diesmal die Audienz beim Dalai Lama für Koslow sehr erfreulich, und zum Abschied erneuerte das Oberhaupt Tibets seine Einladung nach Lhasa, die er schon beim ersten Treffen in der mongolischen Hauptstadt ausgesprochen hatte.

Danach brach Koslow unverzüglich nach Khara Khoto auf. Unterwegs erfuhr er, daß zehn Kilometer östlich der versunkenen Stadt ein guter Brunnen lag. Dort, so wurde ihm berichtet, hätten Mongolen wiederholt vergoldete Figuren und andere wertvolle Dinge ausgegraben. Es wurde ihm geraten, seine Aufmerksamkeit besonders der östlichen Umgebung der »Schwarzen Stadt« zuzuwenden.

Wiederum durchzog die Expedition das östliche, bereits bekannte Randgebiet der Alashan-Wüste, wiederum fand Koslow diesen südlichen Teil der Gobi so niederdrückend, daß man leicht verrückt werden könnte. Nach 21 Tagen Wüstenmarsch ohne Unterbrechung tauchten aus dem Staubdunst die sandumfluteten Mauern von Khara Khoto auf. »Während unserer Abwesenheit hatte niemand mein geliebtes Khara Khoto besucht«, stellte Koslow befriedigt fest, »die Ruinen waren noch in demselben Zustand, wie wir sie verlassen hatten.« Das sollte sich bald ändern.

Die tote Stadt wurde lebendig: Menschen bewegten sich zwischen den Ruinen, Staubfahnen hingen wie Rauchsäulen über den Stellen, an denen gegraben wurde, täglich wurde auf Eselsrücken Trinkwasser vom Edsin Gol herangeschafft. Trotz der Anstrengungen war die Bilanz nach einer Woche eher enttäuschend. Die erhofften Schätze hatte der Sand nicht preisgegeben.

Schließlich wandte sich Koslow einem Suburgan zu, der außerhalb der Stadtmauern, am Ufer des ausgetrockneten Flußbettes, stand. Der ungefähr zehn Meter hohe Reliquienschrein ruhte auf einem quadratischen Unterbau, dem ein etwas kleinerer Mittelteil aufgesetzt war, gekrönt von einer kegelförmigen, halbverfallenen Spitze. Daraus ragte ein abgebrochener, hölzerner Mast. Schon die erste Grabung war ein Volltreffer. Sie stießen auf ungeahnte Schätze. Koslows Männer, alles andere als professionelle Archäologen, trugen nun Schicht für Schicht ab, ohne darüber genaue Aufzeichnungen zu machen, und »warfen« die Funde auf einen Haufen. Der Schrein enthielt eine Grabkammer mit den

Einen großen Teil der Figuren, die Koslows Männer in diesem Stupa ausgruben, konnte seine Karawane nicht tragen. Er ließ sie in einem sicheren Versteck zurück – seitdem sind die Figuren verschwunden.

sterblichen Überresten einer etwa 50jährigen Frau. In dieser Kammer fanden sich auch die kostbarsten Zeugnisse vom Glanz des alten Khara Khoto – eine Reihe sitzender Figuren, durch das trockene Wüstenklima hervorragend konserviert. »Sie waren mit dem Gesicht nach innen gekehrt und ähnelten Lamas, die vor den großen handgeschriebenen Blättern in der Xixia-Schrift ihren Gottesdienst abhielten. Diese Handschriften lagen zu Hunderten übereinander.«

Von den Torguten, die Koslow fortwährend befragte, ob es nicht irgendwo weitere alte Ruinen gäbe, erfuhr er von der Existenz der »Grünen Stadt« – von Boro Khoto. Ihre Überreste sollten angeblich etwa 20 Kilometer nordöstlich von Khara Khoto im Sand ruhen. Aber Koslow blieb keine Zeit mehr für neue Grabungen. Es war höchste Eile geboten, den Rückweg anzutreten. Auch mußte er beim Bepacken der Tragtiere feststellen, daß der Umfang der Funde die Kapazität seiner Karawane weit überstieg. So beschloß er, die größten der Tonstatuen in einem Versteck in Khara Khoto zurückzulassen, um sie bei der nächsten Expedition mitzunehmen. Eine trügerische Hoffnung, denn sie verschwanden spurlos. Weder im Zuge der Expedition von 1923 noch bei seinem lezten Besuch im Jahre 1926 gelang es, sie wieder aufzufinden. Es scheint, als hätte Koslow diesen unersetzlichen Verlust vorausgeahnt, als er zum Abschied die prophetischen Worte formulierte: »Je weiter wir uns von der toten Stadt entfernten, um so mehr überkam mich eine unbewußte Traurigkeit. Mir war, als ob in diesen toten Ruinen etwas zurückgeblieben wäre, das mir lieb und teuer war und mit dem mein Name künftig unlöslich verknüpft sein wird, irgend etwas, von dem man sich nur schweren Herzens trennt.«

Durch Asiens Wüsten

Im Jahre 1914, also zwischen den Expeditionen von Koslow, besuchte Sir Aurel Stein die »Schwarze Stadt«. Für den erfolgsgewohnten Schatzsucher im Dienste Englands gab es hier nicht mehr viel zu holen. So war Steins Khara Khoto-Exkursion nur eine unbedeutende Episode in seinem Forscherleben. Seine Domäne blieben die Takla Makan und ihre Randgebiete, dort hatte er viel früher schon reiche Funde gemacht.

Noch einer aus der Gilde europäischer Zentralasienforscher mochte Khara Khoto nicht auslassen, der bekannteste und erfolgreichste von allen. Die Rede ist von Sven Hedin. Mit seiner sino-schwedischen Expedition erreichte er im Jahre 1927, knapp nach Koslows letztem Besuch, die Ruinenstadt.

Es ist hier kein Platz, um auch nur annähernd Hedins Leben als Forscher zu umreißen. Allein der gedruckte Niederschlag seiner Aktivitäten in Zentralasien und Tibet ergibt eine kleine Bibliothek. Deshalb richtet sich das Augenmerk nur auf jene Unternehmungen Hedins, die mit der Wüste Gobi und der Mongolei zu tun haben. Im Gegensatz zur Takla Makan, der Hedin seine ersten, recht fatalen Wüstenerfahrungen verdankte, stand die Gobi am Ende seiner Wege durch Asiens Wüsten. Spontan hatte er sich als Dreißigjähriger auf das Abenteuer der Takla Makan eingelassen, und nur mit Mühe ist er lebend wieder herausgekommen. Dreißig Jahre später gebot er wie ein Heerführer über eine Mammutexpedition, deren Ziel es war, die Gobi zu erobern. »Der geschlossenste, in einem Block zusammenhängende Teil der Erdoberfläche war unser Kriegsschauplatz«, mit diesen martialischen Worten führte Hedin die Leser in sein Buch »Rätsel der Gobi« ein. In diesem Stil ging es weiter. Da ist von schweren Kämpfen mit Mensch und Natur die Rede, von Unterwerfung ganzer Gebiete und umfassender Eroberung. Da kann es einem angst und bange werden, und man denkt unwillkürlich an Francis Younghusband, der sich den Weg nach Lhasa freigeschossen hat. Aber zum Glück gab es bald Entwarnung, denn schon ein paar Seiten weiter erfährt man, daß Hedin keine Armee befehligte, sondern nur eine mit wissenschaftlichen Instrumenten ausgerüstete Truppe von Feldforschern. Die sino-schwedische Expedition 1927–1935, mit deutscher Beteiligung, war Hedins letztes großes Unternehmen in Asien. Alles war generalstabsmäßig wie ein Feldzug geplant. Demnach sollte die Expedition, in einzelne Gruppen aufgesplittert, diesen ungeheuren Raum durchstreifen und die Gobi in all ihren Facetten erforschen. Angelpunkt und zugleich Basis der Großexpedition war das »Hotel Larson«, wie es Hedin nannte, der fürstliche Sitz eines Schweden, der als »Herzog der Mongolei« weithin bekannt war.

Obgleich das aufwendige Unternehmen mit großen bürokratischen Hürden zu kämpfen hatte, gelangen einige spektakuläre Erfolge. Zu den Höhepunkten gehörte die Durchquerung der Inneren Mongolei von Baotou über den Gashun Nor nach Hami. Sie folgten damit einer alten Variante der Seidenstraßen, die längst in Vergessenheit geraten war. Diese Nordroute entstand im 6. Jahrhundert. Sie zweigte in Hami vom Hauptweg ab, führte quer durch die Wüste zum Unterlauf des Edsin Gol, vorbei an Khara Khoto, entlang dem nördlichen Rand der Alashan-Wüste nach Datong und weiter nach Osten bis Korea.

Hedins Gruppe, die den alten Karawanenweg in westlicher Richtung folgte, durchzog zunächst wasserreiche Steppe. Das sollte sich bald ändern. Nachdem sie den Edsin Gol

»Als wir im Sommer 1927 unsere Heerfahrt in die Wüste Gobi begannen, in der Absicht, neue Eroberungen im Dienste der Forschung zu machen« (die Mannschaft der sino-schwedischen Expedition vor ihrem Aufbruch in die Gobi).

Zimmermann (rechts) und der chinesische Student Ma (links) in ihrem Lager am Edsin Gol.

überschritten hatten, gelangten sie immer tiefer hinein in eine Extremwüste, die jenseits ihrer Vorstellungswelt lag. Wochenlang irrten sie als Gefangene der Wüste und ihrer eigenen Ängste umher. Für die Welt draußen gab es keinen Zweifel, daß sie verloren waren, und als die Totgeglaubten in Hami eintrafen, war von der stattlichen Karawane nur noch ein armseliger Rest übrig. »Die Wüste war entsetzlich«, urteilte der Chinese Yuan, der die Expedition als Paläontologe begleitet hatte. Keine Menschenseele war ihnen begegnet, auch von Relikten der Seidenstraße, die sie zu finden hofften, fehlte jede Spur. Mit leeren Händen waren sie trotzdem nicht zurückgekommen. Die öde Wüste bewahrte einen ganz anderen, unerwarteten Schatz der Vergangenheit: fossile Überreste von Sauriern. Die Funde bedeuteten eine Sensation. Eine französische Zeitung meldete sogar: »Sven Hedin gibt bekannt, daß Professor Yuan, ein chinesischer Geologe und Teilnehmer der Expedition, dreißig lebende ausgewachsene Dinosaurier gefunden hat... Es ist das erstemal, daß man lebende Vertreter dieser Tiere entdeckt hat, die aus der Jura stammen, das heißt einem Zeitalter vor mehreren Millionen Jahren.«

Während ein Teil der Expedition die eben geschilderte Wüstendurchquerung durchführte, blieben andere am Edsin Gol zurück. Ihre Aufgabe war es, dort dauerhaft eine Forschungsstation einzurichten. Zum erstenmal sollten in der Gobi langfristige Beobachtungen und Messungen durchgeführt werden, von denen man sich vor allem Aufschlüsse über Klima und Geologie erwartete. Außerdem diente die Station als Basis für Exkursionen zum Gashun Nor oder nach Khara Khoto. Versorgt wurde das exponierte Camp von in der Umgebung lebenden Mongolen. Die seelsorgerische Betreuung übernahm der lokale Lama. Von den dramatischen Ereignissen, die ihnen bevorstanden, ahnte zu diesem Zeitpunkt noch niemand etwas. Zunächst verlief alles nach Plan. Die drei Männer – Söderbom, Zimmermann und der Chinese Ma – richteten sich so gut es ging ein. Den lokalen Gegebenheiten entsprechend wohnten sie in mongolischen Jurten und Zelten. Die ersten Tage und Wochen vergingen wie im Flug. Die Zeit war ausgefüllt mit wissenschaftlichen Studien und den täglich anfallenden Routinearbeiten. Dann brach der grimmige Winter über das Land herein. Die wenigen Besuche, die sie erhielten, blieben ganz aus, und sie hatten das Gefühl, völlig von der Außenwelt abgeschnitten zu sein.

Um so mehr traf es sie wie ein Blitz aus heiterem Himmel, als eines Tages ein Kurier ins Lager ritt. Er überbrachte einen Brief der chinesischen Behörden in Suchou, den Ma laut vorlesend übersetzte. Der Inhalt war mehr als beunruhigend. Ohne Nennung von Gründen wurde ihnen befohlen, die Provinz Gansu sofort zu verlassen. Jetzt war guter Rat teuer. Sollten sie den Spuren der anderen nach Hami folgen und die Station preisgeben? Das hätte womöglich den Untergang der Karawane bedeutet, denn die Tiere waren viel zu schwach, um einen derartigen Wüstenmarsch durchzustehen. Um frische Kamele zu kaufen, fehlte das Geld. Schließlich entschlossen sie sich, den Behörden in Suchou einen Brief zu schreiben, worin sie erklärten, die Station nicht verlassen zu können. Da sie vermuteten, daß man sie als Spione verdächtigte, fügten sie noch hinzu, daß die Behörde jemanden schicken möge, um sich zu überzeugen, daß sie nur wissenschaftliche Ziele verfolgten. Schon wenige Wochen später erschien ein Beamter der Provinzregierung aus Suchou, der das Lager samt Gepäck und Instrumentarium einer eingehenden Prüfung unterzog. Als er aber die Wasserstoffgaszylinder erblickte, die er für Kanonen hielt, gab es für ihn keinen Zweifel mehr, daß es sich nur um die Vorhut einer Invasionsarmee handeln konnte. Nach einem kurzen Verhör erklärte der Beamte, er habe den Auftrag, die gesamte Besatzung der Station nach Suchou zu bringen. Sollten sie sich weigern, müßten alle mit Hab und Gut und den Kamelen westwärts nach Hami, in die Provinz Ostturkestan (Xinjiang) weiterziehen. Zimmermann ließ Ma übersetzen, daß sie keinesfalls die Station verlassen würden, aber erst nach zähen Verhandlungen gab sich der Beamte damit zufrieden, Ma als Geisel mitzu-

nehmen. Monatelang hatten sie von dem jungen Chinesen nichts mehr gehört. Und als endlich eine Nachricht eintraf, kam wenig Freude auf. Aus ihr ging hervor, daß Ma in der Zwischenzeit als Gefangener nach Lanzhou, in die Provinzhauptstadt, gebracht worden war.

Eines Tages traf eine weitere chinesische Delegation ein, diesmal mit bewaffneter Eskorte. Sie hatte den Auftrag, die beiden Fremden zu verhaften und notfalls mit Gewalt nach Suchou zu bringen. Als sie aber sahen, daß Zimmermann entschlossen war, die Station mit Waffen zu verteidigen, gaben sie sich zufrieden, wenn Söderbom mitgehe. Für den Zurückgebliebenen wurde das Leben in der Station immer unerträglicher. Die Verdächtigungen und Gerüchte der Chinesen hatten zur Folge, daß nun auch die Torguten die Station und den Kontakt mit dem Fremden mieden, als hätte er eine schlimme ansteckende Krankheit. Nur ein einziger Freund war ihm geblieben, ein Gegen, ein inkarnierter Lama, der ein paar Kilometer entfernt in seiner Tempeljurte unter den Torguten lebte. Als die Torguten sahen, daß der fromme Mann keine Vorbehalte zeigte, mit dem Europäer zu verkehren, änderten sie wieder ihre abweisende Haltung und boten Zimmermann ihre Dienste an.

Allmählich wurde es für Zimmermann kritisch. Der harte Winter hatte die Kamele weiter dezimiert, und nun begannen auch die Lebensmittelreserven knapp zu werden. Die Geldmittel waren längst erschöpft. Da tauchten zwei Reiter zwischen den Pappeln auf. Es waren Ma und Söderbom. Nun war die Station gerettet, und Söderbom konnte endlich seine lange geplante Exkursion zum Gashun Nor unternehmen.

Nicht lange nachdem Söderbom abgereist war, fiel Zimmermann erstmals auf, daß mit Ma etwas nicht in

Ordnung war. Von Tag zu Tag wurde sein Verhalten merkwürdiger. Immer öfter verfiel er in Grübeleien und Selbstmitleid. Er konnte nicht mehr schlafen, litt an Angstzuständen, und in seiner Verzweiflung pflegte er zu sagen: »Wenn ich in den Spiegel schaue, sehe ich den Teufel. Ich selbst bin der Teufel.«

»Wer sich zu lange in dieser Wüste aufhält, der wird verrückt«, hatte Koslow behauptet. Ma schien nun in dieses Stadium eingetreten zu sein. Zimmermann versuchte ihm zu helfen, übertrug ihm verschiedene Arbeitsaufgaben und hoffte damit, ihn von seinen selbstzerstörerischen Gedanken abzubringen. Vergeblich.

»Ich laufe in die Wüste hinaus, ich halte es nicht länger aus«, klagte er. Sein Zustand wurde immer schlimmer. Zimmermann schlug ihm nun vor, mit seinem Diener über Suchou und Ningxia nach Hause zu reisen. Dieser Plan schien ihm zu gefallen, und schon am folgenden Tag erklärte er: »Ich breche heute auf und lege nur zehn Kilometer zurück, seien Sie so gut und senden Sie mir die Briefe, die Sie noch nicht geschrieben haben, durch einen Diener nach.«

Das Packen und Aufladen geschah mit großer Hast. Zuletzt verlangte er noch eine Axt. In Begleitung seines Gehilfen Dotscha und von sechs Kamelen, die das Gepäck trugen, brach er zu seiner schicksalhaften Reise auf.

Am nächsten Morgen sandte Zimmermann, wie versprochen, einen Diener mit Briefen nach. Als dieser im Lager ankam, stürzte Ma schäumend vor Wut und mit hoch erhobener Axt auf ihn los. Er begriff sofort, daß es um sein Leben ging und rannte so schnell er konnte dem Wald zu. Die drohende Gefahr verdoppelte seine Kräfte, und erst als er merkte, daß Ma zurückgeblieben war, wagte er sich umzublicken. Da sah er, wie der Wahnsinnige stehen-

blieb und sich in entsetzlicher Weise mit der Axt selbst zerfleischte. In seinem Schock lief der Diener barfuß die 20 Kilometer zurück zur Station. Es begann bereits zu dämmern, als er mit blutigen Füßen und völlig außer Atem im Lager ankam. Am nächsten Morgen brachen sie dann mit Verbandzeug und Arzneimittel ausgerüstet zum Unglücksort auf. Noch immer hegte Zimmermann die Hoffnung, daß auch Mas Gehilfe Dotscha dem Amokläufer entkommen sei. Als sie sich dem Lagerplatz näherten, sahen sie, daß das Zelt abgebrannt war. Zwischen den verkohlten Resten aber lag der versengte Körper des ermordeten Dotscha. Nicht weit davon entfernt lag die Leiche des Chinesen, von grauenvollen Wunden entstellt.

Das Drama am Edsin Gol bedeutete auch das Ende der Forschungsstation. Zwar wurde ein beträchtlicher Teil der wissenschaftlichen Instrumente dem lokalen Torgutenführer zur Aufbewahrung treuhänderisch übergeben, für den Zeitpunkt, wie

»Unermeßlich, unübersehbar breitete sich das Innerste Asiens vor uns aus, schwindelnd weite Entfernungen mußten die Kamele langsamen, taktfesten Schrittes zurücklegen« (Sven Hedin in Zentralasien).

»Im Winter im offenen Auto durch die Mongolei zu fahren, ist nämlich ein recht erfrischendes Unternehmen, besonders wenn es windig ist – und es ist oft windig« (sino-schwedische Expedition 1928–1930).

man hoffte, an dem die Station wieder besetzt würde, aber diese Hoffnung sollte sich nicht mehr erfüllen. Hedin war sich aber sicher, daß die Chinesen die Station übernehmen und die von seiner Expedition begonnenen Forschungen fortsetzen würden. Da sollte er sich nicht täuschen, denn die »Forschungen« am Edsin Gol wurden von den Chinesen tatsächlich fortgeführt, allerdings auf etwas anderem Gebiet, als Hedin glaubte. Heute verläuft ein Schienenstrang entlang des längst ausgetrockneten Edsin Gol-Flusses. Er endet an einer der wichtigsten chinesischen Raketenbasen am nordwestlichen Rand der Alashan-Wüste. Auf dieser Bahnlinie, die ausschließlich vom Militär genutzt wird, werden Raketen zu Testzwecken und wohl auch zu ihren geheimen Stellungen transportiert.

Hedins Expedition fiel bereits in eine Zeit, in der auch in Zentralasien moderne Fortbewegungsmittel, wie die Eisenbahn und vor allem das Auto, das »Wüstenschiff« allmählich verdrängten. Von Peking führte bereits ein Schienenstrang über Datong und Hohhot bis Baotou. Die Russen waren dabei, die mongolische Hauptstadt Urga bzw. Ulan Bator, wie es nach der Machtübernahme durch die Kommunisten hieß, an das Eisenbahnnetz anzubinden. Jahrtausendealte Karawanenwege wurden nun zu Straßen, auf denen zuerst Droschken und später Autos rollten. In Paris bereitete sich eine Expedition vor, die den gesamten Weg nach Peking erstmals mit Fahrzeugen bewältigen wollte.

Auch Sven Hedin, der Tausende Kilometer in Tibet und Zentralasien im beschaulichen Tempo zurückgelegt hatte, das Yaks oder Kamele vorgaben, stieg auf »Pferdestärken« um. Gemeinsam mit seinem Gefährten Hummel durchquerte er weite Teile der südöstlichen Mongolei in einem offenen Wagen. Sein Ziel war es, für einen reichen Gönner zwei komplette buddhistische Tempel und eine ganze Sammlung ethnographischer Gegenstände zu erwerben.

Die politische Entwicklung in diesem Teil der Mongolei (heute Innere Mongolei) begünstigte dieses Vorhaben. Immer mehr chinesische Siedler strömten in das angestammte Land der Mongolen, immer weiter rückten die Fronten vor. Einstmals war die Große Mauer die Grenze zwischen China und der Mongolei. Nun wurde der Raum für die Mongolen, die mit ihren beweglichen Behausungen – den Jurten – auf den Grassteppen umherzogen, immer kleiner. Die Mongolen mußten immer weiter nach Norden zurückweichen, um weiterhin ihr traditionelles Leben führen zu können. Die Jurten mit dem zusammenklappbaren Holzgerüst konnte man einfach abbauen, zerlegen und auf Kamelrücken transportieren. Die Klöster und Heiligtümer dagegen mußten zurückgelassen werden. Nachdem die Mönche mit den Gläubigen fortgezogen waren, verwaisten und verfielen die Tempel. Was nicht mitgenommen werden konnte, wurde geplündert oder mutwillig zerstört. Immer wieder traf Hedin auf solche Relikte unaufhaltsamen Verschwindens. Manche der verfallenden Heiligtümer wurden von den chinesischen Siedlern als Ställe oder Lagerräume benutzt. Andere, erst kürzlich aufgelassene Tempel, befanden sich noch in gutem Erhaltungszustand. Solche waren es, nach denen er suchte.

Der Druck chinesischer Siedler auf das Land der Mongolen war nur der Vorbote viel bedrohlicherer Ereignisse, die den Erben Chinggis Khans bevorstanden. Dunkle Wolken hatten sich über dem Himmel zusammengebraut, und die Zeichen standen eindeutig auf Sturm. Die mongolischen Fürsten – untereinander zerstritten – waren zu schwach, um sich gegenüber China und Rußland behaupten zu können. Die nördlichen Chalkha-Mongolen hatten zwar einen eigenen Staat ausgerufen, aber ihre Unabhängigkeit konnten sie nicht bewahren. Aus Urga wurde Ulan Bator, die Stadt der »Roten Helden«, und aus dem Traum vom neuen mongolischen Reich nur ein Satellitenstaat der Sowjetunion. Den mongolischen Brüdern im Süden ging es nicht besser. Unweigerlich gerieten sie in den Sog der dramatischen Ereignisse, die den Untergang der Mandschu-Dynastie begleiteten.

Die Schwäche Chinas ließ bei den mongolischen Steppenfürsten wieder die Erinnerung an ihre glanzvolle Vergangenheit aufleben, als ihre Vorväter auf den Rücken ihrer Pferde die halbe Erde eroberten. Chinggis Khan war längst zu einer mythenumrankten Figur geworden und unter dem Einfluß des tibetischen Buddhismus in den Götterhimmel entrückt.

Auch andere buddhistische Überlieferungen beschäftigten in diesen Tagen die Mongolen. »Immer öfter hörte man die Leute von ›Sjambal‹ sprechen«, berichtet Leutnant Haslund, einer der Teilnehmer von Hedins Expedition. Der in Tibet weit verbreitete Shambhala-Mythos war auch in den Jurten der Mongolei zu Hause. Dieses Königreich, in dem die spirituellen Schätze der Menschheit behütet werden, wird in Quellen auch mit der zentralasiatischen Wüste Gobi in Verbindung gebracht. Wenn die Zeit von Shambhala angebrochen ist, so heißt es in der Prophezeiung, wird der letzte König von Shambhala zu einer Schlacht mit dem Bösen antreten. Seine göttlichen Kämpfer werden das Böse in dieser Welt endgültig ausrotten, und dann wird das »Goldene Zeitalter«, das Reich des Buddha Maitreya anbrechen.

Viele Mongolen sahen in den chaotischen Ereignissen, die wie ein Sturm über Asien hereinbrachen, nichts anderes als die Erfüllung dieser alten Weissagung. Der Untergang der alten Welt ist die Voraussetzung, damit eine neue und bessere Welt erstehen kann. Das Ende ist der Anfang von Shambhala. Wie die Lotosblüte aus dem Sumpf, werde das Lichtreich Shambhala aus den Trümmern der Erde wachsen, davon war man überzeugt.

Trotz der immer schlechter werdenden Lebensbedingungen, dem Austrocknen der Flüsse und dem Absinken des Grundwasserspiegels, harren diese beiden Mongolen am Edsin Gol aus.

Das Wudang-Kloster am Fuße des Huluntu-Berges ist eines der wenigen bedeutenden Heiligtümer der Inneren Mongolei, die heute noch erhalten sind.

Mongolische Familie in der Nähe des heute ausgetrockneten Edsin Gol. Wegen der fortschreitenden Trockenheit und dem Mangel an Weideland leben nur noch wenige Menschen in dieser Region.

KAPITEL 4

Durch die Innere Mongolei

Die Mongolen werden euch erwarten«, hatten uns die Freunde am Flughafen von Beijing noch zugerufen, ehe wir die Maschine nach Hohhot bestiegen, die uns in die Innere Mongolei bringen sollte. Gleich nach dem Start überflogen wir die Große Mauer. Auch aus der Luft sah sie noch imposant aus, wie sie sich in vielen Verzweigungen und Verästelungen über grüne Bergketten zog. Wie groß mußte die Angst gewesen sein, um Menschen zu veranlassen, ein derartiges Bauwerk zu ihrem Schutze zu errichten. Vordergründig trennte sie zwei unterschiedliche Zivilisationsformen: die des Hirten vom Bauern. Auf der einen Seite die seßhaften, Ackerbau treibenden Chinesen, und auf der anderen die mit ihrer beweglichen Habe umherziehenden Nomaden. Die Große Mauer war wohl das deutlichste Beispiel einer Grenze zwischen diesen Lebensformen, mehr noch: Sie war Ausdruck einer traumatischen Ur-Angst der Han-Chinesen – die sich als Träger der Kultur verstanden – gegenüber allem, was außerhalb ihrer Welt lag.

Vor allem in den Völkern im Norden und Westen sah man eine ständige Bedrohung. Als »Barbaren bis in die Zehenspitzen« betrachteten die Han-Chinesen seit jeher die unberechenbaren Reiternomaden, die von Zeit zu Zeit – zumeist an ihrer Nordgrenze – auftauchten. Das Gefühl der Verwundbarkeit, ja des Ausgeliefertseins, das der Seßhafte erfuhr, der mit seiner Habe nicht ohne weiteres flüchten konnte, mochte jene stereotypen Begriffe hervorgebracht haben, mit denen der »kulturtragende« Chinese die Nomaden gemeinhin belegte. Die Spannweite reichte von tiefster Abscheu und Ekel – wobei Nicht-Chinese gleich Nicht-Mensch

> »Der armselige Ausländer«,
> sagte er,
> »kennt das Grasland
> erst seit vier Tagen.«
> »Ich bedaure ihn
> aufrichtig«,
> erwiderte der Alte.
> »Wie traurig muß es sein«,
> sagte die Frau,
> »nicht als Mongole
> geboren zu sein!«
> »Gewiß«,
> bestätigte der Alte,
> »es ist ein Unglück;
> aber welch ein Glück
> für ihn,
> daß er den Weg zu uns
> gefunden hat!«
> Fritz Mühlenweg

bedeutete – bis hin zu unverhohlener Bewunderung, wenn es sich um die Kriegskunst handelte, die man nachzuahmen versuchte. War die militärische Überlegenheit der Feinde zu groß, dann vermied man die direkte Konfrontation und suchte die »Barbaren zu garen«, das hieß, sie so zu assimilieren, daß sie in der chinesischen Lebensweise aufgingen. Dazu diente letztlich auch der Brauch, chinesische Prinzessinnen mit »Barbarenherrschern« zu verheiraten, die dann mit großem Gefolge und unter Wehklagen die Heimat verließen. Bis in die Gegenwart wurde beispielsweise die Heirat der kaiserlichen Prinzessin Wencheng mit dem tibetischen König Songtsen Gampo für den Machtanspruch Chinas über Tibet benutzt. Obwohl die historische Erfahrung zeigte, daß sich die Kultur des Seßhaften gegenüber dem Nomaden à la longue durchsetzte und alle fremden Eindringlinge – auch wenn sie zeitweise China beherrschten – früher oder später unterlagen, blieb die Angst weiterhin bestehen. Sie hat sich so tief in die chinesische Seele eingegraben, daß auch heute noch dieselben Vorurteile reproduziert werden, die der Schock gebar, den die Bedrohung durch die Xiongnu vor 2000 Jahren auslöste. Wie oft haben mir Chinesen, wenn ich für Mongolen oder Tibeter Partei ergriff, entgegengehalten, das wären doch Barbaren, die keine Kultur besäßen, rohes Fleisch äßen und zusammen mit Tieren schliefen. Noch immer – trotz einer zahlenmäßig millionenfachen Übermacht – spürt man das tiefe Unbehagen des Han-Chinesen gegenüber der Andersartigkeit verschiedener Völker innerhalb ihrer Grenzen.

Die Funktion der Großen Mauer hat sich völlig gewandelt. Einstmals gebaut, um die Fremden von China fernzuhalten, wurde sie indessen zum Hauptanziehungspunkt ausländischer Devisenbringer. Fraglich bleibt, ob sie überhaupt jemals die Funktion erfüllte, die die Erbauer ihr zugedacht hatten. Sie bewahrte weder das chinesische Reich vor der Mongolenherrschaft noch die Mongolen später vor den Chinesen.

Was vor 100 Jahren noch eine abenteuerliche Reise in eine andere Welt bedeutete, war heute nur noch ein kurzer Inlandsflug. Schon nach einstündigem Flug setzte die Maschine auf der Landepiste von Hohhot – der Provinzhauptstadt der Inneren Mongolei – auf. In der Empfangshalle erwartete ein dichtes Spalier von Menschen die Ankommenden. Mit den Augen tastete ich die Menschenreihe ab, blickte fragend von Angesicht zu Angesicht, aber nach den Mongolen, die uns erwarten sollten, suchte ich vergeblich. Entweder waren sie nicht da, oder ich erkannte sie nicht, weil sie wie Chinesen aussahen.

Wir hatten gerade unser umfangreiches Gepäck zu einem Haufen geschichtet, als sich ein drahtiger Mann aus der Menge löste und – ohne zu zögern – zielstrebig auf mich zukam. »Ich heiße Orla, sei willkommen in der Mongolei«, stellte er sich mir vor. »Meine Freunde werden sich um das Gepäck kümmern«, ließ uns Orla wissen, während er mit einer knappen Handbewegung in Richtung Ausgang deutete. Gleich darauf erschienen einige Männer, die auf Orlas Geheiß begannen, die sperrige Expeditionsausrüstung zum Ausgang zu befördern.

Dann wandte er sich wieder mir zu. »Deine Freunde in Beijing haben mich beauftragt, hier in der Mongolei alle notwendigen Vorbereitungen zu treffen.« Das also war der Mongole, von dem man mir erzählt hatte und von dessen organisatorischem Geschick viel abhing.

Das Gepäck luden die Helfer auf einen Lastwagen, für uns stand ein Kleinbus bereit, der uns vom Flughafen direkt zum Hotel brachte. Es war das gleiche chinesische Etablissement, in dem ich schon vor Jahren einmal abgestiegen war. In der Lobby, die den Charme einer Bahnhofshalle verströmte, standen noch die selben Plüschsofas mit den weißen Spitzendeckchen wie damals. Neu hinzugekommen war nur die eindrucksvolle Kollektion von Weltzeituhren, die über der Rezeption hingen. Sie sollten wohl das internationale Flair erzeugen, das sich das Haus im Gleichschritt mit der verordneten

Die Große Mauer bei Simatai. Sie ist das deutlichste Beispiel einer Grenze und trennte zwei unterschiedliche Lebensformen und Kulturen: die chinesische Zivilisation von den Nomadenvölkern Zentralasiens.

Politik zu geben versuchte. An den Umstand, daß man sich in der Mongolei befand, erinnerte ein riesiges Wandgemälde in leuchtenden Farben. Dem Künstler war es gelungen, keines der gängigen Klischees auszulassen, wie sich die mongolische Kultur – nach chinesischer Sicht – heutzutage darstellte: Vor dem Hintergrund einer grün bewachsenen Hügellandschaft standen weiße Filzzelte in streng symmetrischer Anordnung. Davor sah man Gruppen von buntgekleideten Mongolen. Hier tanzten Frauen in langen Seidengewändern vor Musikanten mit pferdeköpfigen Geigen, dort begrüßten sich zwei Mongolen, indem sie weiße Seidenschärpen austauschten. Auf den Grasbergen ringsum weideten Schafe und Pferde, dazwischen bewegten sich Mongolen hoch zu Roß, die offenbar mit Lassos Ponys einfingen.

In diesem Ambiente traf ich mich mit Orla. Es gab viel zu besprechen. Neben all dem organisatorischen Kleinkram, der anstand, waren es zwei wesentliche Fragen, die mich seit der Ankunft in der Inneren Mongolei beschäftigten. Wieviel waren unsere mit Beijing ausgehandelten Vereinbarungen wirklich wert? Erfahrungen in der Vergangenheit hatten gezeigt, daß es selten Garantien waren, auf die man sich blind verlassen konnte, sondern erst an Ort und Stelle, das hieß bei den jeweiligen lokalen Behörden, durchgesetzt werden mußten. Und das war alles andere als einfach.

»Dürfen wir Khara Khoto besuchen?« wollte ich wissen.

»Ja, wir haben alle erforderlichen Genehmigungen für Heichang« (chinesischer Name von Khara Khoto), antwortete der Mongole.

»Wie sieht es mit der Karawane aus?« fragte ich weiter. »Stehen die Kamele bereit?«

»Wir hatten einen guten Sommer, das Gras war fett und die Kamele sind deshalb wohlgenährt«, erklärte mir Orla. »Ich habe sie selbst gesehen und ausgewählt. Nun sind sie auf dem Weg nach Monggon Bulag, und wenn wir dort eintreffen, werden sie zum Abmarsch bereit sein.«

»Welche Probleme gibt es dann?« fragte ich fast ungläubig. »Keine«, antwortete er lächelnd. »Ich weiß, daß du in der Takla Makan mit den lokalen Partnern Schwierigkeiten hattest, aber glaube mir, diesmal wird es anders sein.«

Ich war diesmal, was die Auswahl der lokalen Partner betraf, einen neuen Weg gegangen. Von den staatlichen Organisationen mit ihrem demotivierten Personal hatte ich genug. Die Überlegung, auf die Kooperation einer chinesischen Organisation und damit auf deren Begleiter ganz zu verzichten, wäre illegal gewesen und kam deshalb für mich nicht in Frage. Da kamen mir die jüngsten wirtschaftlichen Entwicklungen in China entgegen. Vorher besaßen die wenigen staatlichen Organisationen, die derartige Projekte betreuten, eine absolute Monopolstellung. Ihren Fängen war kaum zu entkommen. Nun aber war Kapitalismus angesagt, mit freiem Unternehmertum und damit entsprechendem Wettbewerb. Meine Partner kannte ich schon lange vorher, aber erst vor kurzer Zeit hatten sie ein Privatunternehmen gegründet. Sie verfügten über die immer noch notwendigen Beziehungen zu den Behörden, aber wirtschafteten auf Leistungsbasis. Das schien mir eine gute Voraussetzung für ein derartig sensibles Unternehmen.

Vor allem hoffte ich, durch diese Struktur eine der Hauptquellen vergangener Ärgernisse ausschalten zu können. Üblicherweise wurden die lokalen Begleiter von ihren Organisationen, ohne Rücksicht auf ihre Tauglichkeit und ob sie wollten oder nicht, einfach abkommandiert. Daß diese Praxis kaum eine gute Voraussetzung für ein harmonisches Miteinander darstellte, ist klar. Von vornherein frustriert, hatten sie wenig bis überhaupt kein Interesse am Gelingen des Unternehmens. Im Gegenteil: Oft trachteten sie sich der ungeliebten Aufgabe zu entledigen, indem sie die Durchführung hintertrieben.

Ich hatte mir deshalb ausbedungen, die Wahl der lokalen Begleiter selbst zu treffen. Sie sollten ein gewisses Maß an Begeisterung für die gemeinsame Sache mitbringen und besser bezahlt werden, als es in den staatlichen Organisationen der Fall war.

Die Wahl fiel auf Puwei und Peter. Puwei, ein Halbuigure, war jung, physisch stark und sehr motiviert. Außerdem war er Maler und wollte seine Eindrücke von der Wüste zu Bildern verarbeiten. Peter – er hatte sich einen englischen Vornamen zugelegt – sollte »offiziell« als Übersetzer fungieren. Er, der gerade sein Studium beendet hatte, betrachtete die bevorstehende Wüstenwanderung als sportliche Herausforderung und – wie er immer wieder voll Stolz betonte – als Gelegenheit, an etwas Einmaligem teilzuhaben, eine Chance wahrzunehmen, wie sie sich im Leben wohl kaum mehr bot.

Die Blaue Stadt in der Steppe

Den Aufenthalt in Hohhot hatte ich auf das Minimum begrenzt. Keine Stunde wollte ich länger bleiben, als notwendig war, um die ergänzende Ausrüstung zu besorgen. Das waren vor allem die 40 Plastikkanister, in denen das lebenswichtige Wasser durch die Wüste transportiert werden sollte, und praktisch die gesamte Verpflegung. Abgesehen davon kannte ich die Stadt bereits von einer Erkundungsreise, und ich hatte nicht den Eindruck, daß sie seither attraktiver geworden ist. Das wuchernde Konglomerat moderner Fast-food-Architektur hat sich nur noch weiter in die Grassteppe hineingefressen. Wenn ich mir die Geschichte dieser Stadt in Erinnerung rief und sie mit ihrer gegenwärtigen Erscheinung verglich, dem verschwindend kleinen Anteil mongolischer Bewohner, dann fiel es schwer zu glauben, daß es Mongolen waren, die Hohhot gründeten. Es erschien mir eher als der sinnlose Versuch, ein Leben zu führen, das offensichtlich wider ihrer Natur war.

Die Grundsteinlegung von Köke Khoto, die »Blaue Stadt«, wie Hohhot ursprünglich hieß, steht in engem Zusammenhang zur zweiten Verbreitungswelle des Buddhismus in der Mongolei. Altan Khan (1507 bis 1582), der zum Buddhismus konvertierte Führer der Tümed-Mongolen, ließ die ersten festen Gebäude auf der weiten Grasfläche errichten. Gut möglich, daß ihn Angehörige der im China der Ming-Zeit verfolgten Buddhisten, die bei ihm Zuflucht gesucht hatten, erst auf die Idee brachten, sein Leben im Filzzelt aufzugeben und statt dessen – wie es einem echten Fürsten geziemt – sich einen Palast zu errichten.

Mit Hilfe chinesischer Handwerker wuchsen bald vor den staunenden Augen der Zeltbewohner gemauerte Gebäude aus der Steppe, denen geschwungene Dächer aufgesetzt waren. Um den Fürstensitz des Altan Khan entstanden nach und nach Klöster der lamaistischen Gelbmützen, umgeben von Suburganen und Obos. Das war der Anfang der heutigen Stadt.

Von dieser Grundsubstanz ist heute freilich nicht mehr viel übrig. Den fürstlichen Sitz hat die Geschichte ausradiert, und vom einstigen monastischen Zentrum blieb nur noch ein Tempel erhalten, dessen kostbarste Reliquie ein silberner Buddha war. Der Traum von Altan Khan, auf der Basis der gemeinsamen buddhistischen Religion die Mongolen wieder zu vereinen und die alte politische Kraft wiederzubeleben, erfüllte sich nicht. Wohl stellten seine Aktivitäten vorübergehend eine Bedrohung der Nordwestgrenze des Ming-Reiches dar, aber aus den Angeln zu heben vermochte er es nicht. Altan Khan besaß weder die charismatischen Eigenschaften eines Führers, dem sich die übrigen Mongolen widerspruchslos anschlossen, noch stand ihm der Titel des Großkhans zu.

Dieses Amt lag seit dem Zusammenbruch der mongolischen Herrschaft über China immer in den Händen der Tschar-Mongolen und wurde unter ihrem Fürstengeschlecht weitervererbt. Mit dem Titel des Großkhans war längst keine politische Macht mehr verbunden, es sei denn, sein Träger war imstande, solche zu gewinnen. Grundsätzlich galt der Großkhan dieser Zeit als »primus inter pares« unter den Fürsten der einzelnen Mongolenstämme. Der Titel lebte vor allem vom Mythos, der sich inzwischen um Chinggis Khan und Khubilai gebildet hatte. Dieser Mythos war unausrottbar, und vom Traum, ihn wiederzubeleben, träum-

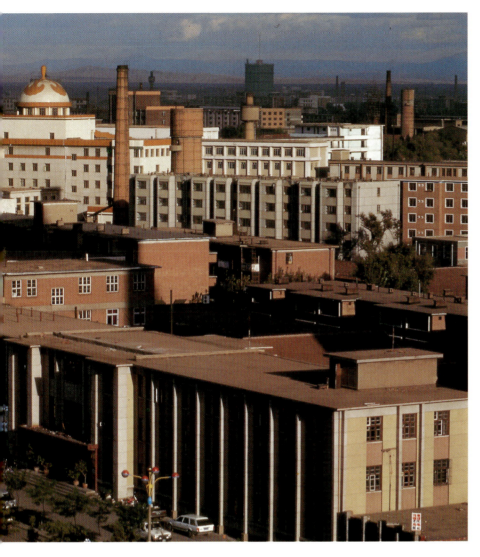

Einstmals hieß Hohhot »Blaue Stadt« – Koko Khoto – und bestand vorwiegend aus Klöstern und Ansammlungen weißer Filzzelte. Heute prägen die Tempel der Industrie – die Rauchfänge – und chinesische Einheitsarchitektur die Hauptstadt der Inneren Mongolei. Einziges Zugeständnis an mongolische Traditionen ist das zeltförmige Dach.

ten nahezu alle Mongolen – am stärksten jedoch Ligdan Khan.

Ligdan war siebzehn Jahre alt, als er 1604 Großkhan wurde. Der Buddhismus hatte den jungen Herrscher stark angezogen, und als seinen Lehrer holte er das Oberhaupt der einst in Tibet herrschenden Sakya-Schule an seinen Hof. Ob auf Grund eigener Vision oder unter dem Einfluß des Sakya-Geistlichen: Jedenfalls hielt er sich für die Wiedergeburt Khubilai Khans, des größten der Mongolenkaiser Chinas.

Ligdan Khan glaubte fester als seine Vorgänger an ein neues mongolisches Reich, deshalb irritierte ihn der Aufstieg der Mandschu, die sich anschickten, die über China herrschende Ming-Dynastie zu stürzen. Ligdan erkannte die Gefahr, die von den Mandschu ausging, und versuchte ihr zu begegnen, indem er die zentrale Gewalt des Großkhanats wiederbeleben wollte. Aber die rabiaten Methoden, mit denen er seinen Machtanspruch gegenüber den anderen Mongolenfürsten durchzusetzen versuchte, stieß auf wenig Gegenliebe. Als er die mit den Mandschu befreundeten, vielfach durch Heiratsbande verschwägerten Ostmongolen mit Gewalt daran erinnerte, daß sie Mongolen waren und deshalb ihm, dem Großkhan, zu gehorchen hätten, stellten sich diese offen gegen ihn. Daraufhin zog er mit seinem gesamten Tsachar-Stamm nach Westen und schlug sein Hauptquartier hier in Köke Khoto auf. Durch die Anwesenheit seiner großen Armee wurden die Lebensbedingungen in der Stadt so schlecht, daß die Mönche in den Klöstern ihre Stiefelschäfte kochten, um nicht zu verhungern. Viele Bewohner flohen deshalb nach Osten, dem nachrückenden Mandschu-Heer entgegen.

Ligdan Khan verstand es weiterhin, sich Feinde zu machen. Dem Fürsten der Ordos-Mongolen nahm er die Frau weg, weil sie ihm gefiel. Anschließend begab er sich zur Gedächtnisstätte der »Acht weißen Zelte«, wo nach mongolischer Überlieferung die sterblichen Überreste Chinggis Khans und seiner Gattin ruhen sollten. Es galt als heilige Pflicht jedes Großkhans, einmal dieser Ahnenreliquie zu huldigen. Das tat auch Ligdan, aber er nahm sie gleich mit.

Bedrängt von der nachrückenden mandschurischen Armee wich Ligdan bis nach Nordosttibet, ins Gebiet des Kuku Nor, zurück. Als er auf dem Weg dorthin schwer erkrankte, überkam ihn wohl Reue ob des begangenen Frevels, und er schickte die Reliquie an die Ordos-Mongolen zurück. Das half ihm auch nicht mehr. Im Jahre 1643 starb der letzte Großkhan der Mongolen an den Ufern des Kuku Nor. Alles, was von seinem Stamm noch übrig war, fiel in die Hände der nachfolgenden Mandschu-Truppen.

Die Mongolen, die sich auf die Seite der Mandschu geschlagen hatten, kam die Liaison letztlich teuer zu stehen. Nachdem die Mandschu ihr Ziel erreichten, nämlich den chinesischen Kaiserthron zu erobern, erfüllte sich die von den Mongolen erhoffte Autonomie nicht. Ganz im Gegenteil: Jede diesbezügliche Regung der Mongolen wurde von den Mandschu gewaltsam unterdrückt. Die aufmüpfigen mongolischen Fürsten wurden entmachtet und durch Mandschu-freundliche Vasallen ersetzt. Damit war der Traum von einem unabhängigen mongolischen Reich – zumindest was die »Innere Mongolei« betraf – ausgeträumt.

Nach dem Verlust ihrer politischen Macht verloren die Fürsten der ost- und südmongolischen Stämme auch noch ihr Land. Die Mandschu, im Laufe ihrer Herrschaft völlig sinisiert, sanktionierten den chinesischen Landraub, indem sie im Jahre 1860 ihren Untertanen gestatteten, sich auf mongolischem Gebiet anzusiedeln. Gewiß, es lebten auch schon vorher Chinesen in der Mongolei, aber das waren Soldaten, Beamte, Händler und Handwerker. Nun kamen die Kolonisten, die mit ihren Pflügen die Erde aufwühlten und die Mongolen vom guten Weideland in die trockenen Steppen abdrängten. Die Mongolen wurden bald eine Minderheit in ihrem angestammten Land, und heute sind von den 20 Millionen Bewohnern der sogenannten Autonomen Provinz Innere Mongolei nur noch knapp ein Sechstel Mongolen. In den Städten war das Verhältnis noch krasser. Von der 1,3 Millionen Einwohner zählenden Bevölkerung Hohhots erreichte der Anteil der Mongolen gerade noch 10 Prozent.

Der letzte Rest mongolischer Lebensart in Hohhot hatte sich auf eine Sportarena reduziert, wo alljährlich das folkloristische Spektakel des Nadam-Festes stattfand, und in dessen Verlauf Wettkämpfe im Reiten, Ringen und Bogenschießen ausgetragen wurden. Dort gibt es auch eine Ansammlung von »Restaurant-Jurten«, in denen jedermann nach Voranmeldung »original« mongolisch speisen und sich hinterher besaufen kann.

Darauf verzichteten wir allerdings, und keinem fiel der Abschied schwer, als wir von Hohhot in Richtung Westen aufbrachen. Wir, das waren der Mongole Orla, Puwei und Peter, die seit Beijing dabei waren, und ein dreiköpfiges Kamerateam, das Helmut und ich engagiert hatten, um das Unternehmen filmisch zu dokumentieren. Unsere Expeditionsausrüstung und die gesamte Verpflegung für den Wüstenmarsch waren auf einen Lastwagen geladen, in dem zwei Mongolen saßen, die den Auftrag erhielten, direkt nach Monggon Bulag, dem Ausgangspunkt der Karawane, zu fahren. Während wir Khara Khoto und den Gashun Nor besuchten, sollten sie dort alle notwendigen Vorbereitungen für den Abmarsch treffen. In Monggon Bulag hatte ich mich mit Helmut und Jürgen verabredet, die aus Zeitmangel auf die Exkursion nach Khara Khoto verzichten mußten und erst unmittelbar vor dem Start der Karawane dazustoßen wollten.

Chinggis Khan darf nicht sterben

Unser Tagesziel war die 140 Kilometer westlich von Hohhot gelegene Stadt Baotou. Allerdings hatten wir uns entschlossen, einen Abstecher nach Norden, in das Yinshan-Gebirge, zu unternehmen. Bald verließen wir die vielbefahrene Hauptroute nach Baotou und folgten einer schmalen Teerstraße, die sich in einem Gewirr von braunen Hügelketten verlor. Hinter den niederen Vorbergen, die wir schnell überwanden, erhoben sich höhere, stärker felsdurchsetzte Bergzüge, die uns in immer enger werdende Schluchten zwangen. Noch vor etwas mehr als einem Jahrhundert, als der Russe Przewalskij hier durchzog, sah das Munni-ula-Gebirge, wie er es nannte, noch ganz anders aus. »Ich kann das Vergnügen kaum beschreiben, das wir empfanden, nachdem wir so lange über karge, freudlose Ebenen marschiert waren, auf einmal bewaldete Berge zu sehen und im Schatten der Bäume zu rasten«, schwärmte er angesichts der grün bewachsenen Bergketten.

Die schattigen Rastplätze suchten wir vergeblich. Was es an Wald hier einstmals gab, wurde längst abgeholzt. Wohin man auch blickte, zeigten sich nur kahle, von ausgedörrten Gräsern bewachsene Berghänge, die die Erosion allmählich zerfraß. Die wenigen, vereinzelt dastehenden Bäume boten eher einen bedrückenden Anblick, als daß sie Freude auslösten. Lediglich die Bäche säumte ein grünes Band aus Bäumen und niedrigen Büschen. Mit dem Wald verschwanden auch die Wildtiere – Antilopen, Wölfe und Füchse –, denen Przewalskij seitenlange Beschreibungen widmete. Im Schutz der Bäume lebte eine Vielzahl von Vögeln, und auf dem Boden, der damals noch viel feuchter war, wuchsen verschiedene Heilkräuter, von denen wiederum die traditionelle Medizin abhängig war.

Der Eindruck paradiesischer Idylle inmitten einer von Wüsten geprägten Welt, den das grünbewachsene

Das buddhistische Kloster Wudang gilt heute als das größte der Inneren Mongolei. Das kann aber nicht darüber hinwegtäuschen, daß es nicht viel mehr ist als der fossile Überrest einer längst von den Chinesen ausgerotteten Religiosität.

Yinshan-Gebirge auf die Mongolen machen mußte, umgab es mit dem Nimbus eines natürlichen Heiligtums. Seine sonderbaren Felsformationen und der Umstand, daß die Vegetation hier stärker auf der Südseite ausgeprägt war, während es anderswo umgekehrt ist, führten zu reicher Legendenbildung. Wer anders als Chinggis Khan, der unsterbliche Held der Mongolen, wurde mit diesem Gebirge in Verbindung gebracht? Er soll sich auf den Shara-oroi, den höchsten Berg der Gegend, zurückgezogen haben, bevor er seinen Feldzug gegen China unternahm. Später ließ er sich in der Umgebung der Priester nieder, die alljährlich im Sommer auf den Berg stiegen, um dort Kulthandlungen durchzuführen. Die Mongolen behaupteten fest, daß auf dem Shara-oroi ein fossiler Elefant läge und an einer anderen Stelle Silberbarren versteckt wären, derer man allerdings nicht habhaft werden könne, weil sie von Dämonen bewacht würden. Gut möglich, daß an der Erzählung vom »fossilen Elefanten« etwas dran war und es sich um ein Saurierskelett handelte, wie man sie in der Gobi häufig fand. Wie groß der Wahrheitskern solcher Legenden sein mochte – fest stand, daß die Yinshan-Berge ein besonderer Ort waren, der besondere Menschen anzog. Nicht zufällig entstand hier eine der bedeutensten Klosteranlagen der Inneren Mongolei, deren bauliche Substanz, das wußte ich, noch erhalten war.

Orla hatte mir schon einiges während der Fahrt darüber erzählt – und er sparte mit Superlativen nicht. »Wudang Si« – er benutzte stets den chinesischen Namen – »ist das größte und besterhaltene Kloster der gesamten Inneren Mongolei«, schwärmte er mir vor. Meine Erwartungen waren entsprechend groß. Schließlich kannte ich die meisten Klöster Tibets. Mit welchem Heiligtum des Schneelandes würde es vergleichbar sein, fragte ich mich. Wie viele Mönche mochten wir dort antreffen? Bisher hatte ich bei den Mongolen, die wir trafen – einschließlich Orla – nicht das geringste Anzeichen buddhistischer Religiosität gesehen. Sollte es hier anders sein? Die Antworten ließen nicht lange auf sich warten.

Wir folgten einem gewundenen Canyon, der zu einer niedrigen Schwelle hinaufführte. Dahinter weitete sich die Talfurche zu einem Kessel, der ringsum von Bergen eingeschlossen war. Schon aus der Ferne leuchteten uns die weißen und roten Gebäude des Klosters entgegen. Wieder einmal mußte ich das feine Gespür für die Wahl des richtigen Platzes bewundern, das die Gründer solch alter Heiligtümer bewiesen, ob im Himalaja oder hier in der Mongolei. Es stimmte einfach alles. Die Klosteranlage schmiegte sich terrassenförmig an einen Berghang, der den Talkessel im Norden begrenzte. Sie war nach Süden ausgerichtet, zur geistigen Heimat Tibet. Davor gab es einen großen freien Platz, auf dem wohl früher, wenn die Pilger hier zusammenströmten, die weißen mongolischen Filzzelte standen.

Noch bevor man den Klosterhof erreichte, kam man am Fuße eines Hügels vorbei, der dem Heiligtum gegenüberlag. Der Chauffeur wollte in üblicher Manier bis zum Eingangstor fahren, aber ich hielt ihn zurück und hieß ihn auf der Höhe des Berghanges anhalten. Nicht weit davon entfernt setzte ein Steig an, der zum Gipfel des Aussichtsberges hinaufführte.

Es war mir zur Gewohnheit geworden, wenn ich ein Heiligtum besuchte, nicht gleich drauflos zu stürmen, sondern mich behutsam zu nähern, es auf dem Rundweg zu umwandern oder es einfach aus der Entfernung von einem besonderen Standort aus auf mich wirken zu lassen. Der vorgelagerte Bergrücken schien sich dafür am besten zu eignen. Abgesehen von den neuangelegten Stufen war der Pfad, den ich hochstieg, der letzte Rest des Pilgerweges, der das Kloster einstmals wie ein Ring umschloß. Von oben eröffnete sich ein herrlicher Rundblick über die Gesamtheit der Anlage. Je länger ich es betrachtete, desto mehr erinnerte es mich an ein großes Kloster in Amdo. Die umliegenden, teils spärlich bewaldeten Hügel, der kleine Bach, der daran vorbeiführte, die Art, wie sich die Gebäude an den Berghang drängten, ja selbst der Hügel, auf dem ich stand, ließen mich an Kumbum denken. Natürlich hielt Bathar Sheilun, wie Przewalskij das Kloster nannte, in bezug auf Größe mit Kumbum keinen Vergleich stand; trotzdem spürte ich eine große Ähnlichkeit. Es wirkte ähnlich verlassen und museal, und auch hier fehlten die Gläubigen.

Als der Russe Nikolai Przewalskij im Jahre 1871 mit seiner Karawane vor den Toren des Klosters lagerte, lebten hier 2000 Mönche. Hinzu kamen im Sommer noch mehrere tausend Pilger, die aus allen Teilen der Mongolei

hier zusammenströmten. Dagegen wirkten die 10 Lamas, die wir zählten, wie fossile Überbleibsel einer anderen Zeit. Man versicherte uns zwar, daß insgesamt 30 Mönche hier lebten, gesehen haben wir sie jedoch nicht. Pilger trafen wir keinen einzigen.

Es bedurfte einiger Diskussion, bis uns ein Mönch die Türen zu zwei der »besterhaltenen« Tempel der Inneren Mongolei öffnete. Zuerst betraten wir die Maitreya-Halle mit der zentralen Figur des zukünftigen Buddha. Sie schien mir ganz neu, genauso wie die Statue von Avalokitesvara, des populären Bodhisattva der Barmherzigkeit, und die gesamten Wandmalereien, die das Leben des Buddha darstellten. Gähnende Leere herrschte auch in der Sutrahalle. Es lagen nicht einmal mehr Teppiche und Kissen auf den langen Sitzreihen, die angedeutet hätten, daß sich hier noch gelegentlich Mönche zum Gebet versammeln. Nur die Wandmalereien waren hier noch aus der Gründerzeit (18. Jh.) erhalten.

Alle anderen Gebäude blieben uns verschlossen, angeblich weil der Mönch mit dem Schlüssel nicht auf-

Erji Horo Qi – das Grabmal des Chinggis Khan inmitten der Ordos-Wüste.

Zu den wichtigsten Reliquien von Erji Horo Qi zählt dieses Zelt aus gelber Seide, in dem sich angeblich die Gebeine des großen Chinggis Khan befinden sollen.

Die Wände der Gedächtnisstätte von Erji Horo Qi zieren Fresken, die Chinggis Khan selbst und das Leben an seinem Hofe zeigen.

zufinden war. Einer der älteren Lamas erklärte sich bereit, ein paar Fragen zu beantworten. Die Kommunikation war mühsam und lief über drei Stationen. Ich formulierte die Frage in englisch, Peter gab sie auf chinesisch an Orla weiter, der sie schließlich dem betagten Lama stellte.

Er erzählte mir, daß der letzte Rimpoche des Klosters im Jahre 1955 verstarb, seine Wiedergeburt aber erst 1980 gesucht und gefunden wurde – im Auftrag der Behörde in Baotou, die das Kloster verwaltete. Diese »Inkarnation« aber, ließ er mich wissen, hätten die Tibeter nie anerkannt.

Der abschließende Rundgang durch die leeren Gassen der Gelbmützen-Lamaserei, in denen nicht einmal mehr Hunde herumstreunten, relativierte vieles, vor allem auch die Ähnlichkeit zu Kumbum. Verglichen mit dem verwaisten Bathar Sheilun erschien mir das Amdo-Kloster voll pulsierenden Lebens.

Das Yinshan-Gebirge setzte sich noch weiter nach Westen fort, wir aber wandten uns nach Südosten, und von den letzten Ausläufern des Gebirges rollten wir hinunter in die weite Talebene des Gelben Flusses. Südlich davon und vom großen Bogen des Huang He umschlossen, lag die Ordos-Wüste. Aber weder vom Gelben Fluß noch vom Land der Ordos-Mongolen war zunächst etwas zu sehen, weil sich vor uns die wuchernde Millionenstadt Baotou aus der flachen Steppe erhob.

Erst am nächsten Morgen überquerten wir den Gelben Fluß. Von seinen Ufern aus erstreckte sich ein ganzes Netzwerk von künstlichen Bewässerungskanälen, die eine Reihe neu geschaffener Oasen und deren explodierenden Bevölkerung versorgten. Das Wasser des Huang He und seiner Zuflüsse speiste schließlich auch Chinas »Grüne Mauer«, jenen Pflanzenwall, der die Ausbreitung der Gobi nach Süden stoppen sollte. Trotz des beträchtlichen Aderlasses blieb die Kraft des Gelben Flusses ungebrochen. Von den Quellen des Sternenmeeres gespeist, war er hier zu einem mächtigen Strom angewachsen, dessen lößbraunes Wasser ruhig und gleichmäßig dahinströmte.

Je weiter wir uns vom Gelben Fluß entfernten und damit tiefer in das Ordos-Gebiet eindrangen, desto trockener wurde das Land. Die Regel war einfach: So weit das Wasser des Gelben Flusses reichte, gab es Leben. Wo es Leben gab, wohnten Chinesen. Jenseits dieser Grenze war Wüste, dort lebten Mongolen.

Zuerst noch zaghaft, dann um so stärker unterband die Wüste jeden Versuch des Menschen, Ackerbau zu treiben. Das Land der Ordos-Mongolen war eine flache Steppe, mit spärlichem Gras, das gerade noch ausreichte, um eine beschränkte Anzahl von Schafen und Ziegen zu ernähren. Die wenigen Flußläufe waren buchstäblich vom Erdboden verschluckt. Sie hatten sich so tief in die Steppe gefräst, daß man sie aus der Ferne nicht erkennen konnte. In manchen Teilen hatte der Wind den Flugsand zu Barchans geformt, die über die Steppe wanderten.

Überhaupt machte das Land einen erschreckend öden und langweiligen Eindruck, und man fragt sich unwillkürlich, was daran so begehrt war. Denn kaum ein anderer Landstrich dieser Region wechselte in der Vergangenheit so oft den Besitzer. Vielleicht war es die strategisch günstige Lage als Einfallstor nach China, die das Ordos-Gebiet so begehrenswert machte. Schon in der frühen chinesischen Geschichte war die flache Steppe das Aufmarschgebiet der gefürchteten Xiongnu. Später wurde sie Teil des Tangutenreiches Xixia, zu dem auch die befestigte Stadt Khara Khoto gehörte. Knapp vor seinem Tod zerschlug Chinggis Khan das tangutische Reich, und in seinem

Gefolge ließen sich die Mongolen dort nieder. Aber erst im 15. Jahrhundert wanderte jener Mongolenstamm ein, der sich Ordos nannte und dessen Name auf das gesamte Gebiet überging.

Kerzengerade zog sich die Straße in Richtung Westen. Die Gleichförmigkeit der Landschaft war kaum mehr zu überbieten. Wir waren seit Stunden unterwegs, da tauchten in der flimmernden Hitze dunkle Punkte auf, die rasch Gestalt annahmen. Aus der Steppe schossen runde, teils hölzerne, teils gemauerte Gebäude mit jurtenähnlichen Dächern. Wir standen vor einer jener Kultstätten, die den Mythos von Chinggis Khan am Leben erhielten – der bekanntesten von allen, das »Mausoleum« von Ejin Horo Qi. Im Hauptgebäude, dem sogenannten »Chinggis-Khan-Palast«, stehen vier Zelte aus gelber Seide, in denen sich die sterblichen Überreste des großen Ahnherrn und seiner drei Frauen befinden sollen. Er selbst erschien als meterhohe Figur an der Rückwand des achteckigen Gebäudes. Die Wände schmückten Bildwerke, die Szenen aus dem Leben des Herrschers wiedergaben. Die gesamte Anlage, wie sie sich uns zeigte, stammte zweifellos aus neuerer Zeit. Als im Jahre 1939 die Gefahr bestand, daß japanische Invasionstruppen bis ins Ordos-Gebiet vorstießen und die Zelte des Chinggis-Khan-Heiligtums in ihre Hände fallen könnten, wurden sie abgebaut und an einem sicheren Ort versteckt. Nach dem Ende des chinesischen Bürgerkrieges und der Machtübernahme der Kommunisten kehrten die Reliquien wieder in die Ordos-Steppe zurück. Mit großem Pomp, im Beisein hoher mongolischer und chinesischer kommunistischer Würdenträger, wurde der alte Ahnenkult – sehr zum Mißfallen der Sowjetunion – wiederbelebt.

Was hier wirklich noch an originalen Relikten aus der Zeit Chinggis Khans vorhanden sein mochte, war kaum festzustellen. Viel allerdings konnte es nicht sein, denn was je an derartigem da war, wurde spätestens während des Aufstandes der Moslems, die sich in den Jahren 1862 bis 1872 gegen die herrschenden Chinesen empörten, vernichtet.

Ein Schleier des Geheimnisvollen umwehte den Tod und die Bestattung des »unsterblichen« Khans. Zwar ging die Kultstätte an diesem Ort auf die Zeit seines Todes im Jahre 1227 zurück, aber die Gebeine des Herrschers beanspruchten auch noch andere Orte. An vier verschiedenen Plätzen des mongolischen Reiches entstanden ähnliche Palastzelte, in denen – ebenso wie hier im Ordos - Katafalke zu seiner Verehrung auf

Eindrucksvolles »Obo« der Mongolen in der Ordos-Wüste. Das buddhistische Steinmal hat die Form eines dreidimensionalen Mandala, von jenem Diagramm, das als Abbild des Kosmos gilt.

gebaut wurden. Gewiß, die enorme Anziehungskraft, die diese Gedächtnisstätte in der Vergangenheit auf die Mongolen ausübte, spräche dafür, auch ist es denkbar, daß Chinggis Khans sterbliche Überreste eben dort bestattet wurden, wo er seine letzten großen Schlachten und Siege feierte – im Tangutenreich. Andererseits gab es Quellen, die darauf hindeuteten, daß man seinen Leichnam in der Nähe seiner Geburtsstätte am Onan-Fluß beisetzte. Bis heute ist sein Grab, trotz heftigen Bemühens, nicht gefunden worden. So gibt es weiterhin Stoff, den Mythos zu nähren.

Auch in der Frage, woran Chinggis Khan nun wirklich starb, hielten sich die Quellen seltsam bedeckt. »Im Jahr des Schweines (1227) stieg Chinggis Khan zum Himmel«, war alles, was die »Geheime Geschichte der Mongolen« darüber verrät. Es ist zu auffällig, daß dieses älteste bekannte mongolische Geschichtswerk die Umstände seines Todes völlig ignoriert, um als bloßer Zufall abgetan zu werden. Dort, wo die offizielle mongolische Chronik diskret schweigt, äußern sich andere Quellen um so lauter. Hartnäckig hielt sich das Gerücht, der große Steppenkrieger sei durch Einwirkung weiblicher List aus dem Leben geschieden. Nach seinem Sieg über die Tanguten ließ Chinggis Khan den glücklosen Herrscher zuerst gefangennehmen und dann hinrichten. Darüber waren sich die Quellen noch einig. Dabei ließ er es aber nicht bewenden, so jedenfalls wollten es einige Überlieferungen wissen, sondern er begehrte auch noch die Frau des gemordeten Tanguten-Königs. Die schöne Körbelchin – die »Eidechsengleiche« – dürfte von dieser Art der Brautwerbung nicht sonderlich erbaut gewesen sein. Auch wenn es in jenen Kreisen damals durchaus üblich war, die Frauen besiegter Feinde seinem Eigentum einzuverleiben, kann man sich vorstellen, daß es nicht gerade die Basis für eine liebevolle Beziehung bildete. Jedenfalls berichteten eine Reihe mongolischer Quellen, daß dem Leib des Khan, nachdem sie miteinander geschlafen hätten, »Leid geschehen sei«. Danach habe die Tangutin die Flucht ergriffen und sich in den Fluten des Gelben Flusses ertränkt.

Das Leben und Sterben von Chinggis Khan wurde im Laufe der Zeit so von Legenden umwoben, daß es aussichtslos erscheint, Historie und Mythos auseinanderzuhalten. Vieles, was über ihn berichtet wurde, stammte von seinen Feinden, also von den Besiegten, die ihn nur als grausamen Eroberer darstellten, der mit seinen berittenen Bogenschützen die halbe Erde verwüstete. Während die christlichen, mohammedanischen und chinesischen Geschichtsschreiber sich überboten, ihm alles andere als menschliche Züge zu geben, entrückten ihn die Mongolen und der buddhistische Klerus in die Nähe der Lichtgestalt des Geser Khan. Vom »ex tartaro« – der aus der Hölle kam – bis zum verehrungswürdigen himmlischen Ahnherr reichte die Bandbreite der Gefühle, die sein Leben erzeugte. Er wurde gehaßt und geliebt, verteufelt und verehrt, nur gleichgültig ließ er nicht. Jedes Volk, jede Epoche hat ihre Helden, die Mongolen haben Chinggis Khan, und er hat sie – immer noch. Auch hier im »Freilichtmuseum« von Erjin Horo lebte der Mythos von Chinggis Khan fort. Noch immer fanden sich die selben Gemeinplätze, aus denen die Legenden gestrickt werden. Man brauchte nur die Wandbilder zu betrachten, dann sah man sie wieder, die alten Helden, in gestrecktem Galopp über die Steppe reiten. Man meinte fast, den Trommelschlag der Hufe zu vernehmen und das feine Vibrieren der Erde zu spüren, wenn sie heranstürmten. In einer anderen Szene hatten sich die Fürsten der Filzzelte versammelt, mit ihren Frauen und Töchtern waren sie gekommen, um dem Khan ihre Loyalität zu geloben.

Die buddhistischen Klöster wurden weitgehend zerstört, die Religiosität ausgerottet, aber zur Kultstätte des Chinggis Khan pilgerten die Mongolen immer noch. Mag sein, daß sein Mythos nicht mehr die Kraft besaß, um den Traum von der Unabhängigkeit – was die Innere Mongolei betraf – wiederzubeleben, aber gestorben war er deshalb nicht.

Die Trabantenstadt

Die Bilder mit den eleganten Reiternomaden blieben mir noch lange im Gedächtnis, vor allem, als wir im Schneckentempo über die Rippelpiste westwärts holperten. Pferdestärken besaß unser Fortbewegungsmittel, aber sie nützten wenig, weil der Chauffeur einen sehr eigenwilligen Umgang damit pflegte. Schon beim Verlassen der gepflasterten Straße hatten sich seine Gesichtszüge in sorgenvolle Falten gelegt. Alle paar Kilometer hielt er an, umkreiste das Fahrzeug wie ein Heiligtum, klopfte da und dort, und jedesmal wenn er wieder einstieg, um die Fahrt fortzusetzen, gab er mir durch Kopfschütteln zu verstehen, daß nur ein Verrückter ihm diese Fahrt hier eingebrockt haben konnte. Dabei ging es jetzt erst richtig los.

Das nächste Hindernis ließ nicht lange auf sich warten. Eine Düne hatte die Straße verlegt und mußte nun im Gelände umfahren werden. Obgleich dies alles andere als eine ernstzunehmende Hürde war, verfiel der Fahrer beim Anblick des vielen Sandes in hysterisches Lachen, und er beruhigte sich erst, als ich ihm erklärte, daß ich mit meinem Fahrzeug viel schwierigeres Gelände meisterte und ich überzeugt wäre, daß er als Berufsfahrer das noch viel besser könnte. Damit hatte ich seinen Ehrgeiz getroffen. Ich wollte ihm noch den Rat geben, einen niederen Gang einzulegen und mit höherer Drehzahl durch den Sand zu fahren, aber da war es schon zu spät. Schon saßen wir fest, weil er es genau umgekehrt tat. Da wohl weiße Handschuhe, aber nicht Schaufel und Sandbleche zu seiner Standardausrüstung gehör-

Im Windschatten der Betontürme von Wuhai hat sich ein Obdachloser aus Billardtischen eine Behausung geschaffen.

ten, blieb nur die Muskelkraft, um das Fahrzeug wieder in Bewegung zu bringen. Daran mangelte es zum Glück nicht, und mit vereinten Kräften schoben wir das Vehikel wieder auf die Piste.

Als nächstes steuerte die Piste auf eine seltsame Steinpyramide zu, die mutterseelenallein in der Landschaft stand. Das neuerliche »Hindernis« entpuppte sich als Wegweiser für die Seele. Wie in Tibet standen auch in der Mongolei an markanten Punkten Steinmale, die fromme Pilger aufgeschichtet haben. Während es sich in Tibet zumeist um einfache Steinhaufen handelte, aus denen sich Büschel von Gebetsfahnen reckten, waren die mongolischen Obos eindrucksvolle Bauwerke. In einer Welt, wo es weit und breit nichts größeres als Sandkörner gab, erschien allein die Anhäufung von Steinplatten schon als ein Wunder. Die Steinblöcke waren zu einer runden dreistufigen Pyramide geschichtet, aus deren Mitte ein Holzpfahl ragte, von dessen Spitze in alle vier Himmelsrichtungen Seile führten. Das Obo erinnerte den Sucher in der Wüste an den edelsten aller Wege, den es zu gehen gilt – an den Pfad, der zur Befreiung führt. Im Westen tauchte nun eine kahle, von den Kräften der Verwitterung zersägte Bergkette auf, die in der Abendsonne rot aufleuchtete, als stünde sie in Flammen. Die Gipfel sahen mächtiger aus, als sie in Wirklichkeit waren. In einer Welt, wo man auf mehrere Kilometer Entfernung einen größeren Stein erkennen konnte, verschoben sich die gewohnten Maßstäbe. Nach meinen Berechnungen mußte es jener Bergzug sein, der auf neueren Karten unter dem Namen Helan Shan eingetragen war. Er markierte den westlichen Rand eines der ausgedehntesten Sandgebiete der Gobi, dessen Name in früheren Zeiten auch das Gebirge bezeichnete: die Alashan Shamo.

Vom Sandmeer war hier aber noch nichts zu spüren, im Gegenteil: Ganz unerwartet stießen wir auf einen Fluß, dann auf den nächsten, und schließlich standen wir vor dem Huang He. Der Gelbe Fluß hat hier ein deltaähnliches System von Wasserläufen gebildet, die Räume dazwischen waren stark versandet, so wie die Straße, die sich im Zickzack hindurchschlängelte.

Trotz des Vorhandenseins von genügend Wasser machte die ganze Gegend einen verödeten Eindruck. Weshalb gab es hier keine künstlich angelegten Kanäle wie sonst überall

entlang des Gelben Flusses, mit deren Hilfe man Felder bewässerte? Warum lebten hier keine Menschen? Die Frage beantwortete sich ein paar Kilometer weiter von selbst. Vor dem Hintergrund der Helan-Berge tauchte die Skyline einer Stadt auf. Hochhäuser aus Beton und rauchende Schlote schossen in wirrer Anordnung aus dem Boden. Während am »Grab des Chinggis Khan« die Vergangenheit nicht aufgehört hat, begann hier bereits die Zukunft. Die Gegensätze waren kaum mehr zu überbieten.
Mitten im Sand setzte eine sechsspurige Straße an. Die wenigen Radfahrer, die uns begegneten, wirkten darauf wie verloren. Aus dem ineinanderverschachtelten Gewirr armseliger Baracken wuchsen Betonklötze mit gekachelten Fassaden wie Riesenpilze. Es sah so aus, als wollte man mit Hilfe eines unerwarteten Geldsegens das verschlafene Wüstennest in eine Mischung aus Las Vegas und Silicon Valley verwandeln. Chinas radikale Wirtschaftspolitik, ausgerichtet auf Wachstum um jeden Preis, hat bis hierher durchgeschlagen. Wuhai glich einem Abenteuerspielplatz der boomenden Bauindustrie. Die Bedingungen für Bauherren waren paradiesisch. Ohne jegliche Auflagen konnte hier geplant und ausgeführt werden. Während in rasender Geschwindigkeit, in Tag- und Nachtschichten Wolkenkratzer hochgezogen werden, sieht man daneben Menschen, die mit bloßen Händen den täglichen Bedarf an Kohle in ihre Wohnungen schaffen. Mit ähnlicher Schnelligkeit wie das Wachstum wurden auch die Schattenseiten sichtbar. Die Gerüste an den Hochbauten waren noch dran, der Paradeplatz mit den bunten Lampen und dem Springbrunnen noch nicht fertiggestellt, da schliefen schon Obdachlose auf zusammengestellten Billardtischen.

Die Dynamik, mit der Wuhai sich entwickelte und veränderte, überraschte auch Orla. Das Hotel, zu dem er uns führen wollte, gab es nicht mehr. Hilflos irrten wir in der aufstrebenden Wüstenmetropole umher, fragten da und dort. Einmal verwies man uns auf einen Gebäudekomplex, der gerade erst im Rohbau fertig war, dann standen wir vor einem halb abgerissenen staatlichen Gästehaus. Der Chauffeur machte mich zum wiederholten Mal darauf aufmerksam, daß seine Abendmahlzeit überfällig sei und er sein Shushi, die geheiligte Ruhepause, brauche. Als wir wieder einmal am großen Platz vorbeikamen, schlug ich Orla vor, schon einmal ein paar Billardtische zu reservieren, solange sie noch frei waren. Aber so weit kam es nicht. Schließlich fanden wir Obdach in einem grauen Gebäude, an dem wir mehrmals vorbeifuhren, aber es nicht als Hotel erkannten, weil die Aufschrift abmontiert worden war. Am nächsten Morgen verzögerte sich die Abfahrt um weitere Stunden. Orla hatte die schwierige Aufgabe übernommen, nach einem zweiten Fahrzeug samt wüstentauglichem Fahrer zu suchen. Dies war notwendig geworden, weil es zu riskant erschien, in die vor uns liegenden Wüstenpassagen nur mit einem einzigen Fahrzeug hineinzufahren. Außerdem war der Minibus mit acht Personen und dem Gepäck so überfrachtet, daß wir kaum eine Chance hätten, schwierigeres Gelände zu meistern. Ich hatte Orla klargemacht, daß er unbedingt ein geländegängiges Vehikel anmieten muß und möglichst einen Fahrer, der die Strecke nach Khara Khoto gut kennt. Kurz vor Mittag erschien er mit einem armeegrünen Beijing-Jeep, der zwar klein, aber – wie ich wußte – recht robust und im Gelände recht wendig war. Der Fahrer, ein Chinese, schien der ganzen Sache eine gewisse Her-

ausforderung abzugewinnen, jedenfalls malte er mir gestenreich die Schwierigkeiten der bevorstehenden Fahrt aus und führte mir vor, mit welch ausgefeilter Fahrtechnik er die »Shamo« bezwingen werde.
Ein Teil unseres Gepäckes konnte nun in die »grüne Ameise« umgeladen werden. Orla nahm auf dem Beifahrersitz Platz, dann mußten die Fahrzeuge noch betankt werden, bevor wir endlich in Richtung Westen aufbrachen.

Auf alten Karawanenwegen zum Edsin Gol

Die Skyline der Trabantenstadt Wuhai war bald im Staub verschwunden, den die Fahrzeuge in dicken Wolken hinter sich herzogen. Vor uns tauchte nun der Helan Shan auf. Aus der Ferne machte das Gebirge einen recht kompakten Eindruck, aber nun löste es sich in ein weitläufiges System von unbedeutenden Hügeln auf, die für die Fahrzeuge keinerlei Schwierigkeiten boten. Erst danach schoben sich von Norden Sanddünen heran, die zum Teil schon beträchtliche Höhen aufwiesen. Die Piste wurde nun merklich schwieriger und zog sich geschickt zwischen den nördlichen Ausläufern des Wüstengebirges und dem ausgedehnten Dünengebiet hindurch. An einigen Stellen hatte der Sand die Straße überspült, aber er war nicht sehr tief. Abgesehen davon gab es genügend alte LKW-Spuren, denen wir folgen konnten.
Danach wich der Sand wieder nach Nordosten zurück und öffnete einen natürlichen Korridor. Im Westen, im Süden und im Osten konnte man in der Ferne gelb-gezackte Kämme von Wanderdünen erkennen. Sie bildeten an drei Seiten scharfe Begrenzungen, so daß nur der Weg nach Nordwesten offen schien. Dies mußte

jene Passage sein, in der früher ein Karawanenweg verlief, der von Tibet über die Stadt Bayan Hot (früher Dingyuanjing) nach Khara Khoto und weiter in die nördliche Mongolei führte. Der alte Weg, an dessen Stelle nun die Straße getreten war, umging das Sandmeer der Alashan in einem weiten Bogen, indem er einer Kette von Wasserstellen folgte, die hier einstmals existierten.

Die gleiche Route benutzte zu Beginn des Jahrhunderts auch der Russe Koslow, als er mit seiner Karawane von Khara Khoto nach Tibet und wieder zurück zog. Koslow benötigte für die Strecke von Khara Khoto bis Dingyuanjing (Bayan Hot) 25 Tage. Fast jeden Tag konnten sie an einem Brunnen oder gar See lagern. Bisweilen trafen sie auf kleine Oasen, urwüchsige Pappelwälder und Schilfdickichte, die einer – im Vergleich zu heute – sagenhaft anmutenden Tierwelt Lebensraum boten. Ohne Zweifel müssen sich die Lebensverhältnisse in diesem Jahrhundert radikal verschlechtert haben. Wenn man heute die zerborstenen, von glänzendem Wüstenlack überzogenen Gesteine sieht, auf denen nicht einmal mehr die anspruchslosen Tamarisken und Saxaul überleben können, fällt es einem schwer zu glauben, daß hier früher Menschen lebten.

Zu Koslows Zeiten, also vor knapp hundert Jahren, gab es im Umkreis der Brunnen genügend Weideland,

Die Piste nach Khara Khoto umgeht die Alashan-Wüste im Westen. Sie folgt im wesentlichen jener alten Karawanenroute, auf der bereits der Russe Koslow auf seinem Weg von der Mongolei nach Tibet entlangzog.

das ausreichte, um Mongolen mit ihrem Vieh ein Auskommen zu gewähren. Als die Brunnen versiegten, verschwanden auch die Pflanzen und Tiere – und die Mongolen. Das Leben reduzierte sich auf wenige Oasen, wo mit großem Aufwand das lebensspendende Wasser aus den Tiefen der Erde gepumpt wurde. Dort aber siedelten sich bevorzugt Chinesen an. Auch Koslow fiel die »wirtschaftliche Versklavung« der Mongolen durch die eingewanderten Chinesen auf. »Sie eignen sich nicht nur im Gebirge, sondern auch in dem im Osten angrenzenden Tal des Gelben Flusses die besten Ländereien an«, beklagte sich Koslow. »Sie roden blindlings die Wälder. An den Abhängen des Alashan (-Gebirges) gibt es wohl kaum noch eine Schlucht, in der nicht Gruppen von chinesischen Fansen stehen, in denen nicht der Schlag der Axt ertönt und keine geschälten Stämme leuchten. Die Holzfäller dringen bis in die höchsten Lagen des Gebirges vor und schonen auch nicht eine einzige Baumart, nicht einen einzigen Baum, der ein bestimmtes Alter erreicht hat. Wenn man die alljährliche, in keinerlei Weise gehinderte Abholzung des Waldes bedenkt, wird einem verständlich, warum die Quellen und Brunnen austrocknen, warum die Oase Dingjuanjing immer wasserärmer wird und warum schließlich die mongolische Bevöl-

Für die wenigen Mongolen, die heute noch am Unterlauf des Edsin Gol leben, ist das Kamel noch immer wichtigstes Fortbewegungsmittel und als Lasttier unersetzlich.

kerung in absehbarer Zeit von der Gefahr einer völligen Ausrottung bedroht ist.«
Koslows letzter Satz beschrieb keine düstere Zukunftsvision, sondern traf genau die gegenwärtige Realität. Wohin man auch blickte, nirgendwo fanden sich Spuren von Leben. Die flache Kieswüste, über die wir glitten, war genauso tot wie die Sandberge, die den Horizont begrenzten. Aber was bedeutete das für die bevorstehende Wüstendurchquerung? Konnte ich mich überhaupt darauf verlassen, daß es die Salzseen, die auf unserer Karte eingezeichnet waren, noch gab? War es nicht trügerisch, davon auszugehen, daß wir wie in der Takla Makan durch Graben an Wasser kommen konnten? Selbst wenn wir unseren gesamten Wasserbedarf auf Kamelrücken unterbrachten, waren wir immer noch darauf angewiesen, daß die Tiere Wasser fanden.
Ein heftiger Ruck riß mich unsanft aus meiner Gedankenwelt. Das Fahrzeug neigte sich zur Seite, schleuderte und war nur mit Mühe abzufangen. Der vorprogrammierte Reifenschaden gab Gelegenheit, uns die Beine zu vertreten. Nach einer halben Stunde ging es wieder weiter. Ungünstig war nur, daß das vorausfahrende Fahrzeug längst über alle Berge war. Unser Rückstand vergrößerte sich noch, weil der abgefahrene Reservereifen zu langsamem Tempo zwang. Ein weiterer platter Reifen hätte das vorläufige Ende der Fahrt bedeutet. Aber da tauchten von Zäunen und Mauern eingefaßte Gärten auf. Auch das spärliche Weideland war eingezäunt und wurde von Ziegen und Kamelen redlich geteilt. Da und dort reckten wilde Pappeln ihre knorrigen Äste in den Himmel. Oberhalb der künstlich bewässerten Felder, auf einer natürlichen Terrasse, standen Häuser im Kasernenstil. Ihre einstmals weiß-

getünchten Mauern harmonierten nun mit dem gelbbraunen Wüstenstaub ringsum.
Bevor wir den Ort erreichten, kamen wir zu einer Weggabelung. Der Fahrer wäre in Richtung Norden durchgestartet, hätte ich ihn nicht unerbittlich in die Siedlung dirigiert. Vom ersten Bewohner, der uns über den Weg lief, erfuhren wir, daß wir in Shar Burd angekommen waren. Auch der Beijing-Jeep wäre hier durchgekommen, verriet er uns, und der Fahrer hätte – ebenso wie wir – nach dem Gästehaus gefragt. Augenblicke später parkten wir neben der »grünen Ameise« inmitten eines Innenhofes.
Wir wurden bereits erwartet. Die Sicherheitsbehörden von Bayan Hot hatten in Gestalt einer attraktiven Chinesin ein Auge auf uns geworfen. Ab dem nächsten Ort, so wurde mir erklärt, würden wir militärisches Sperrgebiet betreten, und das wäre nur in Begleitung eines lokalen Offiziers möglich. Wir hatten natürlich gehofft, die Chinesin würde mitkommen, aber sie wollte nur unsere

Chinesischer Checkpoint bei Bayan Nor. Hier beginnt jenes militärische Sprenggebiet, das nur mit Sondererlaubnis betreten werden darf.

Das Kloster Shartsan war einst Oase des Glaubens am Rande der Alashan-Wüste. Es wurde wie die meisten buddhistischen Klöster der Inneren Mongolei nahezu vollständig zerstört, und erst in jüngster Zeit ist aus den Trümmern ein kleiner Tempel wiedererstanden.

Reisepässe sehen. Mit auf die Reise ging ein junger Mongole, der, wie man mir versicherte, über allerbeste Kontakte verfügte und uns den Weg nach Khara Khoto frei machen würde. Wie weit das stimmte, würden wir am nächsten Tag bereits sehen, denn da mußten wir die Militärkontrolle passieren.

Um den Behörden in Bayan Hot keine Zeit zu geben, es sich noch einmal anders zu überlegen, bat ich Orla, die Fahrer mit einer Sonderprämie zu überreden, morgens sehr früh zu starten und an einem Tag bis zum Edsin Gol durchzufahren. Waren wir einmal dort, konnte ich Khara Khoto jederzeit zu Fuß erreichen. Und was sollte mich dann noch abhalten?

Es war eine unerklärliche Anziehungskraft, die diese versunkene Stadt in der Gobi auf mich ausübte. Noch bevor ich eines der alten Schwarzweiß-Bilder gesehen hatte, träumte ich bereits von Khara Khoto. Es war der einzige Platz in der Gobi, der mich wirklich interessierte, und erst später kam die Idee der Durchquerung der Alashan-Wüste hinzu. Die Gründe, nach Khara Khoto zu gehen, befanden sich nicht im Kopf, sondern im Bauch. Ich folgte einem Gefühl, einer inneren Stimme, die ich zu hören gelernt hatte und der ich bei allen wichtigen Entscheidungen vertraute. Die Bilder von Khara Khoto, die vor dem inneren Auge entstanden, bezogen sich auf Tibet, den Mythos von Shambhala, der mich seit Jahren beschäftigte. Nur Vision? Projektion? Visionen sind aber meine Wirklichkeit, die Wahrheit, nach der ich lebe.

Das Tor zu Shambhala bewachte ein Soldat in grüner Uniform. Nur wenige Kilometer nördlich von Shar Burd lag Bayan Nor. Hier begann jenes Gebiet an der Grenze zur Äußeren Mongolei, das dem Militärkommando von Gansu unterstellt war. Der

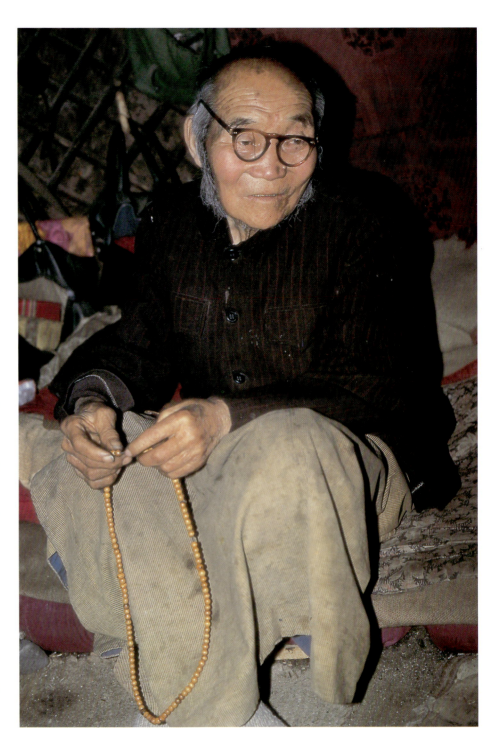

Soldat trat heran, salutierte vorschriftsmäßig, verlangte die Pässe und... ließ uns passieren!

Kurze Zeit später kamen wir am Kloster Shartsan-sume vorbei. Auch wenn schon aus der Ferne zu erkennen war, daß der größte Teil des Heiligtums in Trümmern lag, wollte ich mir den Ort unbedingt ansehen. Es stand in zauberhafter Lage auf einer Felsterrasse am südlichen Abhang eines zerklüfteten Gebirgsriegels. Von

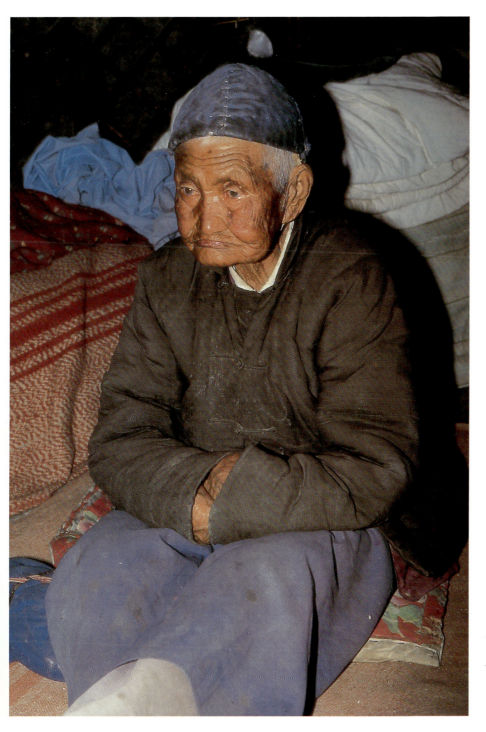

Der einzige Mönch des Klosters Shartsan-Sümo und seine Lebensgefährtin. Viele buddhistische Mönche der zölibatären Gelbmützen-Schule wurden während der Kulturrevolution von den Chinesen zwangsverheiratet.

den einstmals drei Tempeln war nur noch einer übriggeblieben. Genauer gesagt: Nur ein einziges Gebäude war nach der Zerstörung wieder aufgebaut worden. Von allen anderen Bauten zeugten nur noch Ruinen. Als sich der Russe Koslow im Frühsommer des Jahres 1908 mit seiner Karawane näherte, leuchteten ihm schon von weitem die weißen Suburgane, Tempel und Mönchszellen entgegen. Ein Brunnen mit klarem Süßwasser und ein schattiger Hain luden zum Verweilen ein. Vom ganzen Wunder der kleinen Oase stand nur noch ein einziger Baum. Sein mächtiger Stamm, der sich zwischen Graniten herauswand, und die saftiggrüne Krone gaben dem Ort einen letzten Hauch von Leben.

Dann machten wir uns auf die Suche nach Menschen. Das hölzerne Tor zum Heiligtum war verschlossen, und auf unser Klopfen antwortete niemand. Auch die häßliche kleine Lehmhütte, die nur für den Wächter gedacht sein konnte, fanden wir fest verriegelt. Nicht weit davon entfernt stand noch eine Filzjurte. Als wir uns ihr näherten, trat eine alte Frau heraus und blickte uns entgeistert an. Die Alte konnte sich nur mit Mühe, auf einen Stock gestützt, auf den Beinen halten und machte einen apathischen Eindruck. Jedenfalls zeigte sie keine Reaktion, als Orla sie auf mongolisch ansprach. Da vernahmen wir den monotonen Singsang gemurmelter Mantras, die aus dem Inneren des Zeltes drangen. Orla schob die Filzdecke am Eingang zur Seite und verschwand im Halbdunkel des Inneren. Kurze Zeit später erschien er mit der Nachricht, daß der Schlüsselverwalter nicht da sei und wir folglich das Kloster nicht besichtigen könnten.

»Und wer ist in diesem Zelt?« wollte ich wissen.

»Ein Lama«, antwortete der Mongole. »Kannst du ihn fragen, ob er mich empfängt und ein paar Fragen beantwortet?« bat ich Orla. Wieder verschwand der Mongole im Zelt und kam genauso schnell wieder mit der Antwort zurück.

»Ja, der Lama bittet dich jetzt einzutreten.«

Der Mönch war schon sehr alt. Mit Augen, die nur noch wenig Lebenskraft zeigten, blickte er mich über den Brillenrand hinweg an. Er konnte sich kaum noch bewegen, nur durch die Finger glitt unablässig die Gebetsschnur. Obwohl sich Orla bemühte, meine Fragen dem Lama möglichst verständlich zu formulieren, war nicht viel herauszubekommen. Demnach stammte er aus dem großen nordöstlich gelegenen Kloster Shande-sume, das die Mönche zu Beginn der Kulturrevolution aus Angst verließen. Das Heiligtum verfiel, der Rest wurde zerstört. Die nachfolgende Zeit beschrieb er als sehr schlimm, weil die Mönche verfolgt, zwangsverheiratet, in Zivilkleidung gesteckt und in Arbeitslager geschickt wurden. Erst vor 7 Jahren kam er mit seiner Frau nach Shartsan-süme, um hier die letzten Tage seines Lebens zu verbringen. Nach seinen Angaben wurde das Gelugpa-Kloster vor 200 Jahren errichtet, im Jahre 1967 zerstört und erst 1987 teils durch staatliche Mittel, teils durch Spenden der Gläubigen wieder aufgebaut. Allerdings nur zum Teil, wie wir sahen.

Unmittelbar nach Shartsan-süme drangen wir in ein vollkommen vegetationsloses Gebirge ein. Verwitterte, in einzelne Blöcke zersprungene Granite formten hier eine unwirkliche Landschaft. In vielen Windungen zog sich die Piste durch enge Canyons und über kleine Schwellen. Danach wurde das Gelände wieder offener. Immer häufiger waren Ebenen eingelagert, die mit Saxaul bestanden waren. Um jeden Busch, der aus dem Boden ragte, hatte der Wind

ein Sandpolster angehäuft. Sie erinnerten an Schaumkronen im aufgewühlten Meer.

Die hohen Sanddünen, die uns bis Shar Burd begleiteten und stets die Nähe der Alashan spüren ließen, waren nun gänzlich verschwunden. Statt dessen begrenzten seltsame Abbrüche die weiten Talfurchen, denen wir folgten. Sie ließen vermuten, daß der ursprüngliche Wüstengrund viel höher lag und all die Täler, die wir vor uns sahen, erst durch die Kräfte der Erosion aus der Hanhai-Scholle herausgefräst wurden. Stundenlang ratterten wir über Rippelpisten, endlose Kies- und Trümmerflächen. Menschenleer lag dieser riesige Raum unter dem tiefblauen Himmel da. Nur einmal hielten wir für längere Zeit an. Eine weitere Reifenpanne bescherte uns diese erzwungene Rastpause. Mehrmals kamen wir noch an Militärstützpunkten vorbei, beim letzten, es war knapp vor Sonnenuntergang, hielten wir an, um einen Imbiß einzunehmen. Es gab frische, handgezogene Nudeln mit gebratenem Gemüse. Dann ging es sofort weiter.

Die Wüste gab nun einen weiten Talkessel frei, in den wir langsam hin-

Das deprimierende Bild des heute ausgetrockneten Sees Gashun Nor. Die Bergketten im Hintergrund liegen bereits in der Äußeren Mongolei.

unterglitten. Der nach Nordwesten weisende Goitzo-Kessel markierte eine der tiefsten Stellen in der Mongolei. Koslow äußerte sogar die Vermutung, er hätte früher zusammen mit den beiden Seen Gashun und Sogo Nor eine zusammenhängende Wasserfläche gebildet.

Wenn es wirklich so war, dann mußte es lange her sein, denn die Verwüstung war weit fortgeschritten. Andererseits konnte ich ermessen, wie schnell sich seit Koslows Besuch in nicht einmal einem Jahrhundert die Umweltbedingungen verändert hatten.

»Als wir am 29. Mai (1908) den Talkessel Goitzo betraten«, schrieb der Russe, »und die ausgedehnten, leise raschelnden Schilfdickichte erblickten, zwischen denen Streifen von klarem Wasser blinkten, meinten wir, es könnte nichts Schöneres auf der Welt geben.«

Die grünen Schilfdickichte, die Quellen und spiegelnden Salzsümpfe waren indessen verschwunden. Die Pflanzenwelt hatte sich im wesentlichen auf Tamarisken und Saxaul reduziert. Die Landschaft bot keinerlei Abwechslung und Reize. Die »grüne Ameise« war längst in der Ferne unseren Blicken entschwunden, und der Fahrer neben mir wurde immer müder. Die Augen zu dünnen Sehschlitzen zusammengekniffen, starrte er auf die vor ihm liegende Piste. Ich machte ihm deutlich, daß ich weiterfahren wolle. Ohne zu zögern hielt er an und ließ mich ans Steuer. Seine gleichmäßigen Atemzüge verrieten mir bald, daß er tief und fest schlief.

Die Nacht hatte längst ihren kalten Schatten über die Landschaft gebreitet, aber wir waren noch immer unterwegs. Knapp vor Mitternacht tauchten Lichter in der Ferne auf, dann kamen vereinzelte Gehöfte, eine Brücke, und wir waren in Erji Naqi.

Seen ohne Wasser

Was die Dunkelheit der Nacht uns bei der Ankunft gnädig erspart hatte, enthüllte nun das Tageslicht: die staubigen Baracken der chinesischen Garnisonsstadt Erji Naqi. »Paß auf, ich glaube, die Chinesen haben dort eine Wasserstoffbombe getestet«, hatte mich Jürgen in Beijing gewarnt. Seit wir in Bayan Nor das militärische Sperrgebiet betreten hatten, führte ich in regelmäßigen Abständen Radioaktivitätsmessungen durch. Aber bisher konnte ich keine wesentlich erhöhte Strahlung feststellen.

Das Gästehaus hatte noch nicht viele Langnasen gesehen. Deshalb wurden wir erst einmal ausgiebig bestaunt. Dann folgte die Begrüßung nach mongolischer Art. Die Prozedur, jedenfalls die lokale Variante von Erji Naqi, war nur schwer zu ertragen, wenn man nicht gerade Alkoholiker war. Sie bestand aus drei verschiedenen Teilen. Der Gast hatte die einfachste Rolle zu übernehmen. Er brauchte nur den »Kamelschnaps« hinunterzukippen, den die Mongolin jedesmal randvoll füllte. Dazwischen intonierte das Begrüßungskomitee mal solo, mal im Duett seine Ständchen. Jedenfalls benötigte ich nach diesem fulminanten Willkommensgruß erst einmal eine Pause.

Noch im Laufe des Vormittags machten mir Vertreter der lokalen Behörden ihre Aufwartung. Die obligate mongolische Begrüßung konnte ich durch Verweis auf meinen angegriffenen Gesundheitszustand abbiegen. Nach einer zweiten derartigen Sauferei wäre der Tag sicher gelaufen gewesen. Aber ich brauchte einen klaren Kopf, denn nun galt es, das Programm für die nächsten Tage auszuhandeln. Was ich denn sehen wollte, fragten mich die beiden Mongolen. »Khara Khoto, den Gashun Nor, Klöster… alles von Interesse«, antwortete ich darauf.

»Wie lange ich denn hier bleiben werde«, wollten sie wissen. »Bis ich alles gesehen habe, das mich interessiert.« Daraufhin berieten sie sich in mongolischer Sprache, und nach einer Pause verkündete der Wortführer, daß es keine Sehenswürdigkeiten mehr in dieser Gegend gebe. Auch wäre am Gashun nichts zu sehen, ob ich denn trotzdem hin wollte? Ich nickte.

»Was ist mit Khara Khoto?« Die Frage brannte mir förmlich auf den Lippen.

»Wir werden dich hinführen, aber gib uns noch etwas Zeit, um geeignete Fahrzeuge zu organisieren.« Meine Freude kannte keine Grenzen. Dankbar drückte ich Orla die Hand. Er hatte alles hervorragend vorbereitet. Auch Puwei und Peter strahlten, weil ich sie längst mit meinem Khara Khoto-Fieber angesteckt hatte.

Die Zeit bis zum Aufbruch nach Khara Khoto wollte ich nicht ungenützt verstreichen lassen und beschloß, sofort die Exkursion zum Gashun Nor zu unternehmen. Eine Stunde später saß ich bereits mit Puwei in der geländegängigen »grünen Ameise« und verließ die Oase in Richtung Norden. Zunächst bewegten wir uns noch im Schutz von Pappelwäldern, die sich allmählich lichteten und bald nur noch vereinzelt zwischen den Tamariskenhügeln herausragten. Dort, wo die Wüste den Pappelbewuchs endgültig aus der Landschaft verbannte, stand ein Baumriese mit dichtem, saftig-grünem Blätterdach. Er galt als heilig, und von seiner Spitze führten bunte Gebetsfahnen zum Boden.

Wo die Toghraks, die wilden Pappeln, starben, lebten die Tamarisken. Der Wind hatte die Gewächse in Sandhaufen gelegt, die wie riesige Maulwurfshügel aussahen. Kaum merklich fiel das Gelände nach Norden hin ab, und vor unseren Augen breitete sich eine riesige, leicht gewölbte

Ebene aus. Als dunkelblauer gezackter Kamm zeichnete sich in der Ferne ein Gebirge ab, das bereits jenseits der Grenze, in der Mongolischen Republik, lag. Wir kamen an einem künstlich aufgeschichteten Erdhügel vorbei, hinter dem sich die Ruinen einer Kaserne verbargen. Wenige Kilometer weiter nördlich hielt der Fahrer an einer unscheinbaren Geländestufe. Das wäre das Ufer des Gashun Nor, erklärte er mir und malte eine Skizze in den Sand, auf der er unsere Position und die Umrisse der beiden Seen eintrug. Ich konnte es kaum fassen, daß von diesem großen See und seinem Nachbarn, dem Sogo Nor, nichts mehr übrig wäre als diese riesige ausgetrocknete Fläche. Sorgfältig suchte ich mit dem Fernglas die gesamte Umgebung bis zum Horizont ab, aber ich konnte nicht einmal mehr Spuren von früheren Seen entdecken. Keine einzige noch so kleine Wasserfläche glitzerte in der Ferne, keine Salzsümpfe zeigten an, daß es hier einmal Wasser gab, ja nicht einmal Schilfgürtel wie am Lop Nor waren übriggeblieben. Ungläu-

Verwaister Armeestützpunkt an der Grenze von China zur Mongolei. Im Hintergrund ist der Uferstreifen des ausgetrockneten Sees Gashun Nor zu erkennen.

big bestimmte ich die Position mit dem Satellitengerät und verglich sie mit der Karte. Tatsächlich, ich stand genau dort, wo auf der Karte sich die riesige Wasserfläche des Gashun Nor ausbreitete.

Im Jahre 1927 erreichte Hedins Karawane den Edsin Gol. Er ließ sich ein Boot bauen und fuhr damit bis in den Sogo Nor. Als eine »türkisblaue Schale in der gelbgrauen Wüste« beschrieb der Schwede den ersten Anblick des Sees. Bei der anschließenden Überquerung geriet er fast in Seenot, weil ein plötzlich aufkommender Wind die Oberfläche aufwühlte. Zwei Jahrzehnte vor Hedin hatte bereits der Russe Koslow von der wundervollen Stimmung und der reichen Tierwelt am Sogo Nor geschwärmt. Der zu Hedins Zeiten ca. 2–3 Meter tiefe See mit einem Umfang von rund 50 Kilometern fror im Winter – ebenso wie der benachbarte, noch viel größere Gashun Nor – gänzlich zu. Als im Januar 1929 zwei Mitglieder von Hedins sino-schwedischer Expedition den Gashun Nor besuchten, stellten sie fest, daß die Eisdecke 60 Zentimeter dick war.

Seit dieser Zeit mußte man dem Edsin Gol auf seinem Weg durch den Gansu-Korridor nach Norden so viel Wasser abgezogen haben, daß die beiden Seen rapide austrockneten. Auf allen einschlägigen Karten, die ich kannte, waren die beiden Seen noch als solche eingezeichnet. Auch das Wort »Gol«, der mongolische Begriff für See, war weiterhin Bestandteil der Namen. Gewiß, die »Seen« waren noch da, nur ohne Wasser.

Wie die Masten eines sinkenden Schiffes leuchten goldgelb die Türme von Khara Khoto aus der Wüste, während der wandernde Sand bereits die Mauern überspült und die Reste der alten Stadt mehr und mehr unter sich begräbt.

Abgestorbener Pappelwald am Unterlauf des Edsin Gol. Rigide Eingriffe der Chinesen in das Ökogefüge haben den Edsin Gol zum Austrocknen gebracht. Als Folge sank in der Umgebung der Grundwasserspiegel, so daß auch den Bäumen das lebensnotwendige Wasser entzogen wurde.

Zusamengestürzte Mauern, Stuck- und Tonfragmente gemahnen an die Vergänglichkeit, während die weißen Suborgane, die sich auf den gewaltigen Festungsmauern von Khara Khoto erheben, als Leuchttürme des Glaubens dem Verfall trotzen.

KAPITEL 5

Die Stadt in der Wüste

Es war ein prickelndes Gefühl, der Erfüllung eines Traumes nahe zu sein, als wir am nächsten Morgen in aller Frühe von Erji Naqi aufbrachen. Nicht weit entfernt, draußen im Sand der Wüste, lag jener Ort, wo sich Phantasie und Wirklichkeit treffen würden. Schon längst hatte mein Bewußtsein ein eigenes Khara Khoto entstehen lassen, eines, das von Bildern und Visionen lebte. Noch nie war ich auf eine Begegnung so gespannt, wie auf diese vom Sand begrabene Stadt.

Wir verließen die Garnisonsstadt an der Einfallstraße, auf der wir gekommen waren. Aber schon bald bogen wir in eine schmale Sandpiste ab, die zunächst durch einen Pappelwald in Richtung Süden führte. Später blieb auch diese zurück, und wir folgten nur noch schwach erkennbaren Spuren.

Mit jedem Kilometer, den wir zurücklegten, wurde der Baumbewuchs spärlicher, und bevor er gänzlich aufhörte, trafen wir auf eine mongolische Familie, die hier am Rande der Wüste lebte. Hätte ich nicht die im Wind rotierende Gebetsmühle gesehen, wären wir wahrscheinlich vorbeigefahren. So aber hieß ich den Fahrer anhalten, in der Hoffnung, etwas über die gegenwärtigen Lebensverhältnisse der Mongolen am Unterlauf des Edsin Gol zu erfahren. Schon aus der Ferne war zu erkennen, daß die Familie ihr freies Nomadenleben gegen den Komfort der Seßhaften eingetauscht hatte. Das Anwesen bestand aus einem Lehmhaus mit flachem Dach und einer traditionellen Jurte, die etwas abseits unter schattenspendenden Pappeln stand. Bei aller Empfänglichkeit für die Annehmlichkeiten des modernen Lebens, hingen sie immer noch an bestimmten Traditionen. Wie selbstverständlich wurden wir in das Filzzelt gebeten und nicht in das Haus. Noch immer war die reich mit Teppichen und Filzdecken ausgestattete Jurte der Platz, wo man Gäste empfing, Feste feierte oder zu den Göttern betete.

Ähnlich dem tibetischen Nomadenzelt befand sich auch in der Jurte der Altar auf der Rückseite, und ebenso lagen die Sitzplätze der Gäste rechts vom Eingang. Während die Frau des Hauses auf dem Herd, der den Mittelpunkt bildete, den Tee zubereitete, begann der Mann zu erzählen.

Früher, so sagte er, habe es am Edsin Gol noch gutes Weideland gegeben. Aber die Wiesen seien längst vertrocknet, und deshalb gebe es nur noch wenige Mongolen, die hier lebten.

»Seht euch einmal hier in der Gegend um«, forderte er uns auf, »überall sterben die Pflanzen, weil es kein Wasser gibt.«

»Ist das nicht schon immer so gewesen?«

»Nein, früher brachte der Edsin Gol genügend Wasser, und wir mußten nicht so tiefe Brunnen graben wie heute.«

»Wie tief ist dein Brunnen?« wollte ich wissen.

»Neun Meter.«

»Aber das ist doch nicht tief im Vergleich zum 250 Meter tiefen Brunnen, den der ›Schwarze General‹ in Khara Khoto graben ließ.« Meine Anspielung auf die allgemein verbreitete Legende vom Untergang Khara Khotos löste Erheiterung aus.

»Ja, ja, du hast recht, aber das war noch, bevor wir Mongolen hier lebten.«

Nach einer Weile fährt er fort: »Der ›Schwarze General‹ ist selbst schuld am großen Unglück, das über Khara Khoto gekommen ist. Er forderte die Chinesen heraus, weil er seine Armee für unbesiegbar und die Mauern von Khara Khoto für uneinnehmbar hielt. Aber er verlor die entscheidende Schlacht und mußte – vom chi-

> »Es war ein ungewöhnlicher Anblick, vielleicht das eindrucksvollste, das ich je in der Wüste sah, diese tote Stadt mit ihren mächtigen, weitgehend noch gut erhaltenen Mauern und Türmen, die sich aus dem Sand erhoben.«
> Sir Aurel Stein

nesischen Heer verfolgt – in den Mauern von Khara Khoto Schutz suchen. Als der chinesische Heerführer erkannte, daß die Stadt nicht zu erobern war, befahl er seinen Soldaten, den Fluß zu stauen, so daß die Verteidiger vom Wasser abgeschnitten waren. Noch heute kannst du den Damm sehen, den die Belagerer damals bauten.

Der Durst, den die Menschen litten, war entsetzlich. Deshalb ließ der ›Schwarze General‹ einen unvorstellbar tiefen Brunnen graben. Als auch das erfolglos blieb, wurden in der Not alle Tiere geschlachtet, und man trank ihr Blut. Schließlich wurde die Situation in der Stadt so aussichtslos, daß der ›Schwarze General‹ seine gesamten Schätze aus Gold und andere Kostbarkeiten im Brunnen versenkte. Danach tötete er eigenhändig seine Familie, damit sie nicht in Feindeshand fiel, und trat zur letzten Schlacht an. Sein Heer, das bis dahin als unbesiegbar galt, wurde völlig vernichtet. Auch der ›Schwarze General‹ selbst fand in der Schlacht den Tod. Nach der Niederlage der Verteidiger wurde Khara Khoto von den Siegern geplündert und zerstört. Die Schätze jedoch hat niemand gefunden. Sie werden bis heute von einem mächtigen Zauber geschützt, und jeder, der es wagt, in den Brunnen hinabzusteigen, kommt dort elendiglich um.«

»Wir Mongolen meiden diesen Ort«, ließ er mich zum Abschied wissen und fügte warnend hinzu: »Ich weiß, daß du unbedingt nach Khara Khoto willst, aber gib acht, es gibt dort viele böse Geister.«

Ganz ähnliche Geschichten wurden in den Oasen am Rande der Takla Makan erzählt. Auch dort ging es um verborgene Schätze, die sich in den Ruinen der Wüste stapelten, und auch da verhieß die Botschaft Tod und Verderben demjenigen, der sich ihrer zu bemächtigen suchte.

Leuchttürme des Glaubens

Uns plagten zunächst weniger die Ängste vor Geistern der toten Stadt, als vielmehr ganz profane Dinge. Bald nachdem wir den Pappelwald hinter uns gelassen hatten, kamen wir in einen dichten Schilfgürtel. Plötzlich waren auch die schwachen Spuren verschwunden, denen wir bisher folgten, und unsere »grüne Ameise« wühlte sich wie ein Maulwurf durch das Pflanzendickicht. Tief gruben sich die Räder im weichen Sand ein, aus allen Ritzen drang mehlfeiner Staub ins Innere, und obwohl es draußen taghell war, wurde es im Inneren des Fahrzeuges dunkel. Wie flackernde Irrlichter leuchteten sämtliche Warnlampen am Armaturenbrett auf. Der Fahrer fuhr unbeirrt weiter. Dann brach die Vegetation jäh ab. Wir standen am Ufer des Edsin Gol. Über eine steile Uferböschung rollten wir hinunter ins flache sandige Flußbett.

Der Anblick des breiten Trockenbettes erinnerte mich stark an den Khotan-darja, den zeitweise wasserführenden Fluß der Takla Makan-

Mongolische Familie am Ufer des ausgetrockneten Edsin Gol. Die traditionelle Jurte dient nur noch zur Repräsentation, wenn Gäste kommen, oder als Rahmen für festliche Anlässe.

Rechts: Die Kräfte der Erosion haben die einst glatte Oberfläche im toten Flußdelta des Edsin Gol zerfurcht und ausgefräst. Die seltsamen Hügel, die der Verwitterung trotzen, weil die starken Wurzeln abgestorbener Tamarisken das Erdreich halten, zeigen die ursprüngliche Bodenhöhe an.

DIE STADT IN DER WÜSTE

Wüste. Auch hier sah es so aus, als wäre es noch nicht lange her, daß Wasser floß. Überall lag gestrandetes Treibholz umher, und in Ufernähe gab es tiefe Löcher und Mulden, die anzeigten, daß das Wasser hier einstmals Wirbel bildete und den Boden tiefer ausbaggerte. Genauso wie am Khotan-darja waren die Ufer um diese Jahreszeit von herbstlich gefärbten Pappelwäldern eingesäumt. Irgendwo im Schatten des Galeriewaldes mußte die Forschungsstation von Hedins sino-schwedischer Expedition gestanden haben, und nicht weit entfernt flußaufwärts hatte sich jenes erschütternde Wüstendrama von Mord und Selbstmord ereignet, das zwei Teilnehmern das Leben kostete.

Während ich das Flußbett erkundete in der vergeblichen Hoffnung, irgendwo Wasser zu finden, und unsere Position bestimmte, konnte der überhitzte Motor unseres Fahrzeuges etwas auskühlen. Ein unangenehmer Wind setzte ein, meterhohe Staubfontänen wirbelten über die Oberfläche, und der Himmel bekam eine fahle Farbe.

Obwohl der Fahrer die örtlichen Gegebenheiten gut kannte, waren mehrere Versuche notwendig, um die steile, versandete Uferböschung zu überwinden. Das Gelände wurde nun zunehmend schwieriger. Schon nach wenigen Kilometern standen wir neuerlich vor einem wasserlosen Flußbett. Es gehörte zum riesigen Delta, das der Edsin Gol geschaffen hatte, bevor er seinen Terminal, die beiden Seen Gashun und Sogo Nor, erreichte. Im Gegensatz zum Flußbett, das wir zuvor durchquerten, war dieses bereits vor so langer Zeit ausgetrocknet, daß es von den Kräften der Erosion völlig zerfressen war. Der Wind hatte zwischen den Tamarisken, die mit ihren starken Wurzeln noch das Erdreich hielten, Gassen und Furchen herausgefräst. Übrig blieb ein chaotisches Gewirr kegelförmiger Hügel, das an ein vorzeitliches Gräberfeld erinnerte. Vom Leben kündete nur noch ein einzelnes Kamel, das auf der Suche nach Nahrung im abgestorbenen Gehölz umherstreifte. Indessen hatte sich der Wind zum Sturm gesteigert und trieb den Sand wie Nebelschwaden

über die Oberfläche. Die Landschaft vor uns war längst im konturlosen Grau verschwunden und damit auch die Spuren, die uns durch das Labyrinth der Tamariskenkegel führen sollten. Nur schemenhaft tauchten von Zeit zu Zeit einzelne Geländeformen auf. Der Fahrer beugte sich weit über das Lenkrad und suchte angestrengt mit den Augen das vor ihm liegende Terrain ab.

Was war das? Mir schien, als hätte ich die Konturen eines Turmes gesehen, nur für Augenblicke tauchte er auf, wie das Flackern eines Leuchtturmes, wenn man sich dem Hafen nähert.

»Da vorne, seht doch, dort steht er«, rief ich den anderen im Fahrzeug zu. Immer klarer waren die Umrisse eines spitzen Bauwerkes zu erkennen. Dahinter trat noch ein zweites hervor. Der Fahrer hielt auf die Türme zu. Noch eine letzte Steigung, dann hatten wir das ausgetrocknete Flußbett hinter uns gelassen, und wir standen am Rande einer riesigen Kiesebene, aus der sich schlanke, nach oben zu verjüngende Türme wie Riesenfinger erhoben. Als wir ausstiegen, um sie näher zu betrachten, traf uns der Sturm mit voller Wucht. Die Ebene war wie leergefegt. Es gab weder Baum noch Strauch, nur noch schwere Kiesel lagen da, die der Wind nicht aufzuwirbeln vermochte. In der Ferne zeigten sich weitere Türme.

Sie alle waren Wegweiser für den Geist, die den Gläubigen an das erleuchtete Buddhabewußtsein erinnerten und hier wohl auch in ganz profanem Sinne dem in der Wüste Verirrten den Weg ins Leben wiesen – das hieß: nach Khara Khoto. Die Chörten oder Suburgane, wie sie die Mongolen nennen, säumten einstmals jene Einfallstraße, die von Nordosten her in die Schwarze Stadt führte. Neben den beiden hochstrebenden und noch erstaunlich gut erhaltenen Stufenpyramiden fanden sich die Reste eines alten Wachturms, der jedoch bis auf die Grundmauern zerstört war.

Die beiden nächsten Chörten erhoben sich zwei Kilometer entfernt mutterseelenallein auf der weiten Ebene. Auch sie standen noch unerschütterlich da, seit einem Jahrtausend, während der vorherrschende Nordwestwind die Umgebung zu einer glatten Fläche nivelliert hatte. Der Sturm hatte an Stärke weiter zugenommen und warf uns auf der ungeschützten Fläche fast um. Steine flogen durch die Luft. Da blieb nur die Flucht.

Von Süden her schoben sich nun hohe Sanddünen heran, die uns den Weiterweg versperrten. An ihren Ausläufern lagen die Reste einer alten Festung. Sie zeigte an, daß der alte Karawanenweg genau dort verlief, wo sich heute der gezackte Kamm der Sicheldünen aufbaut. Wir fuhren in großem Respektabstand an der Dünenfront entlang. Plötzlich hielt der Fahrer an und deutete aufgeregt nach Süden. Wie die Segel eines Bootes waren dort zwei blendend weiße Chörten aufgetaucht. Das war das erste, was wir von Khara Khoto sahen. Obwohl von der ganzen Stadt nur die zwei filigranen Spitzen aus der Sandoberfläche ragten, hatte die Erscheinung etwas Unwirkliches an sich. Vielleicht auch deshalb, weil ich es mir ganz anders vorgestellt hatte. Ich erwartete vom Sand bedeckte, verfallene Ruinen, statt dessen aber sah ich weithin leuchtende Türme aus dem gelben Sand wachsen, wie frisch getüncht und so unberührt, als stünden sie außerhalb der Gesetze irdischer Vergänglichkeit. Selbst der unfruchtbare Sand, der die weißen Leuchttürme der buddhistischen Lehre einschloß, erschien nicht mehr als Bedrohung, sondern eher als Schutz, der die Mauern in weichen Wellen umspülte.

Der Sandwall verhinderte, daß wir uns der Stadt direkt näherten, und zwang uns zu einem Umweg nach Westen. Die weißen Türme verschwanden wieder hinter den wogenden Dünenkämmen, und schon bald gelangten wir an den Rand der schwarzen Mesa. Unvermittelt brach die Kiesfläche in ein tief eingekerbtes Flußbett ab. Nach meinen Berechnungen mußte es einer der beiden antiken Wasserläufe sein, die Khara Khoto wie Arme umfingen. Die Erosion hatte hier ganze Arbeit geleistet. Der einstmals flache Grund war in ein undurchschaubares Gewirr von Tamariskenkegeln aufgelöst, zwischen denen wir im Zickzack-Kurs hindurchmanövrierten. Das ausgetrocknete Flußtal zog sich in Richtung Südwesten. Wir aber wandten uns scharf nach Osten, fuhren die steile Uferböschung hoch, und als wir die Abbruchkante erreichten, lag Khara Khoto vor uns. Ich ließ sofort anhalten. Wir standen neuerlich am Rande einer Ebene aus schwarzem Kies, aus der sich, etwa einen halben Kilometer entfernt, die gewaltigen Mauern und Bastionen der alten Stadt erhoben. An Hand des alten Planes, den Koslow nach seiner Entdeckung im Jahre 1906 anfertigte, versuchte ich mich zu orientieren. Von unserem Standpunkt aus konnten wir zwei Fluchten der Stadtmauer einsehen: die westliche und südliche Umwallung. Genau an der Südwestecke, außerhalb der schützenden Mauern, stand ein einzelnes Gebäude. Das seltsame kuppelförmige Bauwerk wirkte wie ein Fremdkörper und war zweifellos erst in späterer Zeit hinzugefügt worden. Die ausgedehnten Flugsandfelder, die wir vorher sahen, lagen nun im Nordwesten. In einzelnen Wellen wälzten sie ihre Sandmassen gegen die Stadt. Auch an diesem Tag war die Luft mit Sand geschwängert, und es herrschte eine gespenstische Stimmung. Von

Auf einer Ebene aus schwarzem Kies stehen zwei Chörten als steinerne Zeugen einer glanzvollen Vergangenheit. Die buddhistischen Reliquienschreine markierten einstmals den Weg nach Khara Khoto.

Rechts: Seit einem Jahrtausend der Verwitterung ausgesetzt, reckt dieser Chörten – Symbol für den erleuchteten Buddhageist – noch immer stolz sein Haupt in den Himmel.

Zeit zu Zeit verschwand Khara Khoto wie von Geisterhand hinter Sandwolken, die der Nordwestwind in Stafetten herantrieb. Der Sandsturm tobte mit unverminderter Härte. Es war aussichtslos, sich gegen den feinen Staub zu schützen. Er drang überall ein: in die Kleidung, in die Kamera, in Mund, Nase und Ohren. Am schlimmsten waren die Sandkörner in den Augen, denn sie schmerzten wie Nadelstiche und raubten einem die Sehkraft. Halbblind taumelten wir dem Kuppelbau entgegen, dem einzigen Platz weit und breit, der Schutz versprach.

Als ich vermummt wie ein Beduine die »Moschee« wieder verlasse, um die Stadt zu betreten, trifft mich eine Sturmböe mit solcher Wucht, daß sie mir das dicke Schriftbündel aus der Hand reißt. Wie buntes Konfetti fliegen die Gedanken von Koslow, Stein und Hedin in losen Blättern über Khara Khoto hinweg und verschwinden auf immer in der Wüste. Ich blicke ihnen noch eine Weile gebannt nach, aber ich brauche sie nicht mehr, denn sie hatten ihre Funktion erfüllt und mich nach Khara Khoto geführt.

In den Ruinen von Khara Khoto

An zwei Stellen hatte der wandernde Sand die Mauern überspült. So entstanden bis zur vollen Höhe der Stadtmauer Rampen, über die man bequem in das Innere gelangen konnte. Den Versuch, auf der alten Mauer entlangzuwandern, gab ich schnell wieder auf. Die Sandkörner, die der Sturm mir entgegenschleuderte, prasselten wie schwere Regentropfen gegen die Kleidung, und ich war außerstande, auch nur für Sekunden die Augen zu öffnen. Schnell rutschte ich im weichen Sand der

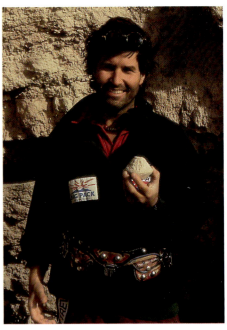

Wie flackernde Lichter tauchen die weißen Chörten von Khara Khoto im Staubsturm auf – und verschwinden wieder.

Rechts: Bruno Baumann mit einem Votiv-Chörten aus getrocknetem Ton, den er in der toten Stadt fand.

Leeseite in die Stadt hinunter. Der Sandsturm war immer noch heftig, aber die Mauern hatten ihm wenigstens soviel von seiner Kraft genommen, daß man ihn ertragen konnte. Die heute noch teilweise erhaltenen Gebäudereste, die der rechteckige, 380 mal 450 Meter große Befestigungswall einschloß, konzentrierten sich auf drei Stellen. In der nordwestlichen Ecke standen zwei große und zwei kleine Chörten. Drei davon wurden in jüngster Zeit nach dem Vorbild des einen noch erhaltenen Originals rekonstruiert und weiß getüncht. Zu Füßen der buddhistischen Reliquienschreine, die auf der massigen Stadtmauer thronten, vermutete Koslow den befestigten Palast des Herrschers von Khara Khoto. Denn ganz in der Nähe klaffte auch jenes tunnelartige Loch in der Mauer, das der mongolischen Legende nach der »Schwarze General« in die Mauer reißen ließ, um sich mit seinen Soldaten in einer letzten verzweifelten Attacke den Belagerern entgegenzuwerfen. Alle Gebäude in dieser Ecke der Stadt waren bis auf die Fundamente zerstört, und selbst diese waren teilweise vom Sand einer mächtigen Düne, die in der Nähe über die Mauer kroch, zugedeckt.

Auf die eindrucksvollsten Überreste des alten Khara Khoto stieß ich etwas östlich. Dort ließen die Mauern eines Tempelkomplexes noch etwas vom alten Glanz spüren. In einer Nische fanden sich ganze Haufen von wunderschönen Votivchörten aus Ton, ähnlich den Tsatsas, wie ich sie von Tibet her kannte. Das buddhistische Heiligtum bestand aus einem Vorraum, von dessen monumentaler Figur nur noch der Sockel zu sehen war. An die Kapelle schloß sich der Hauptraum an, der noch zusätzliche Seitenräume aufwies. Auch die Treppe, die zum Eingang des Tempels hinaufleitete, hatte bisher dem Verfall getrotzt. Am Fuße der Treppen setzte ein kaum noch erkennbarer Weg an, der direkt zum Osttor Khara Khotos führte. Von der Höhe des Bauwerkes konnte ich mir endlich jene Übersicht verschaffen, die mir der tobende Sandsturm auf der Stadtmauer verwehrte. Gewiß, im Vergleich zum gewaltigen Eindruck, den die Mauern von Khara Khoto aus der Entfernung machten, wirkten die Relikte im Inneren bescheiden. Aber nun war mir, als blickte ich auf die letzten Tage der Menschheit. Wenn ich die toten Mauern der Häuser und Tempel sah, die von unzähligen Tonscherben übersäten Flächen, dazwischen die vom Windschliff zernagten Holzpfähle, die hier und da aus dem Sand ragten, die absolute Trockenheit einer Umgebung bar allen Lebens – dann dachte ich unwillkürlich an mörderische Kriege, Vernichtung und apokalyptische Umweltzerstörung.

Koslows Schätze an Figuren und alten Schriften, die er von hier nach St. Petersburg verschleppte, hatten mehr Fragen aufgeworfen, als sie beantworteten. Lediglich über die Zeit vom 10. bis zum 13. Jahrhundert, als Khara Khoto Teil des Tanguten-Reiches Xixia war, gab es genauere Kenntnisse. Die Anfänge der Stadt, ihre Rolle in der Entwicklung der Nordostroute der Seidenstraßen, blieben genauso im dunkeln wie ihr Untergang. Das konnten auch die Besuche der nachfolgenden Archäologen Aurel Stein (1914) und Folke Bergman (1931), Mitglied von Hedins sino-schwedischer Expedition, nicht erhellen. Die Chance, aus den reichen Funden, die Koslow im Chörten vor der Stadtmauer machte, mehr zu erfahren, hatte der Russe durch die wenig fachkundige Art, mit der er zu Werke ging, vertan. Die großen Figuren, die seine Karawane nicht mehr aufnehmen konnte und die er irgendwo in den Ruinen versteckte, gelten bis heute als verschollen. Die »kaiserlichen« Schriften in chinesischer und tangutischer Sprache, die Koslow in seinem berühmt gewordenen »Suburgan« fand, ließen vermuten, daß dort eine hochgestellte Persönlichkeit des tangutischen Herrscherhauses bestattet war. Wer genau, war nach wie vor ein Rätsel, denn auch der Schädel, den der Russe mitnahm, verschwand spurlos. Die »chaotische Unordnung«, wie Koslow immer wieder betonte, in der die Reliquien innerhalb des Chörten lagen, deutete darauf hin, daß dieser erst unmittelbar vor der Eroberung der Stadt durch Chinggis Khan (1226–27) als geheimes Versteck versiegelt wurde.

Mit der Einnahme der Stadt durch die Mongolen und die darauffolgende Vernichtung des Tanguten-Reiches ging jene blühende, vom Buddhismus geprägte Kulturperiode zu Ende, von der die Figuren und Malereien, die Koslow aus dem Chörten geborgen hatte, ein beredtes Zeugnis ablegen. Entsprechend der geographischen Situation von Xixia, als Pufferstaat zwischen China und Tibet, zeigten die Bilder und Figuren aus Khara Khoto sowohl chinesische wie auch tibetische Stilelemente. Hinzu kamen noch Einflüsse aus dem Schmelztiegel der Seidenstraßenkultur Zentralasiens, wo der Buddhismus bereits tausend Jahre vor der Reichsgründung von Xixia durch die Tanguten existierte. Die vom Tantrismus geprägte tibetische Form des Buddhismus dürften die Tanguten aus ihrer osttibetischen Heimat, wo sie Minyag hießen, mitgebracht haben, während sie die chinesische Variante erst nach der Reichsgründung übernahmen. Auch in Khara Khoto selbst dürfte die Lehre Buddhas bereits vor der Ankunft der Tanguten verbreitet gewesen sein. Im 7. und 8. Jahrhundert gab es einen regen Handels- und Kulturaustausch mit dem Tarim-Becken. Damals fungierte das zukünftige Khara Khoto bereits als wichtige Wach- und Versorgungsstation auf dem exponierten Nordostzweig der Seidenstraßen. Ab der Mitte des 8. Jahrhunderts beherrschten die Tibeter das Becken des Edsin Gol, ihnen folgten die Uiguren. Erst um 1035 eroberten die Tanguten den Ort und bauten ihn zur ummauerten

In der Nische eines zusammengestürzten Tempels konnte diese buddhistische Reliquie aus der Glanzzeit des Reiches Xixia nahezu unbeschadet überstehen.

Solche Votiv-Chörten aus Ton wurden zu Hunderten in buddhistischen Heiligtümern eingemauert und im Laufe der Jahrhunderte durch den fortschreitenden Verfall wieder freigelegt.

Innerhalb der Mauern von Khara Khoto finden sich noch Reste von Tempeln und Palästen, die vom einstigen Glanz der »Schwarzen Stadt« an der Seidenstraße künden. Die alten Mauern bergen noch manches Geheimnis. Bis heute unauffindbar blieben sowohl der legendäre Schatz des letzten Herrschers als auch die Funde des Russen Koslow, die er dort versteckte.

Während im Westen die Sonne untergeht, durchläuft der Himmel über Khara Khoto die gesamte Farbskala vom dunklen Rot bis hin zum Blau.

Stadt Edzina aus. Das ist auch der Name, den Marco Polo benutzte. Die Bedeutung, die der venezianische Reisende durch seinen Bericht der Stadt verlieh, beweist, daß zu diesem Zeitpunkt Khara Khoto noch lebte. Die Eroberung durch Chinggis Khan ein halbes Jahrhundert vor Marco Polo bedeutete also nicht das Ende für die Stadt. Was war dann der Grund für den Untergang von Khara Khoto?

Die Gemälde und Texte aus Khara Khoto bewiesen, daß die Stadt bis in die zweite Hälfte des 14. Jahrhunderts bewohnt war. Die letzte bekannte Erwähnung fand sich in den Annalen der chinesischen Ming-Dynastie. Darin war von einem chinesischen Kommandanten Fengsheng die Rede, der mit seinen Truppen die Stadt Edzina eroberte und dabei über zehntausend Rinder und Pferde erbeutete. Darüber hinaus verriet die Quelle, daß dem mongolischen Herrscher der Stadt die Flucht gelang, während seine Minister von den Chinesen gefangengenommen wurden. Aus dem historischen Ereignis der Einnahme von Khara Khoto durch die Ming-Armee war der Stoff, aus dem später die populäre Geschichte vom »Schwarzen General« entstand. Phantasie und Wirklichkeit klafften weit auseinander. So wurde die Flucht des Herrschers zum heldenhaften Kampf hochstilisiert und die Niederlage dadurch relativiert, daß es ihm gelang, seine Schätze vor den Feinden zu verbergen.

Der knapp gehaltene chinesische Text lieferte keinerlei Anhaltspunkte, daß die gewaltsame Einnahme von Khara Khoto gleichzeitig den Untergang der Stadt zur Folge hatte. Die Aufgabe der Stadt dürfte erst später erfolgt sein und nicht auf Grund kriegerischer Ereignisse. Die wirkliche Ursache lag wahrscheinlich ganz woanders. Die Legende ließ es anklingen. Sie erwähnte ausdrücklich, daß die Stadt erst zu erobern war, als man den Fluß durch einen Damm staute und sie damit vom Wasser abschnitt. Die mächtigen Mauern von Khara Khoto präsentierten sich auch heute noch in erstaunlich gutem Erhaltungszustand. Keine Waffengewalt hatte sie je zerstört, ja nicht einmal die Kräfte der Verwitterung, denen sie seit Jahrhunderten ausgesetzt waren, konnten sie verwüsten. Die einzige verwundbare Stelle war das Wasser. Khara Khoto lag im Delta des Edsin Gol, genauer gesagt an zwei Flußarmen, die die antike Stadt umfingen und sich etwas weiter westlich vereinigten. Es ist eine bekannte Tatsache, daß sich in der Vergangenheit die wasserführenden Flüsse innerhalb des Deltas immer wieder veränderten. Ein ganz ähnliches Phänomen konnte ich im Bereich des toten Deltas des Keriyadarja inmitten der Takla Makan beobachten. Auch dort hatte sich der Fluß immer neue Wege gesucht, um durch die Wüste durchzubrechen, und dadurch ein breites Delta geschaffen. Hinzu kam noch, daß im Laufe der Zeit – ob durch klimatische Veränderungen oder Neugründungen bzw. Vergrößerungen von Oasen und Siedlungen sei dahingestellt – der Fluß zunehmend weniger Wasser in die Wüste führte, so daß die exponierte Siedlung Kara-dong aus Wassermangel von den Menschen aufgegeben werden mußte. Auch im Delta des Edsin Gol hat sich der wasserführende Fluß nach Osten verlagert, und auch dort nahm die Wassermenge stetig ab – in früheren Zeiten natürlich nicht so schnell und dynamisch, wie es in jüngster Zeit geschah, wie die völlige Austrocknung der Seen Gashun und Sogo Nor zeigt. Nach all dem, was ich in der benachbarten Takla Makan-Wüste gesehen habe, bin ich überzeugt, daß Khara Khoto an Wassermangel starb. Sicherlich konnten kriegerische Ereignisse

Karte von Pjotr Koslow.

einen gewissen Einfluß ausüben, weil es für die Menschen dann schwierig war, die sensiblen Bewässerungsanlagen instandzuhalten, von denen wiederum die Gärten und Felder abhingen. Auch das Erlöschen alter Handels- und Karawanenwege, die an Khara Khoto vorbeiführten, mochte bedingt eine Rolle gespielt haben. Trotzdem glaube ich, daß weder politische noch wirtschaftliche Schwierigkeiten die Bewohner von Khara Khoto veranlaßt hatten, den Schutz der gewaltigen Mauern zu verlassen, sondern der Durst, das Versiegen der Lebensgrundlage Wasser.

Als letzte Station auf meinem Rundgang durch die Ruinen kam ich in den südöstlichen Teil der Stadt. Hier schien einstmals ein ganzes monastisches Viertel bestanden zu haben. Einzelne Räume des verschachtelten Tempelkomplexes und Durchgänge waren noch erhalten. Knochen eines verendeten Kamels und massenhaft Tonfragmente lagen zwischen zerbrochenen Dachziegeln umher.

In der Zwischenzeit war es Nachmittag geworden, und der Sturm hatte sich etwas gelegt. Gemeinsam mit Peter und einem lokalen Mongolen stieg ich über den angewehten Sand auf die Ostmauer hinauf. Dort klaffte eine künstlich geschlagene Bresche, durch die der Flugsand, der von Westen her in die Stadt eindrang, wieder hinausgeweht wurde. Von der Höhe der Festungsmauer eröffnete sich ein herrlicher Rundblick nach Osten und Süden. Deutlich war in der Ferne das antike Flußbett zu erkennen, das sich in südöstlicher Richtung fortsetzte, während sich direkt an die Stadtmauer eine vegetationslose schwarze Kiesfläche anschloß.

»Hast du genug von alten Ruinen«, fragte mich der Mongole, »oder möchtest du noch mehr sehen?«

»Was meinst du damit? Ich denke, wir haben hier alles gesehen«, ant-

wortete ich und versuchte, indem ich meiner Stimme einen gleichgültigen Tonfall gab, die aufkommende Neugier zu verbergen.

»Es gibt noch eine andere alte Stadt«, dabei deutete er in Richtung Südosten, »sie liegt nicht weit entfernt von hier.«

»Wie heißt sie?«

»Boro Khoto!«

Boro Khoto? Den Namen hatte ich schon gelesen. Es mußte in Koslows Bericht gewesen sein. Als er mit seiner Karawane von Khara Khoto in Richtung Alashan zog, kam er an einer alten Siedlung vorbei. »Wenig

Blick durch die Ruinen einer Klosteranlage auf die Nordwestecke von Khara Khoto. Das klaffende Loch in der Stadtmauer soll der »Schwarze General« mit seinen Männern geschlagen haben, als er in höchster Not durch eine verzweifelte Attacke den Ring der Belagerer zu durchbrechen versuchte.

anziehend«, schrieb der Russe darüber. War dies Boro Khoto gewesen? »Ich kenne den Ort«, pokerte ich. »Es gibt dort nichts zu sehen.«
»Du irrst«, gab er zurück. »Diese Stadt ist älter als Khara Khoto. Auch gibt es dort viele Gräber, die noch ungeöffnet sind.«
»Ich glaube das nicht«, provozierte ich weiter.
»Wenn du willst, führe ich dich hin, dann kannst du mit eigenen Augen sehen, daß alles stimmt, was ich dir sagte.«
Und ob ich das wollte. Vom Hinweis auf das größere Alter der Ruinenstadt hielt ich nicht viel, aber Gräber? Das klang interessant.

Die »Grüne Stadt« im Sand

Am nächsten Morgen waren wir bereits früh unterwegs. Vergessen war der Sandsturm von gestern, und über die Mauern von Khara Khoto wölbte sich ein tiefblauer Himmel. Die Sonne goß ihr Licht verschwenderisch über die Landschaft und heizte die Oberfläche des Sandes auf. Wir folgten dem Trockenbett des antiken Flusses in Richtung Nordosten. An manchen Stellen konnten außer den Tamarisken sogar noch Toghraks – wilde Pappeln – überleben. Die anfänglich schwach erkennbaren Spuren verschwanden vollends, und die Unwegsamkeit des Geländes zwang uns schon nach wenigen Kilometern, das Flußbett zu verlassen.
Als nächstes kamen wir an einem großen abgestorbenen Wald vorbei. Die toten blätterlosen Pappeln mit ihren seltsam gewundenen Ästen und Stämmen, die der sandbeladene Wind zu abstrakten Gebilden geschliffen hatte, boten ein deprimierendes Bild. Es sah aus wie auf einem Schlachtfeld; die meisten Bäume standen noch in ihrer alten Ordnung, obwohl sie bereits tot waren, andere waren umgefallen und hatten Löcher in die Phalanx gerissen. Daß es in dieser Gegend auch noch Leben gab, davon zeugte das einsame Gehöft einer Mongolenfamilie, an dem wir in einiger Entfernung vorbeifuhren. Bald darauf gelangten wir auf eine weite Hochfläche aus hart gepreßtem Lehm, die durch unzählige Rillen und Risse verunstaltet war. Halb verdorrte niedrige Gewächse reckten ihre Äste bisweilen aus der gelbbraunen Oberfläche. Immer häufiger kreuzten wir alte Bewässerungskanäle, schließlich tauchten auch die ersten Ruinen auf. Das Ruinenfeld von Boro Khoto – der Grünen Stadt – erstreckte sich über ein Areal, das um ein Vielfaches größer war als Khara Khoto. Mauern in allen Stadien des Zerfalls, miteinander verbunden durch kilometerlange, immer noch erkennbare künstliche Kanäle, ließen erahnen, daß hier einst Menschen inmitten einer blühenden grünen Oase lebten – und starben.
Begraben wurden sie in einer Nekropole – gleichsam einer Stadt in der Stadt –, die aus einer ebenen Fläche bestand, aus der in regelmäßigen Abständen verwitterte Erdhügel aufragten. Weder Koslow, der den Ort inspizierte, noch der schwedische Archäologe Bergman, der sie sogar fotografierte, hatte in ihnen Gräber vermutet. An mehreren Hügeln waren Spuren von Grabungsversuchen zu erkennen, aber nur an einem hatten die Räuber Erfolg gehabt. Nachdem sie den Erdhügel vollkommen abgetragen hatten, legten sie die Decke der Grabkammer frei. Sie bestand aus einem gewölbten Ziegeldach, aus dem ein Loch herausgebrochen war, gerade so groß, daß sich ein Mensch hindurchzwängen konnte. Jedoch war die Öffnung so mit Sand verstopft, daß ich mich flach auf den Rücken legen mußte, um dann mit den Beinen voraus meinen Körper hindurchzuwinden. Nach dieser Hürde war der Weg ins Grab offen. Wie auf einer Rutschbahn glitt ich im weichen Sand bis zum Grund der Kammer. Die Augen gewöhnten sich erst langsam an das Halbdunkel des Inneren. Ich befand mich in einer schmalen rechteckigen Vorkammer mit Mauern aus gebrannten roten Ziegeln. Vorsichtig tastete ich das Gemäuer ab, um die Festigkeit zu prüfen. Den draußen Gebliebenen hatte ich eingeschärft, keinesfalls das Dachgewölbe zu betreten. Wenn es einstürzte, dann hatte ich mein eigenes Grab gefunden.

DIE STADT IN DER WÜSTE

Unter gelbbraunen Hügeln aus verfestigtem Lehm, die wie natürliche Erhebungen in der Landschaft aussehen, verbergen sich die Gräber der Bewohner von Boro Khoto.

Links: Toter Pappelwald südöstlich von Khara Khoto. Der Friedhof von Baumleichen in allen Stadien des Zerfalls vervollständigt das Bild einer Landschaft, aus der alles Leben gewichen ist. Seltsam gewunden und vom sandbeladenen Wind zu abstrakten Mustern zerfräst, reckt diese Pappel ihre verdorrten Äste in den tiefblauen Himmel.

Im Schein der Stirnlampe suchte ich die Kammer ab. Abgesehen vom eingedrungenen Sand und einigen abgebrochenen Ziegelstücken war sie leer. Am Ende des gangähnlichen Raumes gab es einen Durchschlupf, der in eine zweite Kammer führte. Dieser nahezu quadratische Raum war die eigentliche Grabkammer. Die sterblichen Überreste des Toten bestanden aus einigen Knochen, die auf dem mit Asche bedeckten Boden herumlagen. Der Schädel fehlte genauso wie jegliche Grabbeigaben. Das gesamte Grab war auf dem Grundriß eines T gebaut. Wer diese Gräbstätten einst errichtet hatte, wer hier bestattet wurde und zu welcher Zeit, blieb völlig ungeklärt. Die Behauptung der Mongolen, die Ruinen von Boro Khoto wären viel älter als jene von Khara Khoto, wird nur durch systematische Grabungen und entsprechende Funde verifiziert werden können. Die Relikte wirkten wohl älter, weil sie stärker verfallen waren. Aber was sagte das schon aus, wenn man bedenkt, daß die Ruinen von Khara Khoto durch die gewaltigen Stadtmauern geschützt wurden, während sie hier der Verwitterung voll ausgesetzt waren.

Nur noch eine einzige Mongolenfamilie lebte in der Nähe der toten Stadt. Der Besuch in ihrem Gehöft blieb mir als merkwürdige Mischung von Tradition und Moderne in Erinnerung. Neben einem modernen

Von Boro Khoto – der »Grünen Stadt« in der Wüste – sind nur noch Mauerreste, ausgetrocknete antike Bewässerungsanlagen und vor allem Gräber übriggeblieben.

Auf der Suche nach Schätzen wurde dieses Grab von Einheimischen freigelegt und das Ziegelgewölbe aufgebrochen. Im Laufe der Zeit war soviel Sand durch die Öffnung eingedrungen, daß man wie auf einer Rutsche bequem in das Innere hinabgleiten konnte.

Im Inneren des von Räubern aufgebrochenen Grabes fanden sich nur noch Knochenreste, die chaotisch auf einem Haufen lagen. Alle Grabbeigaben, falls es welche gab, waren entfernt worden.

Lehmhaus stand ein weißes Filzzelt. Vor der Jurte, in der die ältere Generation der Familie wohnte, parkte ein chromblitzendes Motorrad. Den Strom für zwei Haushalte lieferten ein Windrotor und ein Generator japanischer Herkunft. Tagsüber waren die Männer unterwegs, um nach den 100 Kamelen und über 300 Schafen zu sehen, die in der Umgebung frei herumwanderten. Abends aber versammelten sie sich vor dem Fernsehschirm, um mit Spannung die Neuigkeiten aus der Welt draußen – das war Hohhot und Beijing – zu erfahren. Mit unverkennbarem Stolz posierten die Besitzer vor dem Zelt für ein Erinnerungsfoto. Auf der rechteckigen Bildfläche aber erschien unser Ziel – die Alashan-Wüste – in Farbe und gespiegelt auf 360 Grad.

Mongolische Familie in der Nähe von Boro Khoto. Sie leben noch in einer traditionellen Filzjurte, beziehen den Strom aus einem japanischen Generator und blicken durch die Mattscheibe ihres Fernsehers in die Welt hinaus.

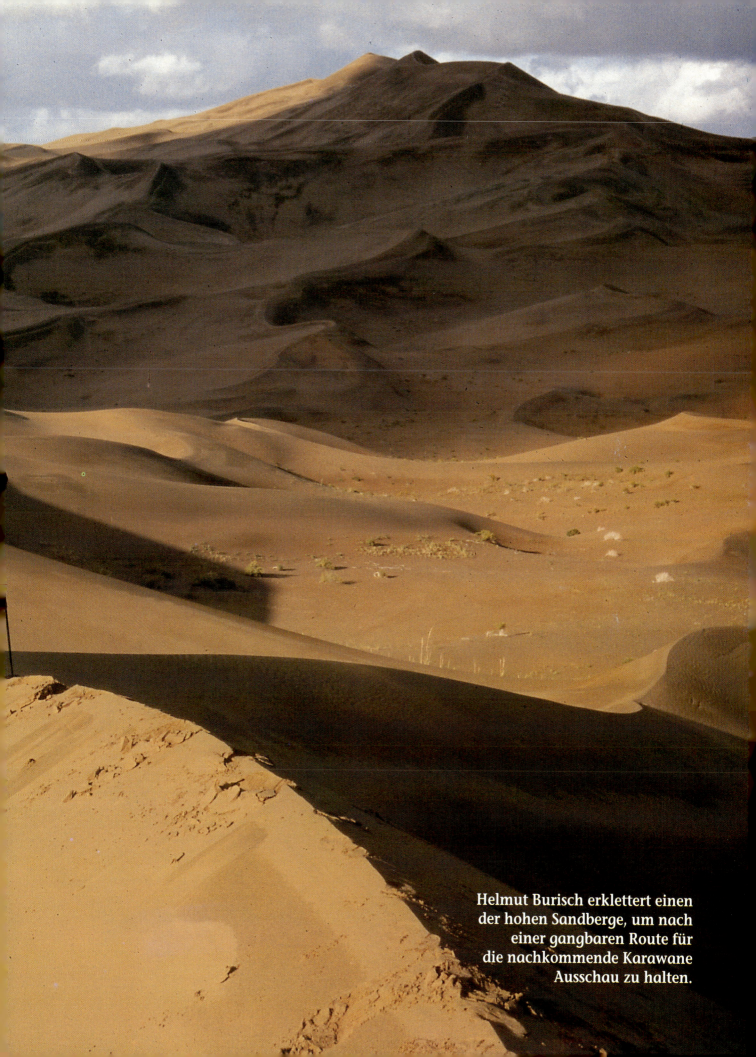

Helmut Burisch erklettert einen der hohen Sandberge, um nach einer gangbaren Route für die nachkommende Karawane Ausschau zu halten.

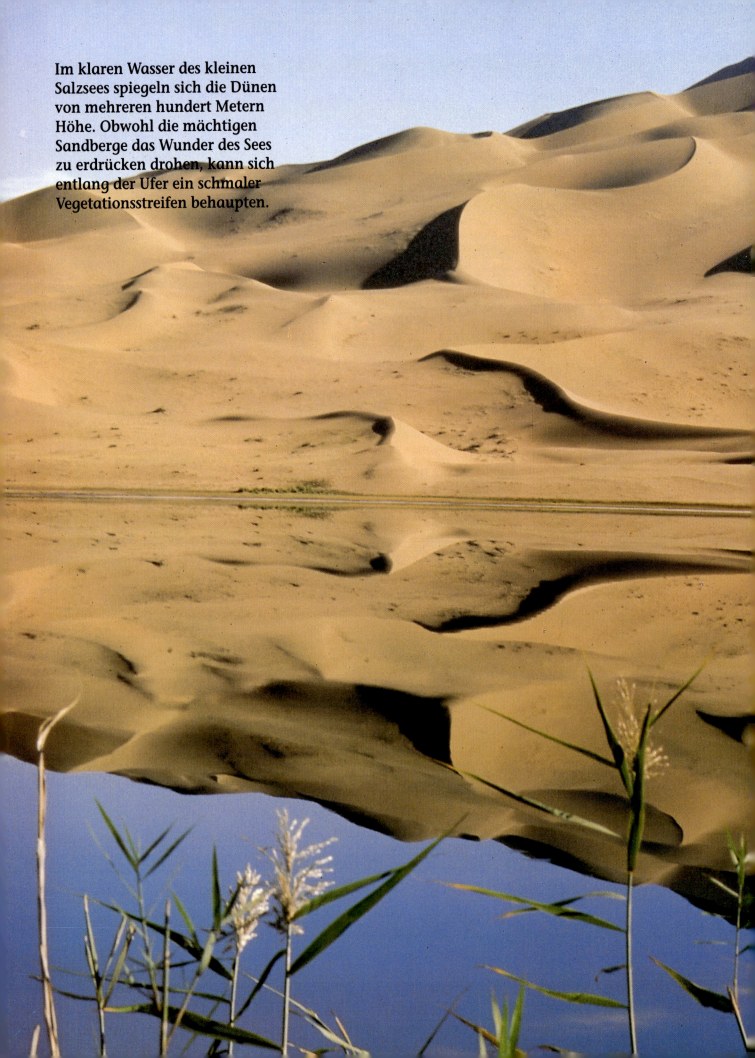

Im klaren Wasser des kleinen Salzsees spiegeln sich die Dünen von mehreren hundert Metern Höhe. Obwohl die mächtigen Sandberge das Wunder des Sees zu erdrücken drohen, kann sich entlang der Ufer ein schmaler Vegetationsstreifen behaupten.

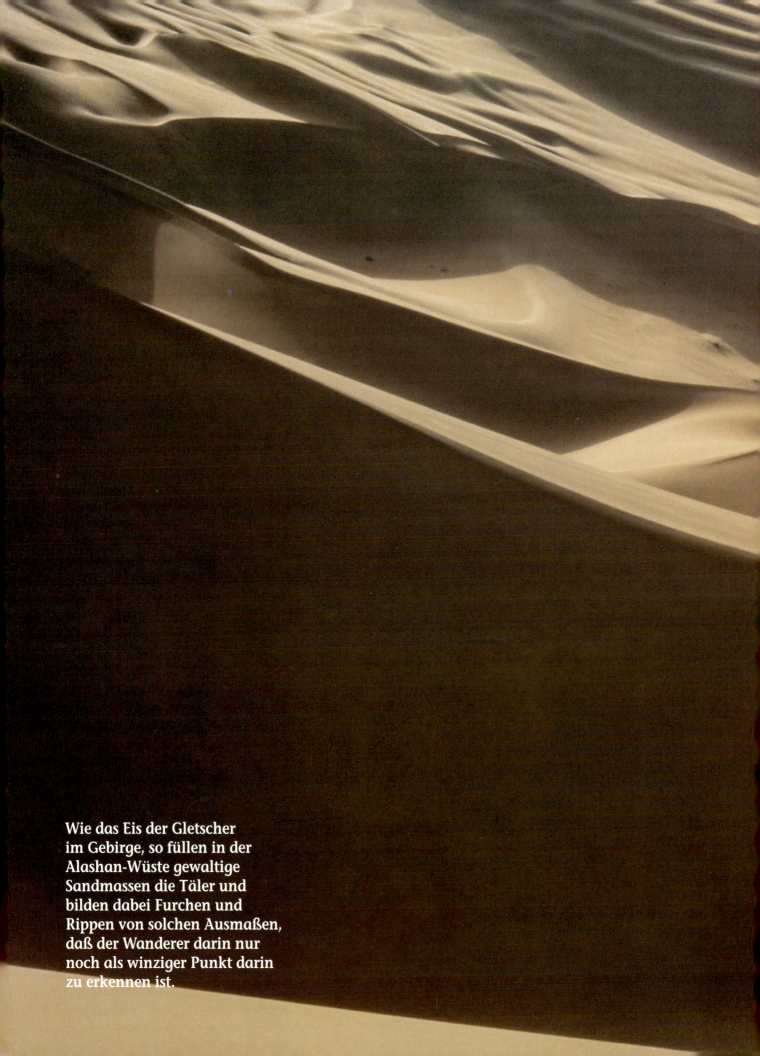

Wie das Eis der Gletscher im Gebirge, so füllen in der Alashan-Wüste gewaltige Sandmassen die Täler und bilden dabei Furchen und Rippen von solchen Ausmaßen, daß der Wanderer darin nur noch als winziger Punkt darin zu erkennen ist.

Sandberge von noch nie gesehener Höhe haben die Karawane zu allen Seiten eingeschlossen und bilden für die schwer beladenen Kamele kaum überwindbare Hindernisse. Wir sammeln tagsüber ausgedörrtes Holz, um uns abends am Feuer zu wärmen.

KAPITEL 6

Durch das Sandmeer der Gobi

Der Weg von Khara Khoto zum Ausgangspunkt der Wüstendurchquerung folgte zunächst der bereits bekannten Route am Ostrand der Alashan entlang. Das sandige Herz der Gobi verbarg sich hinter ausgeglühten Bergketten. Bisweilen zeigten sich gelbe, gezackte Dünenkämme am Horizont, die wie Irrlichter aufflackerten, um dann wie eine Fata Morgana wieder zu verschwinden. Während das Fahrzeug im monotonen Rhythmus Kilometer um Kilometer abspulte, nahm ich die Landschaften, die draußen in rascher Folge vorbeiglitten, nur noch schemenhaft wahr. Meine Gedanken waren nicht mehr zu zügeln. Sie flogen davon und ließen mich über Dünen wandern, lange bevor ich den Fuß in die Alashan setzte.

Bei Shar Burd bogen wir in eine Piste letzter Ordnung ab, die uns nun direkt in Richtung Westen leitete. Dann war die Alashan plötzlich da. Der wandernde Sand drängte immer näher an die Piste heran, bis er sie schließlich unter sich begrub. Wie eine erstarrte Woge hatte sich eine mächtige Mondsicheldüne quer über die Fahrbahn gelegt. Die chinesischen Chauffeure schimpften beim Anblick des Hindernisses, und ihre Gesichter spiegelten all den Abscheu wider, den sie gegenüber der »Shamo« – der Sandwüste – empfanden. Aber es half nicht; wir mußten die Hürde nehmen. Tief gruben sich die Fahrzeuge in den weichen Sand ein. Dank den Erfahrungen aus der Ordos-Wüste wurde auch dieses letzte große Hindernis überwunden, und von der Höhe des Dünenkammes glitten wir hinunter in die kleine Mongolensiedlung Monggon Bulag. Am letzten Gebäude hörte die Piste jäh auf. Für die chinesischen Fahrer war hier die Welt zu Ende.

Wir aber standen erst am Anfang. Unmittelbar hinter den Mauern begann die Wüste mit einer weiten, von Tamarisken überzogenen Sand-

> »Dieser Mensch«, sagte er, »wandert jenseits der herkömmlichen Regeln, das ist sein Hochmut.
> Silber und Gold achtet er gering wie den Stein am Wege, das ist seine Sicherheit.
> Er spricht lieber mit Pferden und Hunden als mit Menschen, das ist seine Traurigkeit.«
> Fritz Mühlenweg

fläche. An ihrem Rande lagerten Kamele, die mit Sätteln, Quasten und Troddeln prächtig aufgezäumt waren. Männer liefen aufgeregt dazwischen hin und her. Sie zerrten und zogen an den Nasenstricken, um widerspenstige Tiere zu Boden zu zwingen, deren gellende Protestschreie ohne Widerhall in der Wüste verklangen. Die folgenden Stunden waren mit Routinearbeit ausgefüllt. Es galt Ausrüstung und Verpflegung zu sortieren, alles zu ausgewogenen Kamellasten zu verpacken. Auch mußte der gesamte Wasservorrat – jedenfalls für den menschlichen Teil der Expedition – kalkuliert und in Behälter abgefüllt werden.

Die Frage der Wasserversorgung ist das Schlüsselproblem in der Wüste. Keine andere Landschaft setzt dem Menschen ähnliche Grenzen. Die Dimension der völligen Wasserlosigkeit zwingt zu genauer Vorbereitung und ausgeklügelter Logistik. Ich hatte mich entschlossen, das lebenswichtige Wasser auf Kamelrücken zu transportieren, und mir deshalb eine Karawane angeschafft. Gleichwohl halte ich es nicht für ausgeschlossen, eine Sandwüste auch ohne Troß, also »unsupported« zu Fuß zu durchqueren, wenngleich der Beweis dafür noch anzutreten ist. Es ist keine große Leistung, an markierten oder vorher mit einer Karawane abgelaufenen Routen Wüsten hinterher »solo« zu durchwandern, wenn Wasserstellen bekannt sind oder vorher künstliche Depots angelegt wurden. Spätestens seit meinen beiden Touren in der Takla Makan weiß ich, welche Gehleistungen im Sand möglich sind, und vor allem, wie hoch der Wasserbedarf pro Tag einzuschätzen ist. Seitdem kann ich Berichte von Hunderte Kilometer langen »Alleingängen« durch leere Sandwüsten nur der Kategorie Märchenerzählung zuordnen.

Die Karawane als mobile Oase für eine Wüstendurchquerung hat Vor-

und Nachteile. Der Vorteil besteht darin, daß es möglich ist, den gesamten Wasserbedarf für die Menschen von Anfang an mitzutransportieren. Allerdings ist damit das Problem der Wasserversorgung nicht gelöst, sondern nur verschoben. Die Unabhängigkeit von Wasser aus der Wüste muß mit der Abhängigkeit von Kamelen bezahlt werden. Nur wenn die Kamele überleben, ist die Wasserversorgung für den Menschen gesichert. Da selbst das ausdauerndste Wüstenschiff – nicht einmal unbeladen – eine Strecke, wie sie uns bevorstand, nicht ohne Flüssigkeitsaufnahme überwinden kann, ist es notwendig, unterwegs Wasser zu finden. Allerdings ist dies weniger problematisch, weil für Kamele selbst Wasser mit einem Salzgehalt, der es für Menschen ungenießbar macht, noch bekömmlich ist. In der Takla Makan war es einfach gewesen, durch Graben an Grundwasser heranzukommen. Nachts sammelte sich das Wasser im Brunnenloch, morgens wurde es herausgeschöpft, und die Kamele hatten zu trinken. Aber hier in der Gobi ist es anders. Nachdem ich gesehen hatte, wie tief der Grundwasserspiegel allein im Randbereich der Alashan abgesunken war, hielt ich die Chancen, in der Wüste durch Graben an Wasser heranzukommen, für sehr gering. Auch mußte ich damit rechnen, daß Salzseen, die auf unseren Karten eingezeichnet waren, nicht mehr existierten. Wie, wo und ob wir die lebenswichtige Flüssigkeit für die Kamele finden könnten, blieb jedenfalls ungewiß.

Unbekannt war auch das Terrain, das uns erwartete. Es existierten keine Vorgaben, weder als Berichte über das Innere der Alashan, noch als Routen, denen wir folgen konnten. Nicht einmal die Mongolen, die uns als Kamelführer begleiten sollten, wußten, was uns dort erwarten würde. »Nur wenn sich unsere Tiere verirren«, gestand der erfahrene Karawanier Lao Ge, »folgen wir ihnen in die Wüste und kehren auf gleichem Weg schnell wieder zurück.«

Ich rechnete damit, daß wir auch in der Alashan ähnliche Dünenhöhen und Strukturen vorfinden würden, wie ich sie von der Takla Makan her kannte. Dort hatten die Kamele keinerlei Schwierigkeiten, diese zu überwinden, und wir legten durchschnittlich 15 bis 20 Kilometer pro Tag zurück – Luftlinie zum Ziel versteht sich. Die reale Marschleistung war natürlich viel höher und hing davon ab, wie weit das Gelände uns zwang, von dieser imaginären Direttissima abzuweichen. Eine ähnliche

Um die störrischen Tiere besser führen zu können, haben die Kameltreiber einen Holzpflock durch die Nase getrieben, an dem der Leitstrick befestigt ist.

Marschleistung kalkulierte ich auch in der Gobi und legte sie meinen Berechnungen für den Wasserbedarf zugrunde. Sollten wir wider Erwarten viel schwierigeres Gelände vorfinden und die errechneten 15 Mindestkilometer nicht schaffen, mußte der Wasserverbrauch entsprechend reduziert werden. In dem Falle, daß wir unterwegs kein Wasser für die Kamele finden würden, bliebe uns immer noch der Fluchtweg nach Süden – so jedenfalls rechnete ich es mir aus.

Natürlich wäre man ohne Karawane wesentlich schneller, aber es war nicht unser Ziel, so schnell wie möglich durch die Wüste zu laufen, sondern lange dort zu sein. Deshalb empfand ich das Tempo, das die Karawane vorgab, nie als Nachteil, im Gegenteil, ich hatte das Unterwegssein auf diese traditionelle Art in der Takla Makan schätzen gelernt. Die Karawane störte mich nicht am Erleben der Wüste, sie wurde genauso Teil von ihr wie ich selbst, und sie ließ mir genügend Freiraum, um alle Erfahrungsmöglichkeiten auszuschöpfen. Ich brauchte mich nur von der Karawane zu entfernen, bis sie hinter den Dünen verschwand und das Läuten der Glocken, die an den Hälsen der Leitkamele baumelten, der kosmischen Stille Platz machte. Ich konnte mich beliebig weit entfernen, allein unter dem Sternenhimmel schlafen oder mich ganz von ihr trennen, wenn ich meinte, sie würde nur meine Ängste betäuben und mich deshalb begrenzen.

Der Aufbruch

Das schäbige Viehzüchternest mit dem klingenden Namen »Silberne Quelle« hatte sich zwangsläufig als Ausgangspunkt ergeben. Auf mein Ansuchen, die Sandwüste an ihrer breitesten Stelle – etwa auf der Höhe des 40. Breitengrades – von Ost nach West zu durchqueren, wurde mir die erforderliche Genehmigung nur unter der Auflage erteilt, diese Linie nach Norden hin nicht zu überschreiten. Jenseits des 40. Breitengrades ist militärisches Sperrgebiet. Dort führt die chinesische Armee Raketentests durch. Um die Triebwerke in die Wüste zu schaffen, hatten die Militärs entlang des Edsin Gol einen eigenen Schienenstrang verlegt. Weil über die Art der Sprengköpfe, die dort getestet wurden, nur Vermutungen existierten und überdies Gerüchte zirkulierten, daß in der Wüste auch nuklearer Abfall de-

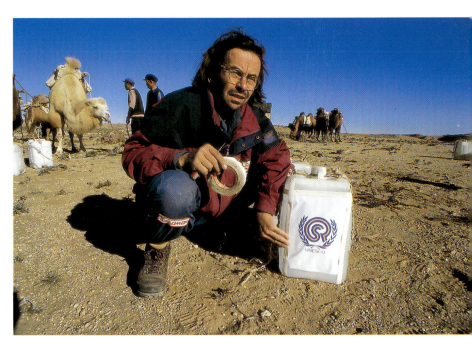

poniert würde, nahmen wir vorsorglich Geräte zur Messung der radioaktiven Strahlung mit. Ein Überschreiten dieser Demarkationslinie und die damit verbundenen Risiken kamen deshalb für mich nur im Notfall in Frage. Monggon Bulag, die »Silberquelle«, lag knapp südlich des 40. Breitengrades.

Bis zum Abmarsch der Karawane hatte uns der Chef der Dorfkommune, der uns auch die Kamele verkauft und die fünf Karawaniers vermittelt hatte, ein barackenähnliches Gebäude als Basislager zur Verfügung gestellt. Es war knapp vor Einbruch der Dunkelheit, wir waren noch mit dem Packen der Ausrüstung beschäftigt, als ein Fahrzeug in den Hof fuhr, dem eine in einen blauen Mumienschlafsack eingehüllte Gestalt entstieg. Bei näherem Hinsehen erkannte ich Jürgen. Jetzt erst fiel mir ein, daß heute der Tag war, an dem wir uns hier verabredet hatten. Aber wo war Helmut geblieben? Sollten die beiden nicht gemeinsam anreisen? Aufgeregt berichtete Jürgen von den Ereignissen der letzten Stunden. Bis Shar Burd war die Fahrt ohne Zwi-

Die Gobi-Unternehmen hatten den Status eines UNESCO-Projektes, die sich neue Erkenntnisse über die Geschichte der Seidenstraßen und das Leben der Mongolen in dieser Region versprach.

schenfälle verlaufen. Aber schon bald danach, als die Piste immer rauher wurde, hatten sie bemerkt, daß bei geschlossenem Fenster immer mehr Staub ins Wageninnere eindrang. Vielleicht war die Bodenplatte undicht, dachten sie. Hinter ihren Sitzen staute sich das Gepäck und ließ keinen Blick durch das rückwärtige Fenster zu. Erst als sie trotz des Staubes plötzlich freie Sicht nach hinten hatten, merkten sie, daß sich die Heckklappe während der Fahrt geöffnet hatte. Aber da war es bereits zu spät. Zwei Teile der Ausrüstung fehlten, darunter Helmuts Fotorucksack, in dem sich sein Heiligtum – die beiden Leica-Kameras samt Zubehör – befand. Sie hießen den Fahrer sofort umkehren. Nach einigen Kilometern fand sich Jürgens Seesack. Er lag mitten auf der Piste. Während Jürgen sein Gepäckstück einsammelte und die nähere Umgebung nach weiteren absuchte, setzte Helmut die Fahrt fort. Seitdem war nicht nur sein Fotorucksack, sondern auch er selbst verschwunden. Jürgen wartete und wartete. Als die Sonne untergegangen war, wurde es schlagartig kalt. Um sich einigermaßen warm zu halten, kroch er in den Daunenschlafsack, der sich glücklicherweise im wiedergefundenen Gepäckstück befand. Gleich die erste Nacht allein inmitten der Wüste zu verbringen erschien ihm wenig verlockend. Deshalb beschloß er, das nächste Fahrzeug, das vorbeikam, zu stoppen. Es hielt nicht an. Jürgen lebte lange genug in China, um zu wissen, daß Daumen hochstrecken und freundliches Winken, vor allem in solchen abgelegenen Gegenden, kaum einen Fahrer zum Anhalten bringen würde. Das funktioniert nur mit wesentlich rabiateren Methoden. Mit Hilfe von Steinen, seinem Gepäck und dem eigenen Körper errichtete er eine Straßensperre. Knapp bevor es dunkel

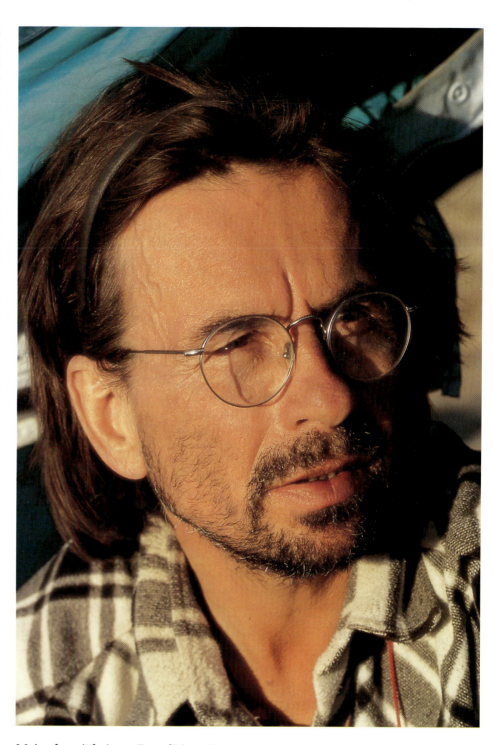

Mein langjähriger Expeditions-Partner Helmut Burisch war auch in der Gobi wieder dabei. Er war für die Navigation verantwortlich und leistete zusätzlich wertvolle Führungsarbeit.

wurde erschien ein Fahrzeug, das ihn aufnahm und bis hierher brachte.
Helmut traf erst Stunden später ein. Sein Gesicht sprach Bände. Auch ohne Worte war klar, daß die Fotoausrüstung verloren war. Er war so frustriert, daß er auf der Stelle die Heimreise antreten wollte. Nicht die 40000,– DM finanzieller Verlust schmerzten ihn, sondern der Freude am Fotografieren beraubt zu sein. Was hatte er alles getan, um in die Gobi mitzukommen. Trotz familiärer und geschäftlicher Widerstände hatte er unbeirrt am Ziel festgehalten. Als mich knapp vor dem Start plötzlich Zweifel plagten – auch mir drohten Verluste –, von unterschiedlichen Gefühlen hin- und hergerissen, weil der Bauch ja und der Kopf nein sagten, waren es er und Jürgen, die die Initiative ergriffen. Jetzt versuchte ich mit ihm zu reden, ihn zu überzeugen, die Dinge loszulassen. Ich kannte und schätzte seinen Hang zur Perfektion, wenn es um Ausrüstung ging, aber gleichzeitig wußte ich um sein Muster, sich an Problemen festzubeißen, sie zu energetisieren. Ich fragte, ob ihm Fotos so viel wert wären, daß er nun alles opfern wollte: die Erlebnisse und Erfahrungen, die in der Wüste auf uns warteten; die Begeisterung, die ihn beflügelte; die Freude am Tun…
Vielleicht war es gut, einmal die Welt nicht durch das begrenzende Auge der Linse zu betrachten, sondern wirklich zu sehen. Aber ich hütete mich davor, den Gedanken in diesem Augenblick auszusprechen. Denn Helmut war in dieser Phase nicht frei, nicht offen für weitergehende Überlegungen. Er klammerte sich an die vage Hoffnung, durch eine systematische Suchaktion den Fotorucksack am folgenden Tag doch noch zu finden.
Am nächsten Morgen waren wir schon früh unterwegs. Stundenlang suchten wir entlang der Piste nach dem verlorenen Gepäckstück. Wir überprüften Gräben und Löcher, kletterten Steilhänge hinab, denn es war durchaus möglich, daß – durch die hohe Geschwindigkeit oder in einer Kurve – der schwere Rucksack über die Piste hinausgeschleudert worden war und noch ein Stück weiterrollte, ehe er irgendwo verschwand. Aber alle Mühe war vergebens. Selbst unsere letzte Hoffnung, daß jemand die wertvolle Ausrüstung gefunden und in Shar Burd abgegeben hatte, erfüllte sich nicht. Allmählich begann sich Helmut mit der Realität abzufinden. Als Ersatz bot ich ihm eine meiner beiden Leicas an und schlug vor, die dazugehörigen Objektive gemeinsam zu verwenden. Zunächst wollte er davon nichts wissen, aber ich beharrte solange darauf, bis er mein Angebot annahm.
Den Abmarsch der Karawane hatte ich für den nächsten Morgen festgelegt, und es bestand kein Zweifel, daß Helmut dabei sein würde. Als es galt, die letzten Vorbereitungen zu treffen, spürte ich bei ihm bereits wieder das alte Feuer, jene Begeisterung für das gemeinsame Ziel, die wir miteinander teilten, seit wir die Idee von der Gobi-Durchquerung verfolgten.
Gegen Abend kam der Dorfchef, um mir seine Aufwartung zu machen. Bei dieser Gelegenheit wollte ich einige grundsätzliche Dinge besprechen. Auch die Karawaniers waren zugegen, sowie Orla und Peter, der als Übersetzer fungierte. Nach den üblichen Höflichkeitsfloskeln – immerhin befanden wir uns in einem Raum, in dem noch die alten »Götter« Mao Tsetung und Zhou Enlai von vergilbten Postern herabblickten – kamen wir bald zur Sache. Ich fragte Yue, den die fünf Karawaniers zu ihrem Sprecher erkoren hatten, ob er schon einmal mit seinen Kamelen in der Sandwüste gewesen sei. Nein, beteuerte er, er sei noch nie durch die »Shamo« gelaufen, sondern immer nur um sie herum. Nur Bator, der Jüngste von ihnen, kannte die Wüste bis zu einer Wasserstelle, zwei Tagesmärsche entfernt, an der unsere Route vorbeiführen würde.
»Und was kommt dahinter?« wollte ich von ihm wissen.
»Dahinter ist nichts«, antwortete er.
»Was bedeutet nichts?«
»Sand! Nichts als Sand.«
Ob sie wüßten, daß die Kamele nun uns gehörten, fragte ich weiter. Worauf sie zustimmend nickten. Helmut und ich hatten uns nicht nur die Arbeit in der Vorbereitungsphase geteilt, sondern auch das Unternehmen gemeinsam finanziert. Um möglichst unabhängig zu sein, schlug ich vor, die Kamele zu kaufen. Dann ließ ich sie wissen, daß ich von ihnen erwartete, daß sie die Karawane führten und zwar auf jener Spur, die ich vorgab. Außerdem wäre es ihre Aufgabe, täglich die Kamele morgens zu bepacken und abends, wenn wir lagerten, wieder abzuladen. Ich erklärte ihnen, daß ich bereits zweimal mit einer Karawane in der Takla Makan unterwegs war und deshalb die Bedürfnisse, Leistungsfähigkeit und Grenzen von Kamelen kannte. Zuletzt schärfte ich ihnen ein, daß wir zusammenarbeiten müßten, denn nur gemeinsam könnten wir es schaffen. Ich würde vorauslaufen, um den besten Weg zu suchen, während der Mongole Orla als Mittelsmann zwischen mir und den Karawaniers fungieren sollte und die Aufgabe hatte, die Karawane entlang meiner Spuren zu führen.
Mir war klar, daß wir in den Augen der Kameltreiber – bedingt wohl auch der chinesischen Begleiter – Verrückte waren, weil wir soviel Geld und Energie investierten, um für einige Zeit im Sandkasten zu leben. Sie mochten recht haben – aus ihrer Sicht. Trotzdem konnten sie nich

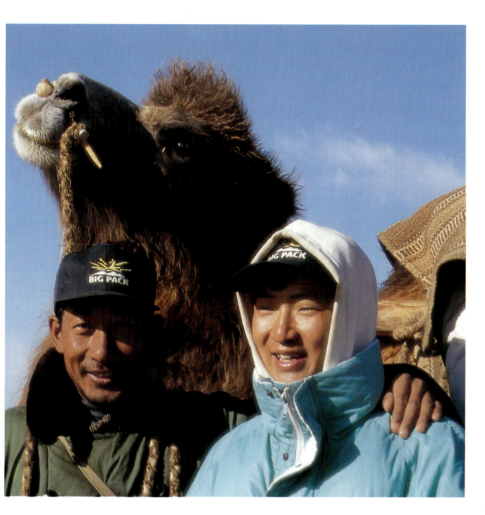

Der Mongole Orla (links) fungierte als Mittelsmann zwischen mir und den Kamelführern. Seine wesentliche Aufgabe bestand darin, die Karawane auf jener Spur nachzuführen, die ich vorgab. Mit dabei war auch der Chinese »Peter« (rechts), dessen naive Begeisterung für die Wüste sich wohltuend auf das menschliche Klima in der Gruppe auswirkte.

widerstehen, freiwillig mitzumachen, um dieses Geldes willen. Das war ihr Sinn. Meiner lag woanders, und dieser war mir noch viel mehr wert.

Wir waren eine Zweckgemeinschaft, nicht nur, was die chinesischen und mongolischen Partner betraf, sondern vor allem auch hinsichtlich der europäischen Teilnehmer. Nicht ein verschworenes Team zog hier gemeinsam durch die Wüste, auch nicht eine Gruppe von Freunden, die wie Musketiere zueinander stehen würden, sondern sechs Individualisten, die sich teilweise vor dieser Tour nicht einmal kannten, mit unterschiedlichen Erfahrungswelten und Motivationen. Ich war der einzige, der als Fußgänger Wüstenerfahrung hatte. Die Gobi war meine Idee, mein großer Traum, den ich jahrelang verfolgt hatte. Ich hatte den Plan entwickelt und schließlich auch die Partner ausgewählt.

Helmut war von Anfang an dabei gewesen, und in der Endphase der Vorbereitungen hatten wir die Arbeit brüderlich geteilt. Unsere Beziehung ruhte auf dem Fundament vieler gemeinsamer Erfahrungen und dem Vertrauen, das sich daraus entwickelt hatte. In den letzten Jahren waren wir zusammen monatelang unterwegs gewesen – vor allem in Tibet. Er war der einzige in der Gruppe, der noch Führungsarbeit übernehmen konnte. Wenn ich mich nicht auf meine Beine verließ oder meiner Intuition folgte, dann verließ ich mich auf ihn.

Auch Jürgen kannte ich von einer gemeinsamen Tour. Knapp ein halbes Jahr vor der Gobi unternahmen wir zusammen einen Trip nach Neuguinea, um im Auftrag des Nachrichtenmagazins »Der Spiegel« eine Regenwaldreportage zu erarbeiten. Bei den Gewaltmärschen durch den Dschungel hatte er sich recht gut gehalten. Deshalb war ich überzeugt, daß er auch die Wüstentour physisch schaffen würde – wenngleich die Gobi nicht mit der Journalistenreise nach Neuguinea zu vergleichen war. Dort gab es eine Infrastruktur mit menschlichen Siedlungen, lokalen Führern und Helfern, die den Urwald wie ihre Westentasche kannten. Hier war es eine Expedition, ein Vorstoß ins Unbekannte, mit Unwägbarkeiten und Risiken, die trotz der vermeintlichen Sicherheit einer Karawane bestanden. Jürgen wollte für den »Spiegel« das Unternehmen beobachten – gewissermaßen aus neutraler Sicht – und später darüber berichten, während ich die Fotos dazu liefern sollte. Ein hehrer Vorsatz, aber ein Anspruch, den ich für unerfüllbar halte. Wie sollte er daran teilnehmen und dabei gleichzeitig

Außenstehender bleiben? Er konnte gar nicht anders, als sich zu involvieren und damit das Geschehen wie alle anderen – mehr oder weniger – zu beeinflussen. Die Story, die er verfaßte, konnte deshalb nur seine Geschichte sein, geprägt von seinen eigenen Emotionen, Ängsten und Projektionen.

Erst knapp vor Beginn der Expedition engagierten Helmut und ich ein dreiköpfiges Kamerateam. Ihre Aufgabe war es, eine professionelle Filmdokumentation anzufertigen. Bei vergangenen Unternehmungen hatte ich häufig selbst gedreht, aber diesmal wollte ich mir das nicht antun, sondern mich ganz dem Erleben der Wüste hingeben können. Obwohl Christof, Frank und Lilo keinerlei Erfahrungen mitbrachten und wir uns nur flüchtig kannten, glaubte ich, es verantworten zu können, sie mitzunehmen. Ein Fehler, wie sich später zeigen sollte.

Das waren ungefähr die Voraussetzungen, als wir am 2. Oktober – einen Tag nach dem chinesischen Nationalfeiertag – von Monggon Bulag aufbrachen. Zur Verabschiedung hatten sich die Einwohner des Ortes schon in aller Frühe an unserem Lagerplatz eingefunden. Niemand wollte sich das Spektakel entgehen lassen. Es bildete eine willkommene Abwechslung im monotonen Alltag von Monggon Bulag.

Erwartungsgemäß nahm das Beladen der Kamele Stunden in Anspruch. Es wurde fast Mittag, bis wir endlich abmarschbereit waren. Der Dorfchef raunte den Kamelführern noch letzte Anweisungen zu. Dann drückte er jedem von uns so fest die Hand, als wollte er sich vergewissern, daß wir noch lebten. Am Spalier der Zuschauer vorbei, die uns manch mitleidigen Blick zuwarfen, zogen wir schließlich in die Wüste hinaus.

Die Kamele waren schwer beladen, und die Bronzeglocken stimmten einen monotonen Rhythmus an. Zusammen mit Jürgen lief ich voraus. Kerzengerade, wie auf einer Schnur aufgefädelt, bewegte sich die Karawane nach Westen, unserer generellen Marschrichtung. Dort erhob sich bereits das erste sichtbare Hindernis – ein dunkler Bergrücken von über 50 Kilometer Länge. Es blieben nur zwei Möglichkeiten: Entweder umgingen wir die Felsbarriere in einem weiten Bogen nach Norden, oder wir versuchten eine gangbare Passage zu finden. Ich entschied mich für letzteres. Die Kamelführer murrten. Yue – ihr Sprachrohr – erklärte, daß der Weg über die Berge zur Zeit nicht möglich wäre, weil dort angeblich Sprengarbeiten durchgeführt würden. Das wollte ich nicht glauben. Vielmehr vermutete ich darin eine Ausrede, um uns auf den bequemen, aber weiteren Weg zu locken. Außerdem fürchtete ich, durch den Umweg zu weit nördlich des 40. Breitengrades, also in militärisches Sperrgebiet, zu geraten.

Der direkte Weg schien zunächst tatsächlich der bessere, denn statt der prophezeiten Detonationen vernahm ich den Ruf des Muschelhorns. Er verkündete den Triumph der buddhistischen Lehre über das Dunkel der Unwissenheit. Inmitten der Ödnis hatten sich zwei buddhistische Mönche eingefunden, die in eine Opferzeremonie vertieft waren. Sie erschienen wie Boten einer längst von den herrschenden Chinesen ausgerotteten Religiosität, die nur noch in der Wüste überlebt hatte oder hier gerade von neuem entstand.

Während der Mönchsschüler von Zeit zu Zeit in das Muschelhorn blies, rezitierte der Lama ohne Unterbrechung heilige Formeln, die er von einem Bündel bedruckter Blätter ablas. Die Wüste ringsum bildete eine eindrucksvolle Kulisse für die Kulthandlung. In der ganzen Erscheinung lag etwas Geheimnisvolles. Wo kamen sie her und wohin gingen sie? Sie hatten kein Gepäck dabei. Wo lag ihre Behausung oder ihr Kloster? Auf meinen Wunsch hin, seines Segens teilhaftig zu werden, unterbrach der Lama sein Ritual. Hintereinander glitten wir an ihm vorbei, bückten uns tief, damit er unsere Häupter berühren konnte. Ohne noch einmal aufzublicken, ließ er uns ziehen – der Wüste entgegen.

Dem Gebirge kamen wir rasch näher. Mit dem Fernglas suchte ich den Gebirgswall nach einer möglichen Passage ab. Über ein ausgetrocknetes Flußbett drangen wir schließlich in das Innere vor. Je weiter wir vorstießen, desto enger traten die Talwände zusammen, zwangen uns in einen immer schmäler werdenden Canyon hinein. Als das Gelände unübersichtlicher wurde, ließ ich die Karawane anhalten. Zu zweit erkundeten wir den Weiterweg, stellten aber bald fest, daß es hier kein Durchkommen für die schwerbeladenen Kamele gab. Also Umkehr, zurück zu der Stelle, bevor sich der Canyon verengte. Vielleicht bot sich dort eine Möglichkeit. Schwach erkennbare Tierspuren liefen im Zickzack über eine steinige Halde hinauf. Wiesen sie den Weg zu einem Paß? Helmut eilte voraus. Oben angekommen, deutete er, daß wir mit der Karawane folgen sollten. Kurz bevor die ersten Kamele die Schwelle erreichten, begann eines der Tiere zu bocken. Wie eine Kettenreaktion blieben auch alle anderen stehen und waren nicht mehr von der Stelle zu bewegen.

Da halfen weder derbe Tritte noch Zerren an den Stricken, die an einem Holzpfahl befestigt waren, der im durchbohrten Nasenseptum steckte. Aber auch der Rückzug war alles andere als elegant. Die verängstigten Tiere bewegten sich so unbeholfen abwärts, daß die Kamelführer alle

Hände voll zu tun hatten. Jedesmal, wenn eines wieder stehenblieb, geriet die gesamte Phalanx in Unordnung. Als wir endlich unten ankamen, war es Nachmittag geworden und der Tag gelaufen.

Jetzt blieb nur noch ein Weg übrig: jener, den die Karawaniers vorgeschlagen hatten. Während wir, nachdem wir wieder aus dem Gebirge draußen waren, an seinem Rand nordwärts marschierten, mußte die Karawane ganz hinaus in die sandige Ebene, weil die Kamele mit ihren weichen Sohlen nicht auf felsigem Untergrund laufen konnten. Gegen siebzehn Uhr wurde gelagert – in Sichtweite von Monggon Bulag, unserem Ausgangspunkt. Obwohl wir an diesem Tag mehr als 20 Kilometer gelaufen waren, hatten wir nur magere zehn Kilometer in unsere Zielrichtung zurückgelegt. Damals ahnten wir nicht, daß wir einmal froh sein würden, diese Marschleistung überhaupt zu erreichen.

Die Temperaturen waren tagsüber unerwartet angenehm gewesen. Kein Vergleich zur lähmenden Hitze, die ich in der Takla Makan erlebt hatte. Nachts aber sank das Thermometer auf zehn Grad unter Null. Am Morgen hatte sich eine dicke Eisschicht in unseren Wasserbehältern gebildet. Um den Rückstand vom ersten Marschtag wieder wettzumachen, bat ich Orla, dafür zu sorgen, daß die Karawane so früh als möglich abmarschbereit war. Trotz der noch fehlenden Routine beim Beladen der Kamele zogen wir bereits um neun Uhr los. Den ganzen Tag bewegten wir uns durch eine erschreckend langweilige Landschaft. Die Wüste war flach wie ein Billardtisch. Ein Teppich von Saxaul und Tamarisken überzog die Oberfläche. Es gab zwar keine Hindernisse, aber auch keine Abwechslung. Das ungewohnte Gehen im weichen Sand ließ uns bald ermüden. Dennoch kamen wir gut voran. Hier im ebenen Gelände legte die Karawane ein Tempo vor, mit dem wir kaum Schritt halten konnten.

Gegen Nachmittag tauchten im Norden erste Sanddünen auf, die sich allmählich verdichteten, während gegen Süden hin das Gebirge, das wir nun umgangen hatten, eine markante Grenze setzte. Wir folgten weiterhin dem zunehmend schmäler werdenden Band flacher Tamariskensteppe, einer Art Pufferzone zwischen Gebirge und Sandwüste. Als sich die Sonne über den westlichen Horizont herabsenkte, schlugen wir unser Lager auf. Wir waren den ganzen Tag stur in Richtung Westen marschiert, mit dem Ergebnis, daß wir mehr als 20 Kilometer in unserer Zielrichtung zurückgelegt hatten.

Obwohl wir mit dem Ergebnis sehr zufrieden sein konnten, kam keine rechte Freude auf. Der Grund: Bei meiner routinemäßigen Kontrolle der Wasserreserven mußte ich mit Schrecken feststellen, daß zehn der Behälter, etwa ein Viertel unseres gesamten Wasserbedarfes, ausgelaufen waren. Das billige Plastikmaterial

Bereits am ersten Marschtag traf die Expedition auf ein schroffes Felsgebirge, das den Zugang zur Sandwüste versperrte. Wir mußten umdrehen und das Gebirge nördlich umgehen.

Jürgen Kremb, ausgezeichneter China-Kenner, sollte das Unternehmen im Auftrag des Nachrichtenmagazin »Der Spiegel« beobachten.

»Made in China« hielt den Belastungen nicht stand. Weitere Verluste konnten wir uns nicht mehr leisten. Es hätte das vorzeitige Ende der Expedition bedeutet. Auch Orla machte ein besorgtes Gesicht. Er redete den Kamelführern ins Gewissen, die Kanister schonender zu behandeln. Vor allem mußten sie auf eine andere Art und Weise verschnürt werden, denn nur eine bessere Druckverteilung konnte verhindern, daß weitere Kanister aufplatzten.

Nach dem Abendessen meinte Jürgen, es wäre nun an der Zeit, daß wir beide, so zum Einstand, mit den Mongolen einen heben sollten. Dafür wolle er gerne Opfer bringen, und als Beweis holte er eine Flasche Whisky aus seinem Zelt. Die Karawaniers saßen bereits ums Feuer. Sie hießen uns freudig willkommen, und Yue drückte mir gleich zur Begrüßung eine Flasche Kamelschnaps in die Hand. Ich nannte ihn so, weil es das einzige war, was ich am Label ablesen konnte. Das Zeug brannte wie Spiritus. Schnell reichte ich den Fusel an Jürgen weiter. Er nahm einen kräftigen Schluck und spülte gleich seinen guten Whisky hinterher. Während die Flasche die Runde machte, wurde die Stimmung immer ausgelassener. Als der Whisky alle war, sorgte Orla für Nachschub – mit Kamelschnaps. Bald wurde mir so übel, daß ich keinen Tropfen mehr herunterbrachte. Als Zeichen des guten Willens nuckelte ich aber weiterhin an der Flasche, daß es so aussah, als würde ich genußvoll trinken. Jürgen hatte bereits seinen teuren Whisky geopfert, nun war er drauf und dran, sich selbst zum Opfer zu bringen. Das Ende verhüllte gnädig die Dunkelheit der Nacht. Irgendwann einmal schleppte ich Jürgen zu seinem Zelt. Wie ich selbst in meines kam und auch noch in den Schlafsack schlüpfte, wußte nur Helmut, aber er schwieg darüber beharrlich.

Am nächsten Morgen fehlte Jürgen beim Frühstück. Trotzdem ließ er von sich hören. Es waren seltsame Laute, die aus seinem Zelt drangen: lautes Stöhnen und Wehklagen. Schließlich kroch er aus dem Zelt und mußte sich gleich übergeben. Mit reumütiger Stimme ließ er uns wissen, daß er sich schrecklich elend fühle und nicht laufen könne. Orla, nicht ganz unschuldig an der Aktion, kümmerte sich rührend um ihn. Er organisierte das einzige Kamel, das wir als Reserve unbeladen mitführten. Es diente auch als Reitkamel, um entlaufene Artgenossen wieder einzufangen. Auf seinen Rücken wurde Jürgen gebettet. Dort saß er eingeklemmt zwischen den prall gefüllten Höckern, wie ein Don Quijote der Wüste, und schaukelte durch die Landschaft.

Es war ein windstiller Tag, und die Sonne goß ihr Licht verschwenderisch über die Wüste. Um Mittag stiegen die Temperaturen erstmals auf über 40 Grad an. Ohne den geringsten Schatten hielten wir für eine halbe Stunde Rast. Ein längeres Verweilen ließen die beladenen Kamele nicht zu.

Nach dem Wasserverlust an den ersten beiden Tagen suchten wir nach einer Möglichkeit, noch bevor wir das Sandmeer betraten, wenigstens alle verfügbaren Behälter aufzufüllen. Auch die Kamele mußten noch einmal saufen, erklärte Bator und erbot sich, die Karawane zu jener Wasserstelle zu führen, von der er mir in Monggon Bulag erzählte. Bis dorthin, so ließ er uns wissen, hätten wir nur noch zehn Kilometer zu laufen. Der »Held« – was der mongolische Name bedeutet – lief nun voraus, seine sechs Kamele, die mit Stricken aneinandergebunden waren, hinterherziehend. Nach zehn Kilometern war von einer Wasserstelle weit und breit nichts zu sehen. Im Gegenteil: die Landschaft verwüstete immer mehr.

Aufgeregt standen die Kamelführer beisammen und debattierten ob des Weitergehens. An ihren Gesten gemessen müßten wir gleichzeitig in verschiedene Richtungen marschieren. Yue beendete den Disput, indem er entschlossen die Leine seines Leitkamels »Viktor« ergriff und loszog. Jetzt wären es nur noch zehn Kilometer, verkündete er selbstsicher, als er an uns vorbeimarschierte.

Unter seiner Führung bogen wir nun scharf nach Süden ab, hielten direkt auf die Ausläufer jenes Gebirges zu, das wir am ersten Tag vergeblich zu überqueren suchten. Nach drei Stunden hatten wir die ersten Felsrücken erreicht, die wie gespreizte Finger in die Ebene griffen. Erst nach einigem Suchen fand sich eine versandete Talfurche, die den Kamelen einen Zugang eröffnete. Zu unserem Erstaunen trafen wir bald auf ein einzelnes Gehöft von Hirten, die hier am Rande der Wüste ein Leben am Existenzminimum führten. Ihr Überleben hing gänzlich von ihren Ziegen ab und der einzigen Wasserstelle weit und breit. Den Weg dorthin brauchten sie uns nicht mehr zu zeigen. Er war mit unzähligen Tierspuren und ihren Exkrementen markiert.

Das lebensspendende Wasser wurde aus einem mehrere Meter tiefen Brunnenloch geschöpft. Nachdem wir in der Nähe unser Lager aufgeschlagen hatten, trieben die Kamelführer unsere Tiere zur Tränke. Mit der Gleichmäßigkeit eines Pendelschlages ließ der alte Ge den hölzernen Eimer in die Tiefe gleiten und holte ihn am Seil wieder hoch, um den Inhalt in einen langen Trog zu kippen. Die durstigen Wüstenschiffe drängten heran und sogen in langen Zügen die Flüssigkeit ein. Von Zeit zu Zeit hob eines der Kamele seinen Schädel hoch und schüttelte die sabbernde Unterlippe, daß die Wassertropfen nach allen Seiten spritzten.

Nach Sonnenuntergang kamen von den umliegenden Berghängen Schafe und Ziegen heran. Wie ein Magnet zog der Brunnen alle Lebewesen an. Plötzlich war alles voll mit blökenden und meckernden weißen Leibern, die sich um den Holztrog scharten, in den der Hirte unablässig Wasser goß.

Unsere Kamele hatten sich längst, nachdem ihr Durst gelöscht war, auf die Suche nach etwas Freßbarem gemacht. Sie streunten frei in der Umgebung umher. Noch bestand keine Gefahr, daß sie zurücklaufen würden, und deshalb ließ man sie auch nachts unbeaufsichtigt im Freien. Am nächsten Morgen folgten die Karawaniers gewöhnlich ihren Spuren und trieben sie zum Lagerplatz zurück. Manchmal kam es vor, daß sich einzelne Tiere sehr weit entfernt hatten. Die Suche gestaltete sich dann entsprechend schwierig und zeitraubend. So auch an diesem Morgen. Obwohl die Kameltreiber bereits bei Anbruch der Dämmerung unterwegs waren, um die Kamele einzufangen, kamen wir erst spät los.

Wasser ist Leben

Wir verließen das Gebirge in nordwestlicher Richtung. Nachdem wir gestern, wegen der Wasserstelle, weit nach Süden abgedriftet waren, peilte ich nun unsere Ideallinie an – den 40. Breitengrad. Außerdem kamen wir dadurch rascher aus der Steppe heraus in die Sandzone. Noch vor Mittag hatten wir die ersten Dünen erreicht. Es gab kaum jemand, der sich nicht darüber freute. Kündigten sie doch den Beginn einer anderen Welt an, von der wir so oft sprachen, weswegen wir hergekommen waren, und die sich nun als ein Meer zu Sand erstarrter Wogen vor uns ausdehnte. Peter, der Stadtmensch aus Beijing, lief übermütig die Dünen

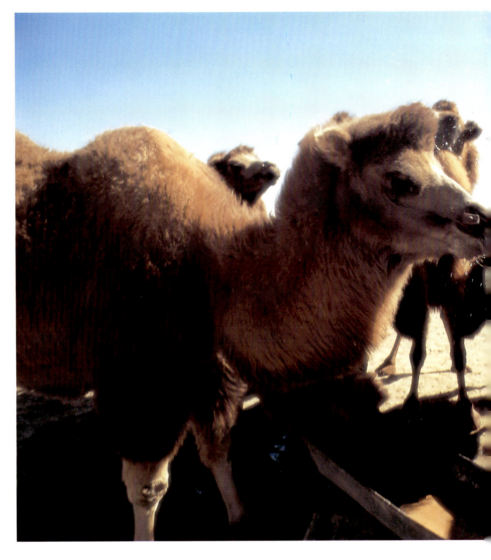

hoch. »Jetzt sind wir in der richtigen Wüste«, rief er von oben herab. Nur die Kamelführer standen gleichgültig da, als wäre nun das Unvermeidliche eingetreten, dem sie sich emotionslos fügten. Wie durch eine Schleuse, deren Sog wir uns nicht entziehen konnten, drangen wir in das Dünenmeer ein. Das Gebirge, an dem wir morgens aufgebrochen waren, verschwand hinter den gezackten Dünenkämmen. Jenseits der ersten niedrigen Sandberge wuchsen höhere auf und dahinter noch höhere. Das Tempo der Karawane wurde deutlich langsamer.

Ich lief voraus, um die Richtung vorzugeben. Helmut folgte mit seinem Lieblingsspielzeug in der Hand: dem GPS-Gerät, das mit Hilfe von Satelliten per Knopfdruck unsere genaue Position ausspuckte. Er benutzte es wie einen Computer und konnte mir jederzeit sagen, wie viele Kilometer wir in der letzten Stunde, seit der letzten Rast oder überhaupt zurückgelegt hatten, wie weit unser angepeiltes Ziel noch entfernt war und in welche Richtung wir zu laufen hatten. Selbst unseren bisherigen Routenverlauf konnte man als Graphik ablesen.

Unsere Kamele bei der letzten Wasserstelle vor dem Sandmeer. Sie besitzen die Fähigkeit, mehrere Tage lang ohne Flüssigkeit auszukommen, weil sie auf ein Mal große Mengen Wasser aufnehmen können.

Mit Helmut als wandelnde Datenbank im Rücken, nahm ich mein eigenes Navigationsgerät nur selten zur Hand. Ich konnte mich ganz auf das konzentrieren, wozu das GPS nicht imstande war: den besten Weg durch das Dünengewirr zu finden oder nach Wasser zu suchen, wenn es notwendig war. Mein Verhältnis dazu war immer zwiespältig. Im Jahre 1989, als ich erstmals in die Takla Makan ging, hatte ich nur einen Kompaß dabei. Meistens orientierte ich mich am Stand der Sonne und am Winkel des eigenen Schattens, den ich auf die Sandoberfläche warf. Nach einiger Zeit hatte ich ein sicheres Gefühl für die richtige Richtung entwickelt, selbst dann, wenn mir die Dünen einen Zickzack-Kurs aufzwangen. Den Kompaß benutzte ich nur noch zur Kontrolle. Mit dem GPS verhielt es sich ähnlich. Ich hatte es zwar dabei, aber ich war nicht davon abhängig. Meinen Weg fand ich auch so.

Das war bisher eine leichte Aufgabe. Die Dünen erreichten ungefähr die Höhe, wie ich sie von der Takla Makan her kannte. Auch waren sie so geschichtet, daß Orla keine Mühe hatte, die Karawane nachzuführen. Bei erstaunlich angenehmen Temperaturen hielten wir Mittagsrast. Wir saßen auf einem Dünenkamm, und Helmut steckte seine heißgelaufenen Fußsohlen in den kühlenden Sand. »Als Kind habe ich immer von einem großen Sandkasten geträumt«, sagte er und ließ dabei genüßlich eine Handvoll durch die Finger rieseln. »Jetzt weiß ich, daß es ihn wirklich gibt.« »Einen für Erwachsene«, fügte ich ergänzend hinzu. Er hatte den Frust über den Verlust der Fotoausrüstung ganz vergessen und war nun mit voller Energie bei der Sache.

Die Zeit für die Mittagsrast war knapp bemessen. Sie reichte gerade aus, um die Scheibe Käse und etwas Fladenbrot zu verzehren, das die Tagesration bildete. Die verbleibende Zeit nutzen wir zum Studium der Karte. Helmut übertrug seine GPS-Daten regelmäßig auf die Karte. Allerdings war diese nur begrenzt aussagekräftig. Wir befanden uns wenige Kilometer vor dem Gebiet, das auf unserer Karte mit »Relief Data Incomplete« überschrieben war. Die weiß gebliebene Fläche verriet nichts von dem, was uns dort erwartete. Ob es dort Dünen gab, niedrige oder hohe, Wasserstellen oder Salzseen, oder ob ein Bergzug unseren Weg versperrte, blieb völlig ungewiß. Nur unsere jeweilige Position ließ sich mit Sicherheit bestimmen.

Obwohl wir an diesem Tag spät losmarschiert waren, hatten wir bis zur Mittagsrast zehn Kilometer Luftlinie zurückgelegt. Mit diesem Fortschritt war es einstweilen vorbei. In der zweiten Tageshälfte schafften wir nur noch fünf. Von Stunde zu Stunde wuchsen die Sandberge höher und zwangen die Kamele zu immer größeren Umwegen. Unterwegs sammelten die Mongolen das Holz abgestorbener Tamarisken. Kaum waren wir am Lagerplatz angekommen und die Kamele abgeladen, hatten sie schon ein Feuer in Gang gebracht und ihren Teekessel darüber aufgehängt. Mit gleicher Schnelligkeit bereiteten sie ihre Abendmahlzeit. Jeder Handgriff war eingefahrene Routine. Während wir unsere Kochutensilien und Zutaten aus den Kamellasten zusammensuchten, zirkulierte bei ihnen bereits der obligate Kamelschnaps.

Wir ernährten uns rein vegetarisch. Reis und Nudeln bildeten die Basis, ergänzt mit Kartoffeln und verschiedenen Gemüsen, die wir in Hohhot eingekauft hatten. Für die lästige Küchenarbeit hatten wir eine Art Rotationsprinzip eingeführt. Dies gewährleistete nicht nur eine gewisse kulinarische Vielfalt, weil jeder einmal an die Reihe kam, sondern ließ auch jedem genügend »Freizeit«, die schönsten Stunden zu genießen, die die Wüste bot – die Zeit von Sonnenuntergang bis zum Anbruch der Nacht.

An diesem Abend nutzte ich meine Freizeit für eine Sportart, die man gewöhnlich nur im winterlichen Europa betreibt. Langlaufski zur Fortbewegung im Sand zu benutzen schien auf den ersten Blick paradox, aber schon in der Takla Makan hatte ich damit experimentiert – mit Erfolg. Schnell lernte ich die Vorteile schätzen, denn ich war schneller als zu Fuß, sparte Kraft und konnte einer direkten Route folgen. Vor allem aber machte es Spaß, über die steilen Leeseiten der Wanderdünen abzufahren.

Auf dieses Vergnügen wollte ich auch in der Gobi nicht verzichten. Helmut als passionierter Skiläufer konnte es kaum noch erwarten, seine ersten Spuren über die Sandberge zu ziehen. Die Mongolen waren darauf weniger erpicht. Skeptisch beobachteten sie unsere Vorbereitungen und warfen sich vielsagende Blicke zu, als wir, die seltsamen Bretter unter die Füße geschnallt, im Diagonalschritt an ihnen vorbeiliefen. Für die Demonstration wählte ich den höchsten der umliegenden Sandberge aus. Wir nahmen ihn frontal.

Kerzengerade stiegen wir über die Leeseite auf. Selbst das letzte Steilstück aus lockerem Sand, das zum messerscharfen Grat führte, war mit wenigen Schritten überwunden. Unvermittelt traten wir aus dem Schatten in das Licht. Wir waren wie geblendet. Der elegant geschwungene Dünenkamm, auf dem wir standen, badete in den Strahlen der Abendsonne. Als sich unsere Augen an die Helligkeit gewöhnt hatten, sahen wir uns um. Der Blick nach Westen ließ uns erschaudern. Da türmte sich der Sand zu nie gekannten Dimensionen auf. Regellos ineinander verschachtelte Dünenkonglomerate hatten sich zu einem Bollwerk verdichtet, das keine Lücken und Schneisen mehr erkennen ließ. Wo sollte da die Karawane durchkommen?

Es blieb keine Zeit, darüber weiter nachzudenken, denn nun begann ein Naturschauspiel, das uns in seinen Bann schlug. Im Licht der untergehenden Sonne leuchtete der Sand auf, als stünde er in Flammen. Länger und länger dehnten sich die Schatten aus, zauberten ständig sich verändernde Muster auf die Oberfläche. Dunkelrot auf der einen Seite

> »In einer kurzen Stunde hatten sich mir die beiden Grundzüge des Menschenlebens in der Wüste offenbart, der Klageschrei der verlorenen Kreatur, die ihrer Einsamkeit inne wird, und die Gastlichkeit, mit der ein Menschenwesen dem andern begegnet.«
> **Anna Louise Strong**

und pechschwarz auf der anderen reckte sich der sichelförmige Dünengrat in den Himmel. Alles um uns bestand nur noch aus Polaritäten. Licht und Schatten, Tag und Nacht, Hitze und Kälte, und wir bewegten uns genau an der Grenze. Wie Wanderer zwischen zwei Welten spurten wir am scharfkantigen Grat zur Dünenspitze hinauf. Dann stürzten wir uns mit einem Freudenschrei zu Tal, die Stöcke unter die Arme geklemmt und in tiefer Hocke, als würden wir an einem Abfahrtsrennen teilnehmen. Für Ungeübte ist diese Art der Fortbewegung nicht zu empfehlen. Deshalb hatte ich außer für uns beide nur noch für Jürgen Skiausrüstung dabei. Er wollte erst unsere Versuche abwarten, bevor er sich entschied. Für uns war es keine Frage mehr. Wir brauchten nur an die hohen Dünen zu denken, die vor uns lagen und die wir als Pfadfinder hochsprinten mußten.

Die Schwerfälligkeit der Karawane machte mir allerdings Sorgen. Seit wir das Dünengebiet betraten, war sie nur noch im Schneckentempo vorangekommen.

»Ihr müßt schneller sein«, sagte ich zu Orla am nächsten Morgen.

»Du weißt genauso wie ich, daß unser Wasser nicht reicht, wenn wir weiterhin so langsam vorankommen.«

Mit lauter Stimme, so daß es alle Kamelführer hörten, wiederholte er meine Sätze in mongolischer Sprache.

»Die Kamele können nicht schneller laufen«, erwiderte Yue.

»Dann müssen wir eben früher aufbrechen und später lagern«, forderte ich.

Dann wandte ich mich an Jürgen, der das Gespräch schweigend verfolgte. Er solle bei der Karawane bleiben, sagte ich zu ihm, als Unterstützung für Orla und um notfalls die Kamelführer anzutreiben. Mit seinen chinesischen Sprachkenntnissen konnte er direkt mit den Mongolen kommunizieren, während ich mich nur über zwei Ecken – nämlich über Peter und Orla – verständigen konnte. Das war nicht nur mühsam, sondern auch nicht immer frei von Mißverständnissen.

Aber Theorie und Praxis, Reden und Handeln sind oft zweierlei. Anstatt früher aufzubrechen, geschah dies später denn je. Aus unerklärlichen Gründen dauerte das Beladen der Kamele an diesem Morgen besonders lange. Die Sonne stand bereits hoch am Himmel, als wir endlich losmarschierten.

Um in dem unübersichtlichen Gewirr von Sandbergen schneller voranzukommen und für die nachfolgende Karawane den besten Weg zu finden, benutzen Helmut und ich Langlaufski zur Fortbewegung.

Mit den Langlaufskiern unter den Füßen lief ich der Karawane voraus, um ihr die generelle Marschrichtung anzugeben. Helmut, ebenfalls auf Skiern, folgte in einigem Abstand. Wir hatten vereinbart, miteinander in Sichtkontakt zu bleiben. Er seinerseits sollte mit Orla auf Tuchfühlung bleiben, der die Karawane anführte. Der Mongole hatte die undankbare Aufgabe, einen gangbaren Weg für die Kamele zu finden. Unseren Skispuren direkt zu folgen wäre sinnlos gewesen.

Der Abstand zwischen mir und der Karawane vergrößerte sich rasch. Ich merkte es am Läuten der Kamelglocke, das immer leiser wurde, bis sie ganz verstummte. An ihre Stelle trat eine Stille, die kein Geräusch mehr kannte, in der selbst der laute Ehrgeiz schwieg. Nach einiger Zeit war auch die Karawane nicht mehr zu sehen. Der Sand hatte sie verschluckt, als wäre sie nur ein Trugbild gewesen. Nur wenn ich von Zeit zu Zeit stehenblieb und wartete, sah ich Helmut in der Ferne auf einem Dünenkamm auftauchen und ebenso schnell wieder verschwinden. Vor mir aber lag eine Welt, die sich auf zwei Elemente reduziert hatte. So weit das Auge reichte nur Sand, darüber der Himmel, stählern blau.

Seit ich zum erstenmal meinen Fuß dorthin setzte, hat mich die Wüste fasziniert. Sie ist mit keiner anderen Landschaft zu vergleichen. Nirgendwo sonst findet man eine derartige Einfachheit an Formen und Erscheinungen. Alles, was es an größeren Formen je gab, hat sich gewandelt, ist zerfallen in Sand und Staub, eine Art Endzustand der Materie, der kein Geräusch mehr verursacht. Die absolute Stille der Wüste mag unterschiedlich empfunden werden, vom einen als beklemmend, vom anderen befreiend – aber gleichgültig läßt sie nicht. Es ist eine Umgebung, in der es keine Ablenkung mehr gibt, nichts, woran Gedanken haften können. Man ist gezwungen, sich mit sich selbst auseinanderzusetzen. Die Leere draußen erschließt die Fülle drinnen, öffnet das Herz. Wo kein sinnloser Lärm mehr die Gedanken stört, wird man hellhörig für subtile Botschaften, läßt es einen die innere Stimme gewahr werden. Nicht zufällig sind Propheten aller Zeiten in die Wüste gegangen, um etwas zu erfahren – sich selbst und damit kosmische Gesetzmäßigkeiten kennenzulernen. Die Wüste war nur das Medium, ein mythisches Purgatorium, das den Geist reinigte.

»Warum gehst du in die Wüste«, fragt man mich immer wieder. »Was suchst du dort?«

»Um zu lernen«, ist meine einfache Antwort darauf.

»Was kann dich denn ein Sandhaufen lehren?«

»Viel, sehr viel sogar. Ich habe dort meinen Weg gefunden, meine Art, die Welt zu erkennen, und auch die Kraft gewonnen, ›artgerecht‹ zu leben. Die Natur hat mich gelehrt, auf die eigenen Kräfte zu vertrauen, meine Intuition und mein schöpferisches Potential zu entwickeln. Das half Ängste abzubauen, jene Begrenzungen, die wie eine innere Handbremse wirken. Ich bin dankbar, über diesen Weg zu lernen; es gibt viel härtere Wege, Krankheit zum Beispiel oder sogenannte Schicksalsschläge …«

»Also doch eine Flucht?«

»Nein, denn dann würde ich ja dort bleiben. Ich versuche, jede Erfahrung in mein Leben zu integrieren. Aus ihrer Summe beziehe ich jene Form von Sicherheit, die nicht auf Verträge und Policen beruht, sondern im Wissen um die eigenen Fähigkeiten und Ressourcen gründet. Von Anfang an war ich bestrebt, mein Leben auf eine unabhängige Basis zu stellen. In einer Welt, deren Bewußtseinsindustrie ein unerhörtes Maß geistiger Umweltverschmutzung erzeugt, ist dies der einzige Weg. Deshalb werde ich weiterhin nur in das investieren, was von Bestand ist – in die eigenen Erfahrungen.«

Die Landschaft um uns hat sich auf zwei Elemente reduziert: Sand als Endprodukt von Materie und darüber der Himmel, auf dem der natürliche Lauf der Gestirne die Zeit schreibt.

Links: Wie Schiffbrüchige bewegen wir uns durch das Meer der Wanderdünen, die von Tag zu Tag höher wachsen.

Meine Erfahrungen sagten mir nun, daß etwas mit der Karawane nicht in Ordnung war. Helmut war weit zurückgeblieben und hatte sich auf einer Dünenspitze niedergelassen. Ich wartete ab. Als ich aber sah, daß er nicht weiterging und auch von der Karawane nichts zu hören und zu sehen war, lief ich zu ihm zurück. Es dauerte lange, bis wir wieder das Läuten der Glocke vernahmen, die anzeigte, daß die Karawane in Bewegung war. Endlich tauchte sie zwischen den Dünen auf.
Eines der Kamele sei schwer gestürzt, berichtete Jürgen. Dabei hätte es seine gesamte Last abgeworfen. Unglücklicherweise war es genau jenes, auf dem eines unserer Solarpaneele befestigt war. Außerdem hätten die Kamele sich mehrmals geweigert, hohe Dünen zu passieren, und sie wären deshalb gezwungen gewesen, große Umwege zu machen.
»Konntest du die Karawane nicht zu einer schnelleren Gangart bewegen?« fragte ich ihn.
»Nein, sie gehorchen mir nicht. Deshalb wäre es besser, wenn du mit ihnen gehst, du kennst ja ihr Hierarchiedenken.«
Es war mir unbegreiflich, warum die Karawane nicht hinterher kam. Ich hatte weder ein besonders schnelles Tempo vorgelegt, noch war das Gelände allzu schwierig gewesen. Aber nun sollte ich es selbst sehen. Helmut ging an die Spitze, während ich

Das Leben in der Wüste ist auf wenige Erscheinungen zurückgedrängt. Hie und da einige verdorrte Tamarisken...

…hier das Wunder einer Blume, die sich im Sand behauptet…

…oder ein Käfer, der seine einsame Spur durch die Einöde zieht…

…oder eine Wüstenechse, die träge in der Sonne auf einem Dünenkamm liegt.

versuchte, den Troß auf der besten Route nachzuführen. Schon bald gab es die ersten Schwierigkeiten. An einem harmlosen Dünenabbruch von wenigen Metern wollten die Kamelführer einen großen Umweg einschlagen. Waren die Tiere schon ängstlich, dann waren es ihre Herren noch viel mehr. Wenn die Karawane eine solche Passage nicht meistere, rief ich Orla zu, der noch oben stand, dann wäre es besser, wenn wir gleich umdrehten. Ich wußte nicht, ob er meine Worte übersetzte oder eine Belohnung versprach, jedenfalls erschien Yue, sein Leitkamel »Viktor« im Schlepptau, und führte seine Gruppe über das Steilstück hinunter. Tief sanken die schwerbeladenen Tiere im weichen Sand ein, rutschten ab, aber keines stürzte. Obwohl nun eine Spur gebrochen war, stellten sich die nachfolgenden Gruppen so unbeholfen an, daß ein Chaos entstand. Einzelne Tiere brachen aus und blieben mitten am Abhang stehen, andere bockten bereits an der Kante, und die Treiber mußten sie mit vereinten Kräften an den Nasenstricken in die Tiefe ziehen. Unten angekommen verging viel Zeit, bis sich die Karawane wieder formiert hatte und abmarschbereit war. So ging es weiter – bis wir lagerten. Das Tagesergebnis war niederschmetternd. In sieben Stunden hatten wir neun Kilometer zurückgelegt – Luftlinie natürlich, denn nur das zählte. Nach diesem Tag war jedem von uns klar, daß wir so nicht weitermachen konnten. Davon auszugehen, daß das vor uns liegende Terrain einfacher begehbar war, hielt ich für eine gefährliche Illusion. Im Gegenteil, alle Anzeichen sprachen dafür, daß es eher schwieriger wurde, wie schwierig freilich ahnte zu diesem Zeitpunkt noch niemand. Es gab für uns nur zwei Möglichkeiten: Entweder, die Kamele und auch ihre Treiber konnten sich mit den immer

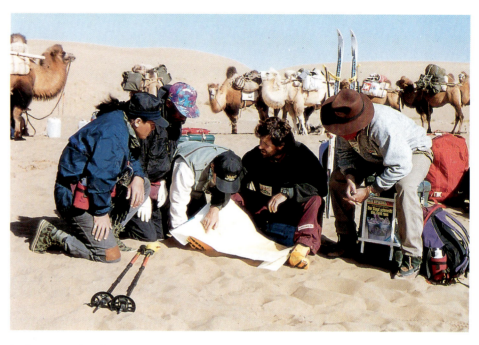

höher werdenden Dünen anfreunden, oder wir mußten uns eine andere Route überlegen. Um das auszuloten habe ich Orla und die Kamelführer zusammengerufen. Helmut und Jürgen gesellten sich noch dazu. Viele Alternativen gab es allerdings nicht.

Die Kämme der Dünenketten verliefen von Norden nach Süden. Da unsere Marschrichtung Ost–West war, mußten wir sie zwangsläufig voll nehmen. Das machte uns solche Schwierigkeiten. Wenn wir statt dessen nach Süden oder Norden gingen, könnten wir Kombinationen von Dünentälern folgen und würden viel schneller vorankommen. Der Weg nach Süden kam jedoch für mich nicht in Frage, denn es hätte das vorzeitige Ende der Expedition bedeutet. Ein Ausbrechen nach Norden, um nach Khara Khoto durchzustoßen, hätte mich zwar gereizt, aber damit wären wir unweigerlich in militärisches Sperrgebiet gekommen. Wir spielten den Gedanken durch, aber verwarfen ihn wieder. Es war einfach nicht zu verantworten, allein schon im Hinblick auf unsere mongolischen und chinesischen Begleiter, die schwer bestraft würden, wenn man uns aufgriff. So beschlossen wir, morgen mit neuem Elan unsere Route wieder aufzunehmen. Die Kamelführer versprachen, ihre Tiere auf einem direkteren Weg zu führen, und wir – Helmut und ich – wollten die Route mehr auf die Karawane abstimmen und eine für sie gangbare Spur vorlegen.

Der nächste Morgen brach kühl und wolkenverhangen an. Die Kamele hatten kaum noch etwas zum Fressen gefunden und wurden immer aggressiver. Sie wehrten sich beim Beladen durch wütende Schreie, und wenn man ihnen zu nahe kam, konnte man leicht einen Tritt abbekommen. Bei manchen hatte sich um das Maul ein grünlicher Schaum gebildet, der entsetzlich stank. Yue kam mit Orla, um mit mir zu sprechen.

»In zwei bis drei Tagen«, sagte er, »müssen die Kamele Wasser haben, sonst werden sie sterben.« Es klang so, als würde er vom Wetter reden, als wäre er sich der Tragweite seiner Aussage gar nicht bewußt.

Je tiefer wir in das sandige Herz der Gobi eindringen, desto kälter werden die Nächte. Es kostet Überwindung, morgens aus dem Zelt zu kriechen, und auch das Feuer, das die Kameltreiber entzündet haben, gibt nur wenig Wärme.

Links: Schon nach wenigen Tagen müssen wir erkennen, daß die geplante Marschleistung von 15 km Luftlinie zu unserem Ziel nicht zu schaffen ist. Aus Angst, die Wasserreserven könnten nicht ausreichen, überlegen wir, nach Norden durchzubrechen, verwerfen aber diese Idee als zu riskant, weil der Weg durch militärisches Sperrgebiet geführt hätte, in dem die chinesische Armee Raketentests unternimmt.

Folgende Doppelseite: Immer seltener findet die Karawane ein Dünengelände vor, das ein problemloses Vorankommen zuläßt. Viel häufiger sehen wir uns Sandbergen gegenüber, die sich mehrere hundert Meter hoch erheben und mühsam umgangen werden müssen.

»Kennst du eine Wasserstelle?« fragte ich ihn.

»Nein«, antwortete er mir kopfschüttelnd.

Ich mußte den Fatalismus dieser Menschen bewundern. Sie hatten sich einer Gruppe von Fremden anvertraut und folgten ihnen wie Lemminge in eine Wüste, die sie selbst nicht kannten. Jetzt erwarteten sie wie selbstverständlich, daß ich für ihre Tiere das lebensnotwendige Wasser fand. Diesen Optimismus teilte ich zwar, aber mit den Maßnahmen, die ich traf, ging ich vom schlimmsten aus, das uns passieren konnte – nämlich auf der gesamten Strecke kein Wasser zu finden. Als erstes ließ ich die tägliche Wasserration um die Hälfte kürzen. Das war nur möglich, weil sich durch die ungewöhnlich kühlen Tagestemperaturen die Dehydration des Körpers in Grenzen hielt. Dann veranlaßte ich, daß die Lasten der Kamele besser verteilt würden. Kamele, die oft stürzten, sollten keine Wasserkanister oder andere wichtige Ausrüstung tragen. Das nahm viel Zeit in Anspruch. Wie schon am Tag zuvor kamen wir auch heute erst spät los.

Die am Abend gefaßten Vorsätze hielten nicht lange an, und auch der anfängliche Elan war schnell dahin, als sich vor uns immer größere Hindernisse aufbauten. Hinter jedem Dünenkamm, den wir überwanden, erhob sich ein neuer, noch höherer. Helmut und ich erstiegen Dutzende der hohen Sandberge, um der Karawane den besten Weg weisen zu können. Trotzdem kam diese nur sehr langsam voran. Immer wieder gab es Unterbrechungen, weil Lasten zu Boden fielen oder Tiere aus der Kolonne ausbrachen. So blieb auch an diesem Tag die Kilometerleistung weit hinter dem Soll zurück. Das allein bekümmerte uns wenig. Weitaus besorgniserregender war es, daß wir nirgendwo auch nur die geringste Spur von Wasser fanden, ja nicht einmal eine Idee hatten, in welcher Richtung wir danach suchen sollten. Helmut entfaltete zum x-ten Male die Karte und drückte pausenlos an den Knöpfen seines GPS-Gerätes. Aber keine High-Tech-Ausrüstung konnte uns in diesem Augenblick helfen.

In der Nacht kam Jürgen zu unserem Zelt und erzählte aufgeregt, daß er eben über Kurzwelle die BBC-Meldung von einem weiteren Nukleartest der Chinesen empfangen habe. Wir hatten es bereits von unserem Meßgerät abgelesen. Dort ließ der Atomversuch, der die dreifache Sprengkraft der Hiroshima-Bombe hatte, die Werte um das Vierfache hochschnellen – obwohl das Testgebiet im Lop Nor-Becken 1000 Kilometer weiter westlich lag.

Das Morgengrauen kam langsam. Zuerst erschien nur ein roter Streifen über dem östlichen Horizont, dann färbte sich der Himmel gelb, und schließlich stieg die Sonne hinter den Dünen auf. Allmählich erwachte auch das Lager. Als erste krochen die

Kamelführer aus ihren Zelten. Bald hatten sie ein Feuer in Gang gebracht. Dort saßen sie, in ihre dicken Mäntel gehüllt, zitternd vor Kälte, und bereiteten Tee. Der Morgenfrost hielt uns im Zelt. Während ich vom Schlafsack aus einen kleinen Kocher bediente, kümmerte sich Helmut um die Zutaten für das Frühstück. Es gab Müsli, Fladenbrot und Gemüse-Aufstrich. Erst als die ersten Sonnenstrahlen das Lager trafen, wurde es lebendig. Die Kamele erhoben sich und begannen nach Nahrung zu suchen. Aber die Wüste hatte längst alles pflanzliche Leben ausgelöscht. Was nicht der Sand begrub, verdorrte in der Sonne. Wenn wir nicht bald Wasser fanden, würde sie auch ihre eigenen Geschöpfe verzehren.

Weil die Kamele kein Futter fanden, marschierten wir heute früher als sonst los. Die Richtung, die bisher unseren Weg diktierte, hatte ihre Macht verloren. Auf der Suche nach Wasser irrten wir wie im Blindflug zwischen den Dünen umher. Die Kamele bewegten sich quälend langsam voran. Vom Durst gepeinigt, waren sie nur noch schwer zu bändigen. Aber die Wüste zeigte sich unerbittlich, sie schenkte uns an diesem Tag keinen Meter. Was wir nicht glauben wollten, trat ein. Der Sand formierte sich zu immer gewaltigeren Gebilden, die uns zu erdrücken drohten. Dazwischen klafften kraterförmige Löcher, von deren Rändern die Kamele abzustürzen drohten. Selbst dann, wenn wir mühsam einen Dünenkamm erreicht hatten, kam keine Freude mehr auf, weil der Ausblick uns der Hoffnung nach Wasser beraubte.

Die Dünen erreichten eine Höhe von 200–300 Metern und bauten sich in Stufen übereinander auf. Dazwischen gab es tief eingeschnittene, von Nord nach Süd verlaufende Täler, die wir queren mußten. Zu den vielen zusätzlichen Kilometern, die wir als Pfadfinder zurücklegten, kamen noch die Höhenmeter. Die Vision einer Oase trieb uns auf die höchsten Sandberge, um von dort Ausschau zu halten. Dabei stiegen wir mehrmals

Die Suche nach Wasser treibt uns auf die höchsten Dünenberge hinauf, um von dort nach allen Richtungen hin Ausschau zu halten. Die weiße ebene Fläche, die in der Ferne wie Schnee glänzt, erzeugt Hoffnung, ist aber nur ein ausgetrockneter Salzsee.

Links: Im Angesicht einer übermächtigen Natur rücken Mensch und Tier eng zusammen. Die Karawane kann nur überleben, indem sie ständig ihr Lager aufschlägt, ohne irgendwo festen Fuß zu fassen.

von 1400 m auf 1700 m auf – und wieder ab. So waren wir rechtschaffen müde, als wir lagerten. Trotzdem unternahmen wir noch den sinnlosen Versuch, nach Wasser zu graben. Schon deshalb sinnlos, weil sich die Stelle, die ich auswählte, in einem fünfzig Meter tiefen Loch befand, das wie ein Bombentrichter aussah, aus dem kein Kamel wieder herausgekommen wäre.
Mit Bator, Orla und Peter stieg ich zum Grund hinab. Unsere Hoffnung auf Wasser beruhte auf ein paar grünen Tamarisken, die sich gegen die Trockenheit behaupteten. In ihrer Nähe setzten wir den Spaten an. Obwohl wir uns bei der Arbeit abwechselten, waren wir bald schweißgebadet. Das blieb die einzige Flüssigkeit, die zum Vorschein kam. Je länger wir gruben, desto trockener wurde der Sand. In zwei Meter Tiefe gaben wir resigniert auf.
Das Damoklesschwert hing drohender denn je über der Karawane, als wir am Morgen aufbrachen. In ein bis zwei Tagen würden die ersten Kamele zusammenbrechen, und dann müßten auch wir um unser Leben laufen. Alle meine Gedankenkräfte auf den rettenden Brunnen konzentriert, lief ich voraus. Dabei folgte ich weniger dem Kopf als einem Instinkt. Nicht der Kompaß gab mehr die Richtung vor, sondern ein inneres Gefühl. Helmut, der mir folgte, mochte vielleicht glauben, ich sei

verrückt geworden, bei all den irrationalen Haken, die ich schlug, aber er nahm es widerspruchslos hin. Ich ging stundenlang wie in Trance, ohne mich umzusehen, ohne mich darum zu kümmern, ob mir jemand folgte. Erst als ich im Norden zwei weiße Flächen zwischen den Sandbergen aufleuchten sah, wachte ich auf. Die ausgetrockneten Salzseen sahen wie Schneefelder aus.

»Ich bin sicher, daß wir bald Wasser finden werden«, sagte ich zu Helmut während der Mittagsrast. Ein paar Stunden später trafen wir auf Tierspuren, die sich im Laufe des Nachmittags häuften und in eine bestimmte Richtung wiesen. Sie führten uns zunächst an den Rand eines kreisrunden Talkessels, der sich zwischen hohen Sandbergen gebildet hatte. Auf seinem Grund gab es wohl Pflanzen, deren meterlange Wurzeln an Wasser gekommen sein mußten, aber keinen Brunnen. So folgten wir den Fährten weiter talauswärts. Wieder galt es eine Sandbarriere zu überqueren, die das Tal in seiner ganzen Breite abriegelte. Als wir das Hindernis überwunden hatten, standen wir vor einem weiteren »Kraterloch«. Wie ein weißes Riesenauge leuchtete in seinem Inneren ein ausgetrockneter Salzsee. Nur Wasser suchten wir auch hier vergebens. Obwohl das Tal uns nach Süden drängte, also entgegen unserer Marschrichtung, folgten wir ihm weiter. Abermals baute sich ein Dünenwall vor uns auf, den die erschöpften Kamele nur in Etappen bewältigten.

Dem trostlosen Bild der Karawane den Rücken kehrend, spurte ich voraus. Da sah ich einen Vogel, der sich vor mir erhob. Nach wenigen Flügelschlägen landete er wieder auf der Sandoberfläche, um erneut ein Stück vorauszufliegen, wenn ich mich ihm wieder näherte. Der Vogel war für mich Symbol für das Leben. Und wo es Leben gab, gab es auch Wasser. Dem Wunder seiner Erscheinung folgte ein zweites. Unvermittelt brach die Düne vor mir ab, und ich blickte auf das funkelnde Juwel eines Sees, eingefaßt von einem Pflanzensaum wie grüne Jade. Voll Dankbar-

Der harmlos scheinende Aufstieg aus einem dünnen Kessel wird für die Karawane zum Desaster. Knapp unterhalb des Dünengrats legen sich die verängstigten Tiere nieder und sind nicht einmal durch rigide Methoden zu bewegen, wieder aufzustehen.

Links: Was wir im ersten Augenblick für ein Trugbild halten, ist Wirklichkeit: Inmitten des unfruchtbarsten Sandmeeres liegt das Wunder eines Sees, in dem sich die Strahlen der Sonne in ihren Spektralfarben spiegeln.

keit stieg ich Schritt für Schritt in das Leben hinunter.

Sogar ein Haus gab es in der winzigen Oase, obwohl die übermächtigen Sandberge ringsum sie schon beim nächsten Sturm zu begraben drohten. Die Bewohner starrten uns entgeistert entgegen, als kämen wir von einem anderen Stern. »Ausländer waren hier noch nie«, gestand der Hausherr Gao. Er konnte es kaum fassen, daß der Fremdling seine Sprache verstand, und ließ Jürgen nicht mehr los. Sobald den Kamelen die Lasten abgenommen waren, wurden sie an den Brunnen der Familie Gao zur Tränke geführt. Dann machten sie sich über all das Futter her, das sie seit Tagen entbehrten und das die Oase ihnen nun reichlich bot.

Gefangen in der Wüste der Wüsten

Obwohl nun die Kamele gestärkt waren, wurde der Ausstieg aus dem Talkessel zum Desaster. Die 600 Meter hohe abschüssige Sandflanke, die den einzig möglichen Weiterweg eröffnete, bot den Tieren zunächst wenig Schwierigkeiten. Beim letzten Steilstück, knapp unterhalb des Dünengrates, stürzten fünf Kamele zu Boden und rührten sich vor Angst nicht mehr von der Stelle. Die Treiber zerrten an den blutigen Nasenstricken und droschen mit ihren

Stöcken auf die Hinterteile der verängstigten Tiere. Aber sie hätten sich eher totschlagen lassen als daß sie aufstanden – nicht einmal ein Feuer aus Reisig, das die Mongolen unter ihrem Hintern entzündeten, brachte sie auf die Beine. Niemals werde ich die Schreie der gepeinigten Kreaturen vergessen können. Ich befahl Yue, mit der sinnlosen Tortur aufzuhören, aber er schleuderte mir nur einen wilden Fluch entgegen. Allmählich sahen auch die Kameltreiber ein, daß sie mit roher Gewalt nicht weiterkamen. Die gestürzten Kamele wurden abgeladen und durch Zureden wieder auf die Beine gebracht. In der Zwischenzeit hatte Orla mit der Schaufel einen Pfad gegraben, auf dem sie über den Dünenkamm geführt wurden. Die abgeworfenen Wasserkanister ließ ich auskippen. Was nützte uns das viele Wasser, wenn wir nicht von der Stelle kamen.

Zuletzt war nur noch ein weißes Kamel übrig, das trotz aller Bemühungen nicht aufgestanden war. Vier Männer schoben seinen massigen Körper über die Sandfläche abwärts. Wenn auch dieser Versuch scheiterte, mußten wir es zurücklassen. An einer Mulde im Hang kam es schließlich auf die Beine. Behutsam wurde es über die ausgetretenen Serpentinen hinaufgeführt. Aber unmittelbar vor dem Dünengrat legte es sich vor Angst zu Boden. Die Kameltreiber

Erst nachdem die Kamele abgeladen waren, konnten sie mit vereinten Kräften – durch Ziehen und Schieben – über den Dünengrat befördert werden.

versuchten nun, das Tier mit vereinten Kräften über die letzten Meter zu ziehen und zu schieben. Es mißlang. Noch zwei weitere Versuche waren notwendig, bis die Karawane wieder vollzählig war, und es wurde Nachmittag, bis wir von der Unglücksstelle fortkamen.

»Ihr solltet lieber bei der Karawane bleiben und einen besseren Weg suchen«, schnauzte uns Jürgen an.

»Wenn du einen besseren Weg findest, dann gehe voraus, dort ist die Wüste.«

»Es ist deine Aufgabe.«

»Jetzt nicht mehr!« antwortete ich verärgert und ließ ihn stehen.

Es war diese unerträgliche Besserwisserei, die mich erzürnte. Selbst keinerlei Verantwortung zu übernehmen, aber hinterher alles zu kritisieren, war allzu billig. Jetzt sollte Jürgen beweisen, daß er es besser machte. Aber dazu fehlte ihm die Courage. Er schickte Orla voran. Die Karawane glich einem Haufen von Schiffbrüchigen, die ziellos durch das Dünenmeer trieben. Als sie sich entschlossen zu lagern, hatten sie sieben Kilometer geschafft. Die Stimmung sank auf einen Tiefpunkt. Die Gewitterstimmung in der Gruppe spiegelte sich am Himmel wider. Wir waren gerade mit dem Aufstellen der Zelte fertig, da setzte ohne Vorwarnung ein Sandsturm ein. Ein mächtiger Windstoß fegte durch das Lager, Funken stoben vom Feuer zu den Zelten.

»Macht das Feuer aus«, schrie ich, »und haltet eure Zelte fest.«

Keines der Zelte war fest verankert. Womit auch? Im weichen Sand gab es keinen Halt. Zum Glück hielt das Gewicht der darin deponierten Ausrüstung dem ersten Windstoß stand. Kaum waren wir in die Zelte gekrochen und hatten die Reißverschlüsse fest zugezogen, ging das Inferno los. Wie Hagelkörner prasselte der Sand gegen die Zeltwände, die zu zerreißen drohten. Wir saßen aufrecht im Zelt und hielten die Zeltstangen fest, die sich im Sturm verbogen. Blitze zuckten vom Himmel und beleuchteten eine gespenstische Szenerie. Feiner Staub drang durch Nähte und Reißverschlüsse in das Zeltinnere und machte das Atmen schwer. Am Morgen lag eine dicke Staubschicht auf den Schlafsäcken.

Orla und Peter baten uns, wieder die

> »Wenn man in seinem Zelt liegt und dem Schweigen von Dunkelheit und Einsamkeit lauscht, fühlt man sich zwar geborgen, aber in Wirklichkeit ruht man auf unsicherem Grund. Man ist ganz von den Kamelen abhängig, den ›Schiffen der Wüste‹, die uns in das verbotene Land getragen haben und ohne die wir lebend nicht wieder hinauskommen könnten.«
> Sven Hedin

Führung zu übernehmen. Wir waren dazu bereit, aber nur, wenn die Karawane bedingungslos unserer Spur folgte. Außerdem verlangten wir, von nun an eine Stunde früher aufzubrechen und mindestens acht Stunden zu marschieren. Wir legten uns auch eine neue Taktik zurecht. Damit die Karawane nicht anzuhalten brauchte, wollten wir parallel nebeneinander den Weg voraus erkunden und uns durch Zeichen mit den Skistöcken darauf verständigen, wem von uns beiden jeweils die Karawane zu folgen habe. Mit dieser Doppelführung hofften wir zu verhindern, daß wir irgendwo in einer »Sackgasse« umkehren mußten und dadurch wertvolle Zeit verloren.

Wie richtig diese Maßnahme war, zeigte sich in den nächsten Tagen. Was wir da erlebten, überstieg unsere Vorstellungskraft und ließ uns zweifeln, ob wir uns überhaupt noch auf diesem Planeten befanden. Voll Staunen bewegten wir uns durch eine Dünenlandschaft, die alle Maßstäbe sprengte. Wir kamen uns wie Zwerge vor, hineinversetzt in eine Welt, in der sich die Relationen verschoben. Das waren keine Dünen mehr, denen wir gegenüberstanden, sondern ganze Gebirge, mit allen Attributen – mit Wänden und Flanken, messerscharfen Graten, Abbrüchen, tief eingekerbten Canyons und Schluchten. In keiner anderen Wüste hatte ich ähnliches gesehen. Der Ring gigantischer Sandberge hatte sich so fest um uns geschlossen, daß kein Widerstand mehr gegen die Wüste aufkam. Es schien kein Entrinnen mehr zu geben. Wir waren gefangen in einem Himalaja aus Sand.

Spätestens jetzt wurde die Ausgesetztheit für jeden erfahrbar. Vor allem aber wurde uns klar, daß die vorher kalkulierte Fluchtroute nach Süden nur eine Illusion war. Das erzeugte Ängste, und diese manifestierten sich in Aggression. In der Gruppe gärte es, bisher schwelende Konflikte brachen offen aus. Christof, der Kameramann, weigerte sich, mit Lilo weiter zusammenzuarbeiten.

»Sie versteht nichts vom Film«, gestand er mir schon vor ein paar Tagen.

Seitdem hatte ich die Regie übernommen. Lilo war nur noch mit sich selbst beschäftigt. Hölzern stapfte sie der Karawane hinterher. Unfähig sich anzupassen, blieb sie stets Fremde, Außenstehende, ausgegrenzt.

Wenn sich Menschen einer solchen Situation aussetzen, ist von vornherein klar, daß die Gruppendynamik eine andere sein wird, als am Stammtisch daheim. Der wesentliche Unterschied besteht darin, daß man sich

Wie eine Ameisenkolonne windet sich die Karawane durch einen »Himalaya« aus Sand, der alle Maßstäbe sprengt. In keiner anderen Wüste der Erde gibt es ähnlich hohe Sandberge wie in der Alashan–Gobi.

hier in eine Lage manövriert hat, aus der man nicht mehr flüchten kann, weder vor sich selbst noch vor den anderen. Auch läßt sich die übliche Maskerade nicht mehr aufrechterhalten, die man sich zugelegt hat, aus Angst, die eigene Wahrheit zu leben. Hier findet das gestylte Image keinen Nährboden mehr, und angelernte Rollen, seien sie noch so gekonnt, lassen sich nicht mehr weiterspielen. Ich habe diese Erfahrungen nie gescheut und deshalb immer wieder Partner mitgenommen, die ich vorher kaum kannte, weil ich Konflikte als Chance begriff, als Möglichkeit, durch den »Spiegel« des anderen etwas über mich selbst zu lernen.

Helmut und ich harmonierten als Duo prächtig. Unseren psychischen Striptease hatten wir schon hinter uns. Im Laufe vieler gemeinsamer Unternehmungen hatten wir gelernt, jeweils den anderen zu akzeptieren, wie er war, und einander zu vertrauen. An den Schwierigkeiten gewachsen, war er nun zu einer starken Form aufgelaufen. Das war auch nötig, denn die ungewöhnlich hohen Sandberge blieben weiterhin die große Herausforderung.

Am 12. Oktober hatten wir in zwei Marschstunden knapp zwei Kilometer zurückgelegt. Knapp vor Mittag, wir querten gerade eine heikle Passage, warfen zwei Kamele ihre Lasten ab. Das eine rannte schreiend und in wilden Sprüngen den Steilhang hinunter. Die Last zog es im Sand hinter sich her. Christof, der vorausgelaufen war, konnte den Amoklauf des Tieres durch seinen mutigen Einsatz stoppen. Das andere Kamel war in die Wüste geflohen. Yue bestieg sein Reitkamel, um es wieder einzufangen. Der erste Versuch scheiterte, weil das Reitkamel viel zu lahm war. Erst mit einem anderen Kamel, das abgeladen werden mußte, gelang es, das entflohene Wüstenschiff einzufangen. Eine Stunde später war die Karawane wieder abmarschbereit.

Immer wieder werfen einzelne Kamele ihre Lasten ab oder versuchen auszureißen, und es vergehen Stunden, bis der Troß wieder marschbereit ist. Nur mit Mühe gelingt es Bator, sein entlaufenes Kamel wieder einzufangen und durch einen beherzten Griff in die Nase zu beruhigen.

Vollkommen unberührt spannte sich das Königreich des Sandes vor uns auf – mit Häusern, Bastionen und Schlössern, deren Formen sich ständig wandelten. Das mythische Reich Shambhala, das alte tibetische Quellen verherrlichen, wurde in der Gobi angesiedelt. Vielleicht trifft das wirklich zu. Die Wüste draußen ist der Schlüssel für die Schatzkammer drinnen.

Unser Weg durch das Sandmeer glich einer Odyssee. Wir folgten keiner gekennzeichneten Route, hinterließen keine Spuren und nahmen nur unsere eigenen Erfahrungen mit. Doch verschieden wie die Menschen sind die Ebenen des Erlebens. Jürgen empfand es als beklemmend, wenn er sich von der Karawane so weit entfernt hatte, daß er nichts mehr von ihr sah und hörte. Er floh vor der Stille und vor sich selbst zurück zur Gruppe, um dort durch laute Geschwätzigkeit weiter zu flüchten – vor der Gegenwart der Wüste.

Ich genoß den Freiraum, den die Wüste mir bot, und verbrachte viel

Zeit allein, nur um zu sein. Es war wohltuend, daß kein sinnloser Lärm störte und meine Gedanken unterbrach.

An diesem Nachmittag war ich weit vorausgelaufen und wartete hoch oben auf einer Dünenspitze, bis die Karawane auftauchte. Die Sonne im Westen stand schon sehr tief, und ich lauschte angestrengt auf das vertraute Geräusch der Glocke, die das Herannahen ankündigte. Aber der Sandberg war zu hoch, um die Karawane zu hören, so nahm ich sie erst wahr, als sie bereits in das Tal zu Füßen eingebogen war. Ihr Anblick machte mich staunen. Die stattliche Karawane sah von oben wie eine winzige Ameisenkolonne aus, die sich über den Boden wand. Sie ließ mich die ungeheure Dimension dieser Landschaft ermessen, von der niemand zuvor eine Ahnung hatte. Den Sandberg, auf dem ich mich befand, schätzte ich auf mindestens dreihundert Meter Höhe.

Ich beobachtete, wie sich die Karawane schlangengleich fortbewegte. Bald würde sie in den Schatten der Düne kommen, dann mußte sie noch einen breiten Rücken überqueren. Ich konnte von oben ihren Weg genau erkennen und noch viel weiter sehen, während ihr Horizont den Gesichtskreis eng begrenzte. So ahnte noch niemand etwas von jenem Wunder, das sich hinter dem nächsten Sandberg verbarg. Dort enthüllte sich meinem staunenden Auge die unglaublichste Erscheinung, die ich in einer Wüste je sah. Inmitten der Extremwüste leuchtete ein See im dunkelsten Blau. Er hatte die Form einer Sonne und war umgeben von einem schmalen Band aus grünem Schilfgras. Unvermittelt stürzten die Sanddünen von allen Seiten in den See und spiegelten sich auf seiner glatten Oberfläche. Dort unten sah ich die Stelle, an der die Karawane lagern würde. Wie festgeklebt auf einer Leimrute bewegte sie sich darauf zu. Als sie ankam, stieg ich zu ihr ab.

Am nächsten Morgen wurden wir schon früh geweckt. Eine Schar von Wildenten war eingeflogen, und ihr Geschnatter trieb mich gerade rechtzeitig aus dem Zelt, um den Anbruch des neuen Tages vom Ufer des Sees aus zu erleben. Kein Windhauch kräuselte die Oberfläche, auf der sich die gerundeten Formen der Dünen abzeichneten. Das weiche Morgenlicht verlieh ihnen surreale, plastische Formen. Auch die Karawane, die am Ufer entlangzog, erschien doppelt: real und als Spiegelbild ihrer selbst.

Der gefürchtete Ausstieg aus dem Kessel verlief ohne Probleme. Die Kamele gewöhnten sich allmählich an das ausgesetzte Gelände, und auch die Führer waren im Umgang mit den Tieren sicherer geworden. Noch vor ein paar Tagen hätte die Karawane solche Passagen nicht gemeistert.

Wir versuchten weiterhin, einen direkten Kurs nach Westen zu steuern, aber die gewaltigen Sandformationen drängten uns immer weiter nach Süden ab. Trotz enormer Anstrengungen schafften wir in den letzten Tagen die angepeilten 15 Mindestkilometer nicht. Die Unübersichtlichkeit des Geländes zwang uns zu immer ausgedehnteren Erkundungen. Oft liefen wir kilometerweit voraus, um auszuloten, ob es dahinter einen Weiterweg für die Karawane gab. Trotzdem landeten wir an diesem Tag in einer Sackgasse.

Wir hatten zum x-ten Mal eines der unangenehmen Nord-Süd-Täler gequert und waren bereits bis unter die Kammlinie des gegenüberliegenden Dünenzuges aufgestiegen, als das Gelände so schwierig wurde, daß wir die Karawane auf halber Höhe anhalten ließen. Fieberhaft suchten wir nach einer Schwachstelle. Aber die scharfen Grate, die Abbrüche und Krater, die sich vor uns auftaten, waren für die beladenen Kamele unüberwindlich.

»Stop!« rief ich den Wartenden zu und hielt die gekreuzten Skistöcke hoch – das vereinbarte Zeichen, daß es keinen Weg gab. Da blieb nur der

Das Wasser dieses blauschimmernden Salzsees rettet die Karawane vor dem Verdursten, denn Kamele besitzen die Eigenschaft, daß auch salzhaltiges Wasser für sie bekömmlich ist.

Zauberhafte Stimmung an einem der namenlosen Salzseen, auf den wir bei unserem Marsch durch die Alashan-Wüste stießen. Im Licht der untergehenden Sonne leuchten die Mondsicheldünen am Ufer unwirklich auf, während auf die hohen Sandberge dahinter bereits der kalte Schatten der Nacht fällt.

Rückzug. Da auch das Tal durch steile Dünenabbrüche versperrt war, mußten wir die gegenüberliegende Talseite, von der wir gekommen waren, wieder aufsteigen. Aber auch dort fand sich erst nach langem Suchen eine gangbare Passage. Das ganze Tal war von gigantischen Sandmassen gefüllt, die sich wie ein Gletscher vorwärts wälzten und dabei unzählige Furchen und Wellen bildeten, die wie verdeckte Spalten aussahen. Dazwischen gab es kraterähnliche Löcher, von mehreren hundert Metern Tiefe und bis zu zwei Kilometer Durchmesser. »Sandkiste des Teufels« hatte Jürgen diesen Teil der Wüste in seiner Reportage genannt. Mir war es ein himmlisches Vergnügen, darin unterwegs zu sein.

Am nächsten Tag erreichten wir einen Talkessel, der aussah, als wäre er mit Schnee gefüllt. Sonne und Wasser zogen das Salz aus dem Boden und lagerten es als dicke weiße Kruste an der Oberfläche ab. Der Abstieg in das tiefe Loch war so steil, daß Orla voranlief, um mit der Schaufel einen Pfad zu graben, an dem die Kamele hinuntergeführt wurden. Erst unten ließ sich das weiße Baumwollzelt erkennen, das einer Familie aus Gansu als Unterkunft diente, die hier im Sommer Salz gewann. Im Herbst beladen sie ihre Tiere damit und ziehen in die nächste Oase nach Süden, um es dort zu verkaufen.

Nach der Salzquelle wurde das Gelände einfacher. Die Landschaft wurde weiter und übersichtlicher. Es schien, als würden die Sandberge niedriger, der Ring um uns lockerer. Zum erstenmal seit Betreten der Sandzone schafften wir 15 Kilometer. Grund zur Freude hätte es also gegeben, daß dennoch keine aufkam, lag an unseren Kommunikationsstörungen. Im Zelt von Christof und Frank hatte sich das Schweigen der Wüste ausgebreitet. Lilo stellte ihr

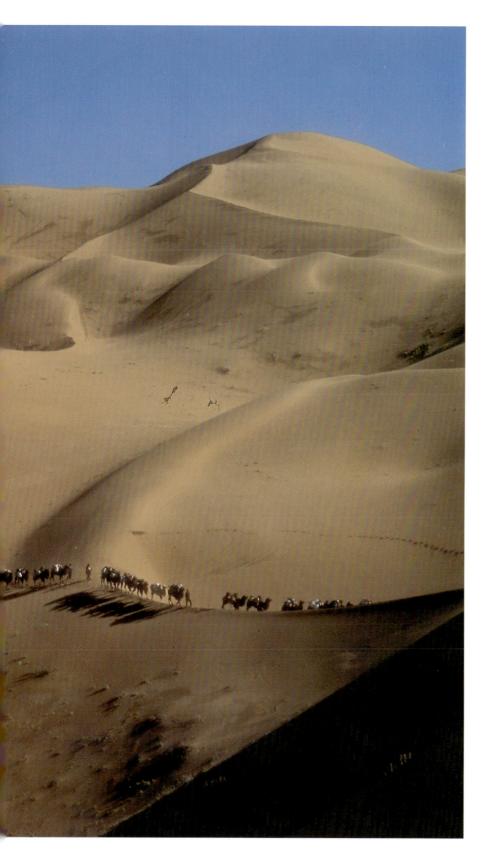

Sandberge von noch nie gesehener Dimension, regellos ineinander verschachtelt und unüberschaubar, sind für die schwer beladenen Kamele kaum überwindbare Hindernisse.

Zelt außer Rufweite auf, und auch zwischen mir und Jürgen herrschte seit einiger Zeit Funkstille.

Dem Ziel entgegen!

Unser Lagerplatz befand sich am nordöstlichen Rand einer ausgeprägten Senke, die sich in Richtung Südwesten erstreckte. Seit der Salzquelle befanden wir uns wieder auf einem Terrain, über das unsere Karte Daten liefert. Um ihre Genauigkeit zu überprüfen, hatten wir den Punkt unseres Lagerplatzes mit Hilfe des GPS anvisiert. Gemeinsam besprachen wir den Kurs, den wir an diesem Tag gehen wollten, und daraufhin gab Helmut die Navigationsdaten in das Gerät ein.

Als wir an diesem Morgen losmarschierten, hatten wir erst die Hälfte unseres Weges zum Ziel zurückgelegt; drei Tage später trennten uns davon nur noch 100 Kilometer. Zwar mußten wir weiterhin durch Dünen marschieren, aber sie erreichten bei weitem nicht mehr die Dimension von vorher, und durch die wenigen heiklen Passagen navigierten wir auf dem mittels der Karte vorbereiteten Kurs. Fast einen ganzen Tag lang folgten wir einer langgezogenen Senke, die uns wieder in Dünengelände führte. Die zwei bis drei Meter hohen Sandwellen erinnerten an Meereswogen, in denen die Wüstenschiffe auf- und abtauchten.

Weil es nirgendwo für sie Futter gab, wurden sie abends gruppenweise am Lagerplatz angebunden. In der Nacht kam starker Wind auf, dann begann es zu regnen, und später fiel Schnee. Als wir am Morgen aus den Zelten krochen, schlug uns eisige Kälte entgegen. Tief verschneit zeichnete sich das Alashan-Gebirge am südlichen Horizont ab. In der klaren Luft erschien es trotz seiner Entfernung zum Greifen nahe. Der Wetter- und

Da die Kamele nichts Freßbares in der Wüste mehr finden können, werden sie nachts am Lagerplatz in Gruppen zusammengebunden. Andernfalls würden sie auf der Suche nach Futter so weit fortlaufen, daß die Kameltreiber Schwierigkeiten hätten, sie wiederzufinden.

KAPITEL 6

So unterschiedlich die Art der Fortbewegung in der Wüste ist, so auch das Schuhwerk.

Temperatursturz hat den nahenden Winter angekündigt. Den ganzen Tag über blies uns ein kalter Wind von Nordwesten her ins Gesicht. Selbst um die Mittagszeit stiegen die Temperaturen nur wenig über Null an. Die geringere physische Anstrengung und vor allem die Aussicht auf das nahende Ziel nahmen auch die Spannung aus der Gruppe. Ich laufe mit Jürgen im Gleichschritt, und wir reden uns dabei den gegenseitigen Ärger von der Seele.
»Laß uns den Frust, der in der Wüste entstand«, sagte er abschließend, »auch dort lassen.« Er streckte mir versöhnlich die Hand hin, die ich gerne ergriff.
Am Nachmittag des 18. Oktober erreichten wir das versandete Bett eines ausgetrockneten Flusses. Die Sanddünen hatten wir schon vor Mittag zurückgelassen und waren stundenlang über eine flache Steinwüste gelaufen. Obwohl es noch früh war, entschlossen wir uns, hier zu lagern, denn die Umgebung bot den Kamelen reichlich Nahrung.
Nicht weit von unserem Lagerplatz verschwand das Wadi in einem nackten Felsgebirge. Das war der Punkt, den wir auf keinen Fall verfehlen durften und auf den wir seit Tagen hinnavigierten. Dort lag der Schlüssel für das Tor zu unserem Ziel. Das ausgetrocknete Flußbett eröffnete der Karawane den einzigen sicheren Weg, zugleich den direktesten, denn es verlief genau in unserer Marschrichtung – von Osten nach Westen.
In der Gruppe wurde nun viel gesprochen – vor allem über die Zukunft. Da wurden Pläne geschmiedet, Politik gemacht, an Beijing und Berlin gedacht. Ich wollte davon nichts hören, denn ich hatte mich an den Rhythmus von Gehen und Denken gewöhnt. Ich hatte kein Bedürfnis nach Neuigkeiten und Small talk – jedenfalls noch nicht. Wenn

Mittagsrast in einem ausgetrockneten Flußbett. Mit schwindenden Kräften laufen wir gegen die Zeit und den hereinbrechenden Winter.

Folgende Seite: Kaum war die Sonne im Westen hinter dem Horizont verschwunden und hatte den Himmel dunkelrot gefärbt, stieg im Osten der volle, noch rötlich gefärbte Mond über der Wüste auf.

schon dieser Zustand bald zu Ende war, dann wollte ich ihn wenigstens auskosten, bis zur letzten Minute.

Den ganzen nächsten Tag über folgten wir dem versandeten Flußtal westwärts, das zunehmend breiter wurde. Schließlich traten die Felsberge zurück und gaben eine endlose Dornbuschsteppe frei. Hier schlugen wir unser Lager auf.

Es war Vollmond. Die Sonne war kaum hinter dem waagrechten Horizont verschwunden, da zog der Mond, von der Sonne rot eingefärbt, auf der anderen Seite hoch. Der Himmel aber zeigte ein Blau wie das eines Lapislazuli, das allmählich immer dunkler wurde und ins Schwarz überging. Die Temperaturen sanken tief unter den Gefrierpunkt; alles Wasser erstarrte zu Eis. In der Nacht setzte Wind ein, der sich am Morgen zum Sturm steigerte. Wie Nebelschwaden trieb der Sturm die Sandkörner über die Oberfläche. Den ganzen Tag liefen wir gegen den Sandsturm und den hereinbrechenden Winter. Vermummt wie Tuareg, die Augen zu Sehschlitzen zusammengekniffen, taumelten wir wie Blinde vorwärts. Am westlichen Rand der Dornbuschsteppe schlugen wir unser Lager auf – mitten im tobenden Sturm. Die Zelte füllten sich beim Aufstellen mit Sand, aber er war auch sonst überall – in der Kleidung, den Schuhen, im Essen …

Erst am Morgen flaute der Sturm ab, und die Wüste verwöhnte uns wie zum Abschied mit einem herrlich warmen, windstillen Tag. Der Steppe folgte wieder Sand, zuerst flach, dann gewellt und schließlich zu Dünen aufgetürmt. An deren Ausläufer trafen wir eine Mongolin hoch zu Kamel. Mit einer Hand hielt sie die Zügel, während sie mit der anderen ein Tuch auf Mund und Nase preßte. Wohl nicht unseretwegen, hofften wir. Das wäre übertrieben, nach 23 Tagen ohne Waschen konn-

Oben: Der Winter in der Gobi kam schnell – mit Kälte und Stürmen. Bruno Baumann läuft im Sandsturm dem Ziel entgegen.

Nach den Wochen in der Wüste wird jede menschliche Begegnung zum freudigen Ereignis. Diese Mongolin, die wir kurz vor unserem Ziel trafen, konnte ihre Neugier kaum verhehlen.

Oben: Bruno Baumann und Helmut Burisch am Ziel.

Eine Abordnung chinesischer Kader – in Sakko und Schlips – war an den Wüstenrand gekommen, um uns zu begrüßen. Der Traum war zu Ende.

ten wir doch nicht so stinken – oder? Wenigstens die Dünen zeigten uns ihr schönstes Gesicht. Sie waren wie aus dem Bilderbuch, so wie man sie sich vorstellte, mit weiblich gerundeten Formen, rassigen Linien, verlockend.

In weiten Serpentinen schraubte sich die Karawane den Dünenkamm hinauf. Wie immer spurte ich mit Helmut voraus. Dann querten wir zu einem breiten Sattel hinaus. Als wir die höchste Stelle erreichten, blickten wir auf eine weite Ebene hinunter. An ihrem westlichen Rand erkannten wir zwei Häuser, dahinter das schmale Band der Straße, ein Auto, das eine Staubfahne hinter sich herzog. Das war unser Ziel, irgendwo dort mußte man uns erwarten. Wir drückten uns stumm die Hände, und als die Karawane herannahte, suchten wir einen geeigneten Platz für das Nachtlager.

Ich fühlte eine unbestimmte Traurigkeit, als ich am nächsten Morgen in die Ebene hinauszog. Mir war, als würde ich mit wenigen Schritten eine unsichtbare Grenze durchbrechen, herausfallen aus einem Daseinszustand, der mich ganz erfüllte. Etwas Einmaliges, Unwiederholbares ging damit zu Ende. Ich wollte mich dagegen wehren, das Gefühl des Eins-Seins mit mir und der Welt konservieren, um in dieser Heimat weiter zu leben.

Da standen plötzlich Menschen vor mir, die ich nicht kannte. Sie trugen Sakkos und Schlipse. Ich wollte einfach weitergehen, aber sie stellten sich mir in den Weg, schüttelten meine Hände und – steckten mir ihre Visitenkarten zu. Allmählich dämmerte es mir. Wir waren am Ziel, zurück in der Welt des Scheins – zurück im Leben.

Anhang

Die aus der Steppe kamen
Aufstieg und Fall des mongolischen Weltreichs

Ende des 11. Jahrhunderts
Das erste Mongolenreich entsteht: Der Mongolenclan »Bordchigid« (die Wildentenleute) breitet seine Vorherrschaft über Familien, Clane und Stämme auf die Region zwischen den Flüssen Onon und Kerülen im Nordosten der heutigen Mongolischen Volksrepublik aus.

Ende des 12. Jahrhunderts
Nach vier Khanherrschaften aus dem Bordchigid-Clan wird das Mongolenreich durch äußere und innere Einflüsse brüchig. Die inneren Auseinandersetzungen zwischen den Bordchigid, die Grassteppennomaden waren, und den Taitchiut-Stämmen, die Waldvölker waren, bringen eine gesellschaftliche Neuordnung. Der Name Mongolenreich wird ersetzt durch Taitchiut-Bordchigid, denn die Taitchiut hatten nun die Vormachtstellung.

1175
Der letzte »Held«, der den früheren Khan zum Teil ersetzte, der Bordchigid »Yisügei«, fällt einem Mordanschlag der Tataren zum Opfer. Die tapfere Witwe, Hö`elün, erzieht ihren ältesten Sohn, Temüdchin, nach alter Herrschertradition und macht ihn glauben, er sei der rechtmäßige Khan. Durch zahlreiche militärische Erfolge gelangt Temüdchin zu hohem Ansehen beim Volk.

ab 1185
Die einfachen Clan- und Stammesverwandten schließen sich Temüdchin auf Grund seiner militärischen Erfolge und seiner persönlichen Handlungsweise freiwillig als Gefolgsleute an. Die neue Temüdchin-Gesellschaft legt keinen Wert auf alte Hierarchien, sondern läßt die Gefolgsleute nach Leistung und Verdienst zu Ansehen und Stellungen gelangen.

1186/87
Gegen Tedmüdchins neue Ordnung bildet sich eine Liga aus hochgestellten Stammesangehörigen der Taitchiut, Bordchigid und Chamukha. Bei Dalan Balchut kommt es zur Entscheidungsschlacht. Temüdchin und seine Anhänger unterliegen der Liga, Temüdchin flüchtet in den benachbarten Chin-Staat.

1196
Temüdchin kehrt in die Steppe zurück und findet eine zerrüttete Hierarchie vor, in der es ihm glückt, eine neue Gefolgschaft aufzubauen. Mit Hilfe dieser Anhängerschaft überfällt Temüdchin die Tatar-Völkerschaft erstmals erfolgreich. Sein Ansehen wächst, und er beseitigt die letzten Herrscher der Bordchigid-Aristokratie.

1202
Der neue Herrscher, der später als Chinggis Khan bekannt wird, rüstet zum erneuten Feldzug gegen die Tataren. Dazu bringt er seiner Gefolgschaft ein neues Kriegs- und Beutegesetz bei: Ziel des Angriffs ist der völlige Sieg über den Feind. Die Kriegsbeute wird von Temüdchin eigenhändig nach Verdienst und Leistung verteilt. Die neue Völkergemeinschaft unter dem Herrscher Temüdchin besiegt die Tataren und bezeichnet sich daraufhin als Abschreckung gegen den Chin-Staat selbst als Tatar (Tataren).

1204
Feldzug Temüdchin gegen die Naiman, Völkerschaft im östlichen Zentralasien. Temüdchin führt eine Art Wehrordnung ein, er teilt seine Gefolgsleute in Tausend-, Hundert- und Zehnschaften ein. Zudem etabliert der siegreiche Mongolenherrscher eine Leibgarde sowie eine Kerntruppe aus tausend Mann, die im Krieg vor ihm kämpfen. Von den Naiman übernehmen die Mongolen das uigurische Alphabet, das sie bis in unsere Zeit hinein verwendeten.

1206
Nachdem Temüdchin auch seinen früheren Schwurbruder und Rivalen Chamukha bezwungen hat, gibt ihm das Nomadenvolk, an der Quelle des Onon versammelt, den Titel Chinggis Khan. Der neue große Herrscher der Steppe behält seine Wehrordnung bei, die von den Prinzipien Fürsorge und Loyalität getragen wird. Gruppen, die sich Chinggis Khan ohne Widerstand anschließen, können ihre eigene Gesellschaftsordnung behalten. Gruppen, die sich ihm widersetzen, werden auf verschiedene Einheiten, ohne Rücksicht auf Familienordnungen, verteilt. Ansehen und Stellung beruhen weiterhin auf Verdienst und Leistung, nur der Clan der Chinggisiden ist in der neuen mongolischen Gesellschaft herkunftshierarchisch strukturiert. Die Gesellschaft unter Chinggis Khan bezeichnet sich als »Mongol« oder »Mongolchin« (Mongolen). Aus verschiedensten Ethnien und Sprachgruppen künstlich geschaffen, war also nunmehr die Gesellschaft der Mongolen entstanden.

1209
Viele benachbarte Stämme folgen Chinggis Khan, und so wird das Mongolenreich immer größer und auch menschenreicher. Chinggis Khan muß, um den Bestand der neuen Gesellschaftsordnung zu erhalten, für Zufriedenheit unter den Gefolgsleuten sorgen. In dieser Zeit steht es allerdings schlecht um die Versorgungslage der Mongolen. Der Viehbestand ist stark zurückgegangen. Und so kommt es 1209 zum Großangriff gegen das Reich der Tanguten, das aus Ackerbauern, Viehzüchtern und Händlern aus einer Mischbevölkerung von Tanguten, Tibetern, Gelbuiguren und Chinesen bestand. Die Beute war allerdings nur gering.

1211
Chinggis Khan muß seine Gefolgschaft weiter auf Beutezug führen, damit die Idee der Chinggisiden, durch militärische Erfolge Verdienste zu erlangen, weiterbestehen kann. So führt er sein Gefolge in den Krieg gegen den Chin-Staat. Der Feldzug dauert Jahre, und die Mongolen haben viele Rückschläge wegzustecken. Während dieses Krieges wird Chinggis Khan selbst schwer verletzt und ist ein Jahr lang außer Gefecht gesetzt.

1215
Die Mongolen erobern die nördliche Hauptstadt des Chin-Staates, Peking. Wegen der guten Aufstiegschancen im mongolischen Heer schließen sich viele unzufriedene Untertanen des Chin-Staates den Mongolen an.

203

1218
Im Reich des Schahs (König) von Choresm (ca. 900 bis 1231) wird eine mongolische Handelskarawane wegen Spionageverdachts niedergemetzelt. Chinggis Khan ruft daraufhin den Krieg gegen das Choresm-Reich aus. Der Feldzug dauert Jahre, ist aber für die Mongolen sehr erfolgreich, denn auch hier schließen sich unzufriedene Untertanen des Schahs den Feinden an. Der Choresm-Schah muß fliehen. Sein Sohn, der sich nunmehr Sultan nennt, kann allerdings eine Schlacht gegen die Mongolen gewinnen.

1223
Chinggis Khan überträgt die weitere Eroberung des Choresm-Reiches seinen Söhnen und kehrt aus den im Westen neu eroberten Gebieten in das mongolische Kernland zurück. Dort kämpft Chinggis Khan unerbittlich weiter gegen die wieder aufsässig gewordenen Tanguten.

1227
Der große Chinggis Khan stirbt sechzigjährig während des Feldzugs gegen die Tanguten an einer fieberhaften Erkrankung. Durch seine neu eingeführte Gesellschaftsordnung, die vor allem die unteren Schichten nach Leistung belohnt und ihnen so Aufstiegsmöglichkeiten bietet, gelingt es dem Khan, ein erfolgreiches Heer und ein mächtiges Mongolenreich zu bilden. So geschieht es leider auch, daß dem Steppenvolk viele blühende Kulturen zum Opfer fallen.

1229
Chinggis Khans jüngster Sohn, Tolui, soll nach dem Erbrecht des Letztgeborenen Nachfolger seines Vaters werden. Doch die bereits 1218 gefällte Entscheidung, Ögodei zum Herrscher zu machen, wird durchgesetzt; Tolui übernimmt nur die Regentschaft. Ögodei wird der neue Khan, nennt sich aber Khagan (Großherrscher). Den Titel Khan tragen nunmehr die anderen Söhne des Chinggis Khan, die über Teilreiche des großen Mongolenreichs herrschen.

1229
Die Eroberungszüge der Mongolen gehen weiter. Der neue Großherrscher Ögodei zieht gegen die Kiptchaker in den Krieg. Die Mongolen müssen 1223 am südrussischen Fluß Kalka eine Niederlage gegen russische Fürstenarmeen einstecken. Zum ersten Mal begegnen sich somit Mongolen und Europäer.

1234
Die Mongolen besiegen den Chin-Staat endgültig. Ögodeis Herrschaft weitet sich auf Armenien und Korea aus.

1235
Ögodei führt die Idee seines Vaters Chinggis Khan – ein Großstaat mit Verwaltung – fort. Karakorum, die Hauptstadt des Mongolenreichs, wird durch einen Wall befestigt. Steuerwesen, Poststationen, Staatsspeicher, Wasser- und Lebensmittelversorgung werden ausgebaut.

1240
Während des Europafeldzuges der Mongolen wird nach Rjasan, Kolomna, Moskau, Wladimir, Susdal, Rostow, Twer auch Kiew – »die Mutter der russischen Städte« – erobert. Die Mongolen greifen auch Polen an. Das Heer der Mongolen teilt sich und besiegt so taktisch klug auch die ungarischen Truppen.

1241
Der Großkhan Ögodei stirbt in Karakorum. Um die Nachfolge erzürnt sich die Herrscherlinie. Vorerst schafft es die Witwe Töregene, als Regentin in die Fußstapfen ihres Mannes zu treten. Der Tod des Tolui verhindert im letzten Augenblick den Beginn eines chinggisidischen Clankrieges um die Nachfolge.

1251
Als Nachfolger Ögodeis wird auf dem Reichstag der älteste Sohn des Tolui vorgeschlagen. Möngke wird noch im selben Jahr in Karakorum zum Großkhan erhoben.

1259
Der letzte offiziell ernannte Großkhan Möngke stirbt. Von nun an zerteilt der Streit die Hierarchie um die Nachfolge das Mongolenreich in Teilreiche. Das Problem der Herkunftshierarchie im Kreise der Nachfolger Chinggis Khans zersetzte das Großreich der Mongolen von oben. Es bilden sich vier Khanate (Teilreiche):
– das Khanat Kiptchak (von Südostrußland über das Gebiet der westlichen russischen Fürsten und das Kaukasusgebiet bis Ostanatolien bis hin zum Aral-See im Osten),
– das Khanat Chagatai (das gesamte Siebenstromland über den Nordosten Afghanistans bis nach Mittelasien),
– das Zentralkhanat (von Ostsinkiang über Tibet, die Mongolische Volksrepublik, Transbaikalien, Mandschurei bis zur Grenze Koreas; die Innere Mongolei; das mongolische Südgebiet),
– das Ilkhanat (vom Schwarzen Meer bis östlich des Kaspischen Meeres zum Aral-See bis zum Indischen Ozean, Teile Iraks und Syriens).

Xixia – Das Reich der Tanguten

3. Jahrhundert v. Chr.
Im Nordwesten und Westen des heutigen China lassen sich die Nachkommen des Volkes Qiang nieder. Sie selbst bezeichnen sich als Mi oder Minia, die Chinesen nennen sie Dangxiang, die Tibeter sprechen von den Minyag, und die alten Turkvölker und späteren Mongolen schließlich geben diesem Volk den Namen Tanguten.

Ende des 7. Jahrhunderts
Das Vordringen der Tibeter zwingt die Tanguten, nach Osten und Nordosten auszuweichen. Sie ziehen mit den verbündeten Völkern, genannt Xianbi, nach Norden bis zum südlichen Rand des Ordos-Gebietes. Neben den Tanguten, die sich rasch ausbreiten, leben in diesem Gebiet noch Chinesen, Tibeter, Uiguren, Tuyuhun und Tataren.

Ende des 9. Jahrhunderts
In China revoltieren die Bauern. Der tangutische Stammesführer Toba Sigong unterstützt China bei der Niederschlagung der Bauernrevolte und wird dafür 883 vom chinesischen Kaiser zum Generalgouverneur der Region ernannt und bekommt den Titel »Wang (Fürst) von Xia«.

Ende des 10. Jahrhunderts
Nach dem Untergang der Tang-Dynastie (618–907) versucht die neue chinesische Dynastie Song ab 960, China wieder zu einigen. Die tangutischen Herrscher sehen nun ihre Chance, für den Aufbau eines eigenen Staates zu kämpfen. Ab dem Jahr 982 kommt es zum offenen Konflikt zwi-

schen Tangutenherrschern und China. Der Tangutenfürst Toba Jiqian schafft einen eigenen Regierungsapparat und heiratet 989 eine khitanische Prinzessin. Somit waren die Tanguten und Khitaner Verbündete.

997
Der Tangutenfürst Toba Jiqian (982–1004) erobert den südlichen Teil des Ordos-Gebietes in China und erklärt die eroberte Stadt Lingzhou (heute Lingwu) zur Hauptstadt des Tangutenreiches. Der Staat wird von den Chinesen Xixia (West-Xia) genannt, in tangutischen Quellen taucht dagegen der Name »Weißes hohes Xia« auf.

1004
Der »Gründer« des Tangutenreiches, Toba Jiqian, stirbt im Kampf gegen die Tibeter. Die Nachbarstaaten Xixias, Tibeter und Uiguren, fühlen sich durch das Erstarken der Tanguten bedroht. Aus Angst vor der Vorherrschaft Xixias greifen Tibeter und Uiguren deshalb den neuen Staat immer wieder an. Die Macht des verstorbenen Jiqian geht auf seinen Sohn Deming (1004–1031) über. Postum nennt der seinen Vater »Kaiser«.

1006
China schließt einen Friedensvertrag mit dem Tangutenherrscher Deming und erkennt so das »Kaiserreich« Xixia politisch an. Deming erhält von dem chinesischen Kaiser Zhenzong aus der Dynastie der »Nördlichen Song« den Titel Xiping Wang, »der Fürst, der den Westen befriedet«. Nun begann der innere Aufbau des Staates Xixia. Deming reformierte den Regierungsapparat, erließ eine Gesetzgebung und führte das chinesische Hofzeremoniell ein. Deming, der Kaiser der Tanguten, nannte seine Mutter Huanghou (Kaiserin) und seinen Sohn Taizi (Kronprinz). China blieb Friedenspartner und Xixia konzentrierte sich auf die Kämpfe gegen die Tibeter und Uiguren.

1031
Der Kaiser der Tanguten, Deming, stirbt. Offizieller Thronfolger wird Yuanhao (1031–1048). Sein Ziel ist es, das Tangutenreich zu einem der drei Kaiserreiche des heutigen Kontinentalchinas zu machen. Er braucht dazu aber die Anerkennung des chinesischen Kaisers aus der Song-Dynastie und des khitanischen Kaisers aus der Liao-Dynastie. Deshalb reformiert Yuanhao das Tangutenreich: Verwaltung und Regierung werden dem chinesischen Vorbild angepaßt, die Armee neu strukturiert, ab 1036 die tangutische Schrift eingeführt, ein neues Hofzeremoniell erklärt, tangutische Musik gefördert und der Buddhismus als Landesreligion anerkannt.

1038
Auf Vorschlag der Nachbarstaaten der Uiguren, Tibeter und Tataren nimmt Yuanhao feierlich den Titel Huangandi (Kaiser) an. Die Tanguten vertreiben die Uiguren aus Ganzhou. Alle westlichen Gebiete der heutigen Provinz Gansu und auch die Stadt Khara Khoto an der Mündung des Flusses Edzin Gol kommen unter tangutische Herrschaft.

1040–44
China lehnt die Bitte des Tangutenherrschers Yuanhao, ihn als Kaiser anzuerkennen, ab. Es kommt zum chinesisch-tangutischen Krieg. Nach zwei blutigen und verlustreichen Kriegsjahren für beide Parteien beginnen Friedensverhandlungen. 1044 wird der Friedensvertrag angenommen. China fordert Yuanhao zum Verzicht des Kaisertitels auf, dafür zahlt es jährlich 225 000 Einheiten in Seide, Silber, Leinwand und Tee an den tangutischen Staat. Die Grenzen der beiden Staaten bleiben so wie vor dem Krieg. Yuanhao behält de facto seinen Titel »Kaiser« bei, nur gegenüber der Liao-Dynastie hat Xixia nun eine niedrigere Rolle. Das heißt konkret zum Beispiel, daß der Song-Kaiser bei offiziellen Audienzen zuerst die Botschaft der Liao empfängt und erst als zweites die der Xixia.

1048
Nach drei ruhigen »Rentenjahren« in seinem Palast in den Helan-Bergen stirbt der Xixia-Herrscher Yuanhao. Sein Sohn und Thronnachfolger soll ihn angeblich aus Eifersucht erschlagen haben, da er ihm die Braut weggenommen hatte. Nun beginnt eine neue Periode des Tangutenreiches. Die folgenden Kaiser sind noch so jung, daß die Herrschaft oft in die Hände der Mütter und verwandter Dynastieangehöriger fällt. Die drei Kaiser Liangzuo (1048–1067), Bingchang (1067–1086) und Qianshun (1086–1139) können in den ersten fünfzehn Jahren ihrer Herrschaft nicht die volle Macht ausschöpfen, sondern sind von ihren Müttern und deren Verwandtschaft abhängig. Es kommt daher zu Unruhen im Land, die innere Schwäche des Staates Xixia bietet äußerlich Angriffspunkte, und so führen die Song- und Liao-Dynastien Kriege gegen Xixia.

1049
Die Khitan nutzen die innere Schwäche der Tanguten und dringen nach Xixia ein. Zwar kommt es zu keiner Eroberung der Hauptstadt, in den Friedensvereinbarungen von 1053 aber bezahlen die Tanguten mit Vieh und Lebensmitteln den »Kriegsschaden« der Khitan. Die Grenzen der beiden Staaten bleiben wie gehabt erhalten.

1081–86
Nach immer wieder aufflammenden Grenzkonflikten zwischen China und dem Tangutenreich kommt es zum Krieg. Er endet ohne Friedensvertrag. Als Folge des Krieges verlieren die Tanguten die Stadt Lanzhou.

1096–99
Zum zweitenmal in diesem Jahrhundert führen China und Xixia Krieg gegeneinander. Wieder kommt es nur zu kleinen Grenzverschiebungen. Xixia verliert die Städte Lanzhou und Suizhou und einige Grenzfestungen an China.

1100
Der sechzehnjährige Tangutenkaiser Qianshun (1086–1139) übernimmt die Regierungsgewalt selbständig und schafft wieder ein innerlich starkes Xixia.

1125
Die traditionell mit den Tanguten verbündeten Khitan werden von den Jürchen vernichtet. Die Tanguten müssen die Seite wechseln und schließen sich den Jürchen als neue Verbündete an. Für ihre Freundschaft gegenüber den Jürchen bekommen die Tanguten einige Gebiete zugesprochen: die Provinz Qinghai und die Städte Xining und Lezhou.

1139
Der Sohn des Tangutenherrschers Qianshun, Renxiao (1139–1193), übernimmt den Kaisertitel. Als erster Tangutenherrscher stammt Renxiao von einer chinesischen Mutter ab. Während seiner Regierungszeit kommt es zweimal zu inneren Unruhen im Xixia-Reich. Einmal führen die geflohenen Khitan 1143 einen Aufstand durch und zum zweiten versucht der hohe Beamte Ren Dejin 1169, den tangutischen Staat zu spalten. Beide »Aufstände« scheitern. Der Tangutenstaat erlebt unter Renxiao eine neue Blütezeit: Es werden neue Gesetze erlassen, der Wohlstand nimmt zu und Buddhismus sowie die tangutische Kultur blühen auf.

1193
Nach dem Tod von Renxiao übernimmt Chunyou (1193–1206) die Macht. Die Sinisierung der Tanguten hat bereits begonnen. In tangutischen Schriften aus Khara Khoto ist zu lesen, daß Chunyous Mutter eine Chinesin war. Nördlich der Grenzen des Xixia-Reiches beginnen die Mongolen

unter Chinggis Khan mit ihren Eroberungsfeldzügen. Davon bleibt auch das Tangutenreich nicht verschont, schon 1206 erobern die Mongolen westliche Gebiete des Xixia-Staates. Im Zuge der Mongolenangriffe kommt es in der Hauptstadt zu einer Revolte, in der Kaiser Chunyou entmachtet wird. Nächster Tangutenkaiser wird Anquan (1206–1211).

1209
Der Mongolenclan unter Chinggis Khan fällt wieder in Xixia ein und belagert die Hauptstadt. Zwar bezwingen die Mongolen die Tanguten nicht, im Friedensvertrag muß der tangutische Kaiser aber seine Tochter Chinggis Khan zur Frau geben und sich dem Mongolenfürsten unterwerfen, indem er sich als Vasall Chinggis Khans bezeichnet.

1211
Der Tangutenkaiser Anquan wird zum Thronverzicht gezwungen und stirbt bald darauf. Neuer Herrscher über Xixia wird Kaiser Zunxu (1211–1223).

1217
Chinggis Khan überfällt erneut das Tangutenreich und belagert die Hauptstadt. Die Mongolen wollen die Tanguten nun für einen Feldzug gegen Choresm als Verbündete gewinnen. Doch trotz der Niederlagen und freiwilligen Unterwerfungen der Nachbarstaaten von Xixia weigert sich der Tangutenkaiser, sich Chinggis Khan anzuschließen. Daraufhin soll Chinggis Khan geschworen haben, Xixia und all seine Bewohner bis zum letzten Sklaven zu vernichten.

1223
Der Tangutenkaiser Zunxu wird gezwungen, zugunsten seines Sohnes Dewang (1223–1226) abzutreten. Xixia schließt mit den Jürchen Frieden und versucht Verbündete gegen Chinggis Khan zu finden.

1225
Mongolische Truppen wollen den Sohn des Tangutenkaisers als Geisel nehmen. Die Tanguten aber weigern sich, und so führt Chinggis Khan persönlich einen Feldzug gegen die Tanguten an. Als erste Stadt an der Nordgrenze von Xixia fällt Khara Khoto in die Hände der Mongolen. Bevor der Krieg zwischen Tanguten und Mongolen beendet ist, stirbt Dewang, und Nachfolger wird ein Großfürst namens Nanping Wang Shi (1226–1227). Besonders grausam morden die Mongolen im Tangutenreich weiter, auch nachdem 1227 Chinggis Khan selbst stirbt.

13. Jahrhundert
Auf mongolischem Staatsbezirk entsteht ein tangutischer Verwaltungsbezirk.

14. Jahrhundert
Der mongolische Prinz Ananda läßt das tangutische Gebiet islamisieren. Während der Dynastien Ming und Qing wird das Territorium der Tanguten in den Bezirk Ningxia (Befriedetes Xia) umbenannt.

Literaturhinweise

Baumann, Bruno: »Takla Makan. Mein Weg durch die Wüste des Todes.« München 1990
Bosshard, Walter: »Kühles Grasland Mongolei.« Frankfurt/M. 1950
Eggebrecht, Arne (Hrsg.): »Die Mongolen und ihr Weltreich.« Mainz 1989
Filchner, Wilhelm: »Das Rätsel des Matschu.« Leipzig 1907
– : »Quer durch Ost-Tibet.« Berlin 1925
– : »Kumbum: »Lamaismus in Lehre und Leben.« Zürich 1954
Forman, Werner, Rintschen Bjamba: »Lamaistische Tanzmasken.« Leipzig 1967
Haslund-Christensen, Henning: »Jabonah, Abenteuer in der Mongolei.« Leipzig 1939
Haussig, Hans W.: »Die Geschichte Zentralasiens und der Seidenstraße in vorislamischer Zeit.« Darmstadt 1992
– : »Die Geschichte Zentralasiens und der Seidenstraße in islamischer Zeit.« Darmstadt 1988
Hedin, Sven: »History of the Expedition in Asia 1927–1935.« 4 Bde. Stockholm 1943
– : »Rätsel der Gobi.« Leipzig 1942
– : »Auf großer Fahrt.« Leipzig 1940
Heissig, Walther: »Die Geheime Geschichte der Mongolen.« Düsseldorf 1981
– : »Die Mongolen. Ein Volk sucht seine Geschichte.« Düsseldorf 1979
– : »Ostmongolische Reise.« Darmstadt 1955
– : »Mongolenreise zur späten Goethezeit.« (Hrsg.) Wiesbaden 1971
Heissig, Walther, Müller, Claudius C. (Hrsg.): »Die Mongolen.« Innsbruck 1989
Hörner, Nils G.: »Some Notes and Data Concerning Dunes and Sand Drift in the Gobi Desert.« Stockholm 1957
Huc, Regis Evariste: »Reise durch die Mongolei nach Tibet und China (1844–1846).« Frankfurt/M. 1986
Koslow, Pjotr K.: »Die Mongolei, Amdo und die tote Stadt Chara-choto.« Leipzig 1955
Leicht, Hans (Hrsg.): »Dschingis Khan. Vom chinesischen Meer an die Pforte Europas.« Stuttgart 1985
Ossendowski, Ferdinand von: »Tiere, Menschen und Götter.« Frankfurt/M. 1924
Pjotrowskij, Michail (Hrsg.): »Die Schwarze Stadt an der Seidenstraße.« Mailand 1993
Przewalskij, Nikolai M.: »In das Land der wilden Kamele.« Leipzig 1954
– : »Mongolia, The Tangut Country and the Solitudes of Northern Tibet.« 2 Bde. London 1876
Salzmann, Erich von: »Im Sattel durch Zentralasien.« Berlin 1903
Sommarström, Bo: »Archeological Researches in the Edsen-Gol Region Inner Mongolia.« Stockholm 1958
Stein, Aurel: »Innermost Asia.« 4 Bde. Delhi 1981
Strong, Anna Louise: »China-Reise. Mit Borodin durch China und die Mongolei.« Berlin 1928
Tafel, Albert: »Meine Tibetreise.« 2 Bde. Berlin 1914
Waln, Nora: »Sommer in der Mongolei.« Berlin 1936
Wotte, Herbert: »Unter Reitern und Ruinen.« Leipzig 1970

DIE GESUNDHEIT SCHÜTZEN, DIE LEISTUNGSFÄHIGKEIT STEIGERN

Im extremen Einsatz bewährt

Bruno Baumann

Auf seinen extremen Expeditionen testete Bruno Baumann Trevira Finesse Bekleidung, hergestellt von dem bekannten Sportbekleidungshersteller Firma „Big Pack".

Physische und mentale Leistungsfähigkeit setzt nicht nur beste Kondition voraus, sondern auch klimatisierende Bekleidung. Nur sie garantiert die für Hochleistungen ideale Körpertemperatur – von etwa 36,8 °C bis maximal 37,5 °C – eine Bandbreite von kaum mehr als einem halben Grad Celsius!

Besonders extreme Anforderungen an die Bekleidung werden bei Expeditionen verlangt. Aus sonnigen Minusgraden werden durch extreme Wetterstürze schnelle scharfe Frostgrade. Frieren und Frösteln schaffen zudem ein leistungsfeindliches Unbehagen. Von gleicher Bedeutung wie das Bewahren vor Unterkühlung ist der Schutz vor Überwärmung. Funktional konstruierte und richtig kombinierte Trevira Finesse Bekleidung verfügt neben Wind- und Wetterschutz über wirksame Luft- und Wasserdampfdurchlässigkeit, die Hitzestaus und Schwitzen vermeidet. Die Körpertemperatur wird im optimalen Leistungsbereich gehalten. Auch die gefürchtete Unterkühlung bei Durchnässung – durch Schweißausbrüche von innen oder Feuchte von außen – wird vermieden.

Die microfeinen Stoffporen lassen die mehrtausendfach größeren Regen-, Nebel- und Nieseltropfen nicht in das Gewebe dringen. Kältebrücken werden ausgeschlossen.

„Sportliche" Schweißmoleküle werden durch die mehrtausendfach größeren Stoffporen von Trevira Finesse rasch verdampft. Die Körpertemperatur bleibt stabil, das Gewebe innen trocken.

Die hohe Vielzahl der dicht gelagerten Microfilamente macht dicht gegen den Wind. Auskühlung wird vermieden. Wohlbefinden und Leistungskraft werden gesichert.

TREVIRA® FINESSE

Achten Sie auf diese Marke, sie garantiert kontrollierte, gute Qualität.

Hoechst Trevira GmbH & Co KG, D-65926 Frankfurt am Main

Hoechst Trevira